suhrkamp taschenbuch 5015

Matthew Horace
mit Ron Harris

SCHWARZ BLAU BLUT

Ein Cop über
Rassismus und Polizeigewalt
in den USA

Aus dem amerikanischen Englisch von
Volker Oldenburg

Suhrkamp

Die amerikanische Originalausgabe erschien 2018 unter dem Titel
*The Black and the Blue. A Cop Reveals the Crimes, Racism,
and Injustice in America's Law Enforcement*
bei Hachette Books, New York.

Erste Auflage 2019
suhrkamp taschenbuch 5015
Deutsche Erstausgabe
© Suhrkamp Verlag Berlin 2019
Suhrkamp Taschenbuch Verlag
Copyright © Hachette Books 2018
Umschlagabbildung: Ojo Images/Getty Images
Umschlaggestaltung: zero-media.net, München
Druck und Bindung: CPI – Ebner & Spiegel, Ulm
Printed in Germany
ISBN 978-3-518-47015-2

*Im Gedenken an
Delaware State Trooper Stephen Ballard
und
ATF Special Agent Gregory Holley,
zwei stolze Schwarze in blauer Uniform.*

Vorwort

Damit wir uns nicht falsch verstehen: Ich bin Cop. Ich stehe für das Gute und das Schlechte unseres ehrenwerten Berufs, den ich fast dreißig Jahre lang ausgeübt habe. Ich habe mit Cops Sport getrieben, gegessen, getrunken und gebetet. Mit ihnen gepicknickt, gefeiert und einen draufgemacht. Ich habe mit Cops geweint, und wenn einer von uns gestorben ist, ist ein Teil von mir mit ihm gestorben. Ich habe in jedem Bundesstaat und sogar auf Guam Verbrecher gejagt und die Bürger geschützt, in fast allen Bereichen der Strafverfolgung. Ich habe in meiner Karriere viele Posten bekleidet. Angefangen habe ich als Streifenpolizist in Arlington, Virginia, später wurde ich Special Agent beim Bureau of Alcohol, Tobacco and Firearms und übernahm dort schließlich verschiedene Führungspositionen. Beim ATF habe ich Spezialeinheiten und hochriskante Einsätze geleitet, Nachwuchs ausgebildet, landesweite Ermittlungen koordiniert und vieles mehr.

In meinem Herzen aber bin ich immer ein ganz normaler Cop geblieben, einer der vielen Hunderttausend Männer und Frauen, die geschworen haben, die Bürger unseres wunderbaren Landes zu schützen und der Gerechtigkeit zu dienen.

Ich bin der Cop, der auf Notrufe reagiert, bei häuslicher Gewalt einschreitet und Türen aufbricht, hinter denen möglicherweise Gefahr und Tod lauern. Dem bewusst ist, dass jeder »Routineeinsatz« sein letzter sein kann. Der vermisste Kinder aufspürt, Opfer von Verbrechen tröstet und tobende Liebhaber zur Vernunft bringt. Der auf einer spärlich beleuchteten Straße kaum erkennen kann, ob es sich bei dem Gegenstand in der Hand eines Verdächtigen um ein Handy oder eine Pistole handelt, und der im Bruchteil einer Sekunde entscheiden muss, ob der Autofahrer, der nervös ins Handschuhfach greift, die Fahrzeugpapiere oder eine Schusswaffe zückt.

Ich bin Officer Gabriel Figueroa und Officer Paul Abel aus Pittsburgh, die ein kleines Kind aus einem gefährlich schwankenden SUV retteten, der einen steilen Abhang hinabzustürzen drohte. Fahrer und Beifahrer saßen zusammengesackt auf dem Vordersitz, vollgepumpt mit Heroin.

Ich bin Officer Katrina Culbreath aus Dothan, Alabama, die mit einer achtzehnjährigen Mutter zum Einkaufen in den nächsten Supermarkt fuhr, nachdem die junge Frau sich vor Gericht des Diebstahls bekannt hatte, weil das Geld nicht reichte, um ihre siebzehn Monate alte Tochter zu ernähren.

Zu oft habe ich Haltung angenommen, wenn wir Abschied von einem getöteten Kameraden nahmen, und zu oft hat mir das traurige Klagen der Dudelsäcke die Tränen in die Augen getrieben.

Ich bin die beiden Officer, die im kalifornischen Palm Springs bei einem Einsatz wegen Hausfriedensbruchs erschossen wurden: Officer Jose Gilbert Vega (63), Vater von acht Kindern und kurz vor der Pension, und Lesley Zerebny (27), Mutter einer vier Monate alten Tochter, die gerade erst in den Dienst zurückgekehrt war.

Ich bin die fünf Officer aus Dallas, die bei einer Black-Lives-Matter-Demonstration gegen Polizeigewalt, auf der sie das Grundrecht auf Versammlungsfreiheit schützen sollten, von einem psychisch kranken Sniper erschossen wurden – Brent Thompson, Patrick Zamarripa, Michael Krol, Lorne Ahrens und Michael Smith.

Aber ich bin auch ein »männlicher Schwarzer«, sprich, einer der zig Millionen afroamerikanischer Männer, die aufgrund von uralten Lügengeschichten und Vorurteilen von vornherein als verdächtig und gefährlich gelten. Wo wir auftauchen, halten Frauen instinktiv ihre Handtaschen fest, verriegeln Familien die Autotüren und melden Verkäufer bei der Polizei einen »verdächtigen Schwarzen«. Wir sind immer eine Bedrohung, tragen immer eine furchteinflößende Waffe. Diese Waffe ist unsere Haut. Wir können sie nicht ablegen.

Wie alle schwarzen Männer verspüre ich den Frust, die Kränkung, die Angst und die Wut darüber, dass ich in Gefahr bin, nur weil ich atme. Als schwarze Männer sind wir bei jeder Begegnung mit der Polizei auf der Hut, ob wir nun Manager, Kantinenangestellte, Computerfachleute, Lehrer, US-Senatoren, Leistungssportler, Architekten oder Cops sind.

Auch als Cop bin ich der schwarze Junge, dem von seinen besorgten Eltern eingeschärft wurde: Egal, wie absurd die Gründe sind, aus denen die Polizei dich anhält, und egal wie schlimm sie dich beleidigen und erniedrigen, füge dich, damit du lebend nach Hause kommst.

Ich bin der Filmemacher und Harvard-Professor Henry Louis Gates Jr., der in seinem eigenen Haus in Cambridge, Massachusetts verhaftet wurde, nachdem jemand bei der Polizei gemeldet hatte, ein »verdächtiger Schwarzer« sei in Gates' Haus eingebrochen.

Ich bin Gregory Gunn, Sohn eines angesehenen Polizisten aus Montgomery, Alabama. Gunn hatte bis spät in die Nacht mit Freunden Karten gespielt. Auf dem Nachhauseweg wurde er von einem Streifenpolizisten angehalten, der ihn für »verdächtig« hielt. Gunn war unbewaffnet. Der Officer erschoss ihn.

Ich bin Tamir Rice, ein zwölfjähriger Junge, der in einem Park mit einer Spielzeugpistole Räuber und Gendarm spielte. Ein Verwandter hatte ihm das Spielzeug geschenkt. Jemand rief die Polizei, und Rice wurde zwei Sekunden nach Eintreffen des Streifenwagens erschossen.

Ich bin DeJuan Guillory, ein 27-jähriger Vater von drei Kindern und Sohn eines Ex-Polizisten. Er und seine Freundin waren mit seinem Geländewagen unterwegs, als sie von der Polizei angehalten wurden. Der Officer war von der Zentrale über ein gestohlenes Geländefahrzeug informiert worden und forderte die beiden auf, sich auszuweisen. Obwohl Guillorys Wagen nicht gestohlen war, erschoss ihn der Officer. Guillorys Freundin landete wegen versuchten Mordes an einem Gesetzeshüter vor Gericht.

Als hochrangiger afroamerikanischer Polizist habe ich im wahrsten Sinne auf beiden Seiten des Gewehrlaufs gestanden. Manchmal hatte ich schon den Finger am Abzug und war kurz davor, einen tödlichen Schuss abzugeben, andere Male richtete ein weißer Officer die Waffe auf mein Gesicht, und ich war dem Tode nahe.

In diesem Buch beleuchte ich das Thema Polizeigewalt von beiden Seiten. Dabei bin ich zu dem Schluss gelangt, dass die von Gesetzeshütern verübten Straftaten und die diskriminierenden Methoden innerhalb der Polizei oft, aber nicht nur auf Rassismus zurückzuführen sind.

Machen wir uns nichts vor: Niemand in unserer Gesellschaft – Schwarze, Weiße, Männer, Frauen, gebürtige und zugewanderte Amerikaner – ist frei von Vorurteilen, Stereotypen und Rassismus, und das gilt natürlich auch für die Polizei. Aber das Problem reicht viel tiefer. Die vielen Fälle von polizeilichem Fehlverhalten, unangemessenem Schusswaffengebrauch, Racial Profiling und »Polizeiirrtümern« weisen darauf hin, dass es nicht bloß um ein paar schwarze Schafe geht. Diese Vorfälle sind vielmehr Ausdruck eines systematischen Feindbilddenkens und einer Kultur der Missachtung gegenüber den Menschen, denen die Polizei von Berufs wegen dienen soll. Nicht selten wird diese feindselige Haltung von den zuständigen Politikern befördert, die diskriminierendes und gesetzeswidriges Vorgehen auf Polizeiseite nicht nur stillschweigend hinnehmen, sondern bisweilen sogar ausdrücklich gutheißen. Bestimmte Denk- und Verhaltensmuster, die in den meisten unserer Polizeibehörden fest verwurzelt sind, gefährden nicht nur die Bürger, sondern auch die Officer selbst.

Ein Großteil unserer Polizisten ist für die täglichen Anforderungen des Berufs unzulänglich ausgebildet. Obendrein schicken wir Polizisten ohne das nötige Rüstzeug in die Brennpunkte unseres ethnisch und sozial gespaltenen Landes. Folglich treffen sie Fehlentscheidungen. Sie jagen einen zu Unrecht Verdächtigten durch eine Seitenstraße, und am Ende gibt es Tote. Polizisten greifen unnötig zu Gewalt, anstatt ihren Verstand einzusetzen. Und so endet mancher Routineeinsatz in einer Tragödie.

Wir nehmen Männer und Frauen in den Polizeidienst auf, die dort nichts zu suchen haben. So mancher Kollege, mit dem ich gearbeitet habe, war eine tickende Zeitbombe, und alle wussten Bescheid. Dazu gibt es haufenweise Polizisten, die trotz zahlreicher Dienstvergehen von einer Strafverfolgungsbehörde zur nächsten ziehen.

Viel zu oft wird das Fehlverhalten von Polizisten aller Dienstgrade von einer Cop-Culture geduldet, die die Loyalität unter Polizisten über die Berufspflicht stellt, die Bevölkerung zu schützen und die so genannte »Blue Line«, die Grenze zwischen Gut und Böse, zu wahren. Officer fürchten sich davor, als Verräter geächtet zu werden, wenn sie einen Kollegen verpfeifen. Und das Schlimmste: Polizisten, deren Vergehen ans Licht kommen, werden so gut wie nie zur Rechenschaft gezogen.

Leider ist unser Bild von der Polizei derart von den Mythen in Filmen und Fernsehserien geprägt, dass wir dem Verhalten unserer Gesetzeshüter viel zu unkritisch gegenüberstehen. Selbst wenn eine Polizeibehörde miese Cops loswerden will oder sich ein Officer wegen des Todes einer Zivilperson vor Gericht verantworten muss, die Öffentlichkeit sucht die Schuld nur selten bei der Polizei, egal, wer das Opfer ist und wie brutal die Tat.

Als ich mit dem Schreiben dieses Buches begann, erzählte ich einem Freund und Ex-Abteilungsleiter beim New York City Police Department, dass ich die Gefahren, denen Polizisten bei der Arbeit ausgesetzt sind, auf keinen Fall herunterspielen wolle. Bei allem Verständnis für ihren Ärger und ihre Enttäuschung wolle ich Afroamerikanern und anderen begreiflich machen, wie schwierig dieser Job sein kann. Mein Freund sagte: »Das ist Schwarzen durchaus bewusst. Was sie nicht begreifen, ist, dass wir, die Polizei, *nie* etwas falsch machen. Sie verstehen einfach nicht, dass die Polizei immer unschuldig ist, wenn jemand erschossen wird. Dass Polizisten offenbar unfehlbar sind.«

Seit ein paar Jahren rückt die Black-Lives-Matter-Bewegung das Thema Rassismus in der Polizei in den Fokus des öffentlichen Interesses. Über die sozialen Medien macht Black Lives Matter hartnäckig auf Fälle aufmerksam, in denen schwarze Männer von der Polizei erschossen wurden. Mit ihren Protesten und Aktionen hat BLM Hunderttausende Menschen in ganz Amerika wachgerüttelt.

Entgegen allen Behauptungen ist Black Lives Matter nicht polizeifeindlich, so wie die Frauenbewegung nicht männerfeindlich ist und die Bürgerrechtsbewegung nicht weißenfeindlich war. Die Aktionen von Black Lives Matter haben in diversen Polizeibehörden zu Verbesserungen geführt. Die ersten setzen bereits auf Deeskalation und verwenden Body-Cams, um den Umgang ihrer Officer mit der Bevölkerung zu überwachen. Manche, wie das Cleveland Police Department, haben neue Einstellungstests entwickelt, um potenzielle Problemkandidaten gezielt auszusortieren. Andere haben die Ausbildung intensiviert und konzentrieren sich verstärkt darauf, Polizisten in der Bewältigung von Krisensituationen zu schulen, zum Beispiel im Umgang mit psychisch Kranken und Obdachlosen, zwei Personengruppen, die mittlerweile einen Großteil der Einsätze ausmachen.

Nur wenige sind bislang dem Beispiel des Seattle Police Department gefolgt, das seine Officer gezielt darin schult, sich mit den eigenen Vorurteilen auseinanderzusetzen. Der Generalstaatsanwalt von New Jersey hat derweil verfügt, dass jede Polizeibehörde in seinem Bundesstaat ein Trainingsprogramm zu angemessener Gewaltanwendung und zum Abbau von Vorurteilen anbieten muss.

Den meisten Menschen ist klar, dass etwas im Argen ist, doch bei der Frage, was in unserem Land nicht stimmt, gehen die Meinungen weit auseinander. Eine Fülle von Studien belegt, dass weiße und schwarze Amerikaner das Problem völlig unterschiedlich bewerten. In Minnesota, Schauplatz von zwei der prominentesten Todesfälle schwarzer Männer durch Polizeigewalt, befürworten laut einer Umfrage neunzig Prozent der schwarzen Bevölkerung die Kampagnen von Black Lives Matter. Lediglich sechs Prozent ihrer weißen Mitbürger teilen diese Einstellung. Das muss man sich einmal bildlich vorstellen. Neunzig von hundert Schwarzen wandern auf die eine Seite des Raums, und nur sechs von hundert Weißen gehen mit. Alle anderen lehnen Black Lives Matter ab.

Umgekehrt hatten fast alle der weißen Befragten eine positive Einstellung gegenüber der Polizei; bei den Schwarzen war es hingegen nur jeder Vierte. Auch das muss man sich bildlich vorstellen: Achtundneunzig Weiße versammeln sich auf der einen Seite des Raums, und sechsundzwanzig Schwarze stellen sich dazu.

Das ist kein Unterschied. Das ist ein Abgrund.

1. DIE BEDROHUNG

Voreingenommenes Denken ist in unseren Polizeibehörden so verbreitet wie bei unseren Angehörigen, Freunden, Bekannten und Arbeitskollegen. Wir alle haben eine verzerrte Wahrnehmung der Wirklichkeit. Vor dreißig Jahren war der Begriff *unbewusste Voreingenommenheit* noch nicht Bestandteil unseres Wortschatzes. Folglich dachte ich nicht eine Sekunde darüber nach, als ich, damals noch ein blutiger Anfänger, ein Wohnhaus in Arlington, Virginia betrat. Man hatte mich zu einem Einsatz wegen häuslicher Gewalt geschickt, und mein einziger Gedanke war, dass ich hoffentlich nicht auf den Täter schießen musste.

Laut Definition handelt es sich bei unbewusster Voreingenommenheit um die Denkmuster und Stereotype, die wir alle in unseren Köpfen haben. Sie bestimmen darüber, wie wir anderen Menschen gegenübertreten, und beeinflussen unwillkürlich unser Handeln und unsere Entscheidungen. Mit anderen Worten: Wir verinnerlichen die Haltungen und Blickweisen, die uns unsere Eltern, Freunde, Nachbarn und unsere Umwelt vermitteln. Das Gleiche geschieht mit den Bildern und Stereotypen, die wir in Film und Fernsehen, in Zeitschriften und anderen Medien sehen.

Voreingenommenes Denken ist nicht dasselbe wie Rassismus oder Sexismus. Rassismus und Sexismus beruhen auf bewussten Vorurteilen und der Überzeugung, dass die eigene Rasse oder das eigene Geschlecht überlegen sind. Unbewusste Voreingenommenheit äußert sich hingegen in Anschauungen und Erwartungshaltungen, die tief in unserem Unterbewusstsein verankert sind. Sie erklären zum Beispiel, warum große Männer fast immer gefragt werden, ob sie Basketball spielen, und warum Sie, wenn ich »Erdnussbutter« sage, höchstwahrscheinlich an »Marmelade« denken. Sie erklären, warum, so das Ergebnis zahlreicher Studien, europäische Schönheitsideale auch bei vielen Asiaten, Afroamerikanern und Latinos als Norm gelten. Dieselben Studien zeigen übrigens, dass die breite Masse der Amerikaner, unabhängig von der Hautfarbe, ein grundsätzlich positives Bild von Weißen hat. Bei Afroamerikanern und Latinos ist dieses zwar weniger stark ausgeprägt, doch insgesamt gesehen ist diese Haltung ein fester Bestandteil der amerikanischen Kultur. Unbewusste Voreingenommenheit erklärt, warum wir Reichtum und Macht vornehmlich mit weißen Männern verbinden. Leider erklärt sie auch, warum schwarze Männer von weiten Teilen der Bevölkerung als gefährlich wahrgenommen werden, sogar von vielen Afroamerikanern.

Wir alle denken unbewusst in Stereotypen. Das macht uns nicht automatisch zu schlechten Menschen, sondern einfach zu Menschen. Bei Leuten mit Dienstmarke, Waffe und der Macht zu töten aber kann voreingenommenes Denken dazu führen, dass jemand stirbt, der nicht hätte sterben dürfen.

An jenem Tag in Arlington wurde ich zum ersten Mal mit meiner eigenen Voreingenommenheit konfrontiert. Ich war bei einem Einsatz wegen Trunkenheit am Steuer, als ich über Funk die Anweisung erhielt, eine Kollegin von einer benachbarten Dienststelle zu unterstützen. Ich fuhr sofort los. Meine Partnerin weihte mich kurz in die Sachlage ein, dann gingen wir gemeinsam zum Haus. Da es sich um einen Fall von häuslicher Gewalt handelte, ging ich automatisch davon aus, dass uns eine in Tränen aufgelöste, unter Umständen sogar verletzte Frau die Tür öffnen würde.

Falsch gedacht.

Das Opfer war ein Mann von mittlerer Statur und Größe, vermutlich Latino. Leslie habe ihn geschlagen, sagte er und bat uns, Leslie aus der Wohnung zu schaffen. Ein Mann, der von einer Frau verprügelt wird? Meine Partnerin und ich fanden das reichlich bizarr. Aber ich dachte: *Was soll's. Mit einer Frau wird man viel leichter fertig als mit einem aggressiven, möglicherweise betrunkenen Kerl.* Es war früher Abend gewesen, als ich zu dem Einsatz geschickt wurde. Jetzt war es schon fast dunkel. Auf dem Weg nach oben in die Wohnung vereinbarte ich mit meiner Partnerin, dass sie das Kommando übernehmen und es mit einem Gespräch von Frau zu Frau versuchen würde.

Wieder falsch gedacht.

Als wir in die Wohnung kamen, saß Leslie auf dem Sofa. Leslie war ein Mann, groß, schwarz und breit wie ein Fernsehsessel. Ein echtes Schwergewicht. Leichte Besorgnis regte sich in mir. Ich bin eins achtundachtzig, und damals wog ich durchtrainierte hundertzwanzig Kilo. Trotzdem ging ich im Geiste die Schritte für solche Situationen durch, nur für den Fall, dass Leslie Widerstand leistete. Doch er war höflich. Er entschuldigte sich für den Krawall und dafür, dass wir seinetwegen hatten kommen müssen. Das Gespräch war freundlich, und alles lief gut, bis wir die Sache ansprachen, die Leslie natürlich nicht hören wollte.

»Sir, Ihr Mitbewohner will, dass Sie die Wohnung verlassen«, sagte meine Partnerin. »Stehen Sie bitte auf und begleiten Sie uns nach unten.« Dass wir das Wort *Mitbewohner* verwendeten, war ein weiteres Zeichen für unsere damalige Voreingenommenheit. Bei einem heterosexuellen Paar hätten wir mit Sicherheit *Freund* oder *Freundin* gesagt.

»Ich will nicht gehen«, sagte Leslie. »Ich wohne hier.«

Er war erregt, aber nicht bedrohlich.

»Sie müssen aus der Wohnung raus«, sagte meine Partnerin. »Bitte begleiten Sie uns nach unten, dann finden wir ganz sicher eine Lösung.«

Wir mussten Leslie unbedingt aus der Wohnung bekommen, denn auf dem engen Raum wäre es immens schwierig gewesen, mit einem so großen, schweren Mann fertigzuwerden. Er wiederholte, dass er bleiben wolle, und weigerte sich aufzustehen. Meine Partnerin forderte ihn erneut zum Gehen auf. Dieselbe

Reaktion. So ging es eine Weile hin und her. Wir forderten ihn auf, uns zu begleiten, er weigerte sich und wiederholte, wie sehr er seinen Partner liebe. Das war nicht gut. Wenn sich ein Verdächtiger unseren Anweisungen widersetzt, müssen wir zu härteren Mitteln greifen. Wir waren kurz davor, Gewalt anzuwenden, und das ist immer gefährlich. Doch dann folgte Leslie plötzlich unserer Bitte. Er stand vom Sofa auf, und ab da wurde es brenzlig.

★ ★ ★

Ehrlich gesagt wollte ich nie Cop werden. 1986 fing ich beim Arlington County Police Department in Virginia an. Das war kurz nach Abschluss meines Studiums an der Delaware State University, die zu den Historischen afroamerikanischen Colleges und Hochschulen gehört. In meinem letzten Studienjahr kamen ein paar Personaler von der Polizei in Virginia an die Uni und warben mich an. Die Leute waren nett, und der Job klang nicht schlecht, aber ich sagte nicht sofort zu. Ich wollte zuerst mein eigentliches Ziel verfolgen.

Mein Plan war, Offensive-Line-Spieler in der National Football League zu werden. Ich spielte Left Guard und Right Guard und wurde hin und wieder auch als Tackle eingesetzt. Ich war schwer, und ich war schnell. Die Leute fanden mich richtig gut, und das fand ich auch. Nachdem ich eine Saison lang in der Mid-Eastern Athletic Conference gespielt hatte, dachte ich, ich versuche es mal mit der NFL. Meine Träume bekamen jedoch einen herben Dämpfer, als die New York Giants mich im Sommer nach dem Studium beim Probetraining ausmusterten.

Ich hatte es genauso angehen wollen wie all die anderen, die heiß auf eine Karriere in der NFL sind. Man verbringt ein Jahr lang mit Essen, Gewichtestemmen und Lauftraining, um Masse, Kraft und Schnelligkeit aufzubauen. Nebenbei arbeitet man als Türsteher bei Clubs und Konzerten, damit man bis zum nächsten Trainingslager über die Runden kommt. Manche haben Erfolg, andere quälen sich fünf Jahre, bis sie endlich einsehen, dass sie einfach nicht gut genug sind. Ich zog ernsthaft in Betracht, es zu wagen, aber mein Vater, ein Elektriker, und meine Mutter, eine Sekretärin, nahmen mich auf die Seite und sagten, es sei an der Zeit, der Realität ins Auge zu blicken und mir einen anständigen Beruf zu suchen. Das Angebot vom Arlington County Police Department stand noch und klang von Tag zu Tag besser. Und so nahm ich an.

Die Polizei in Arlington zählte damals zu den wenigen zertifizierten Polizeibehörden in den USA. Sie war also etwas Besonderes. Eine Voraussetzung für die Zertifizierung ist, dass alle Officer ein abgeschlossenes Studium vorweisen müssen. Das gefiel mir. Das klang professionell und hieß, dass sich dort nicht so viele Leute herumtreiben würden, die nur Räuber und Gendarm spielen wollten. Außerdem war Arlington County sehr wohlhabend, deutlich wohlhabender jedenfalls als die Gegend, in der ich aufgewachsen war. Das Medianeinkommen in Arlington ist fast doppelt so hoch wie im gesamten Rest der USA. Folglich zahlte die dortige Polizeibehörde die besten Gehälter im Umland von Washington, D. C. Man verdiente dort sogar mehr als in der Hauptstadt. Das machte den Job umso reizvoller für mich.

* * *

Dieser kleine Exkurs soll veranschaulichen, warum ich mich in einer Situation befand, in der ich möglicherweise auf einen Menschen schießen musste.

Schon im Sitzen hatte ich Leslie als groß und schwer eingeschätzt, aber jetzt stand ein über zwei Meter großer, mindestens hundertfünfzig Kilo schwerer Koloss vor mir. Ich hielt mich für ziemlich kräftig, aber neben ihm kam ich mir vor wie ein Hänfling. Für meine Partnerin und mich war das ein extrem heikler

Moment. Wir mussten damit rechnen, dass er auf uns losging oder noch Schlimmeres geschah. Das Einzige, womit ich ihn zurückhalten und mich und meine Partnerin schützen konnte, war meine Dienstwaffe. 1986 waren Taser noch nicht so verbreitet wie heute. Um zu verhindern, dass die Situation eskalierte, nahmen wir unsere Anweisung von eben zurück.

»Sir, würden Sie sich bitte wieder hinsetzen?«, sagte ich.

Leslie sah mich irritiert an. »Ich will mich aber nicht setzen. Sie hat gesagt, ich soll aufstehen, und das habe ich gemacht.«

Da stand also dieser riesenhafte, potenziell gewalttätige Kerl vor uns und weigerte sich, unsere Anweisung zu befolgen. Das war nicht gut, und Leslie machte alles noch schlimmer. Er sagte, er müsse nach unten zu seinem Freund. Das durften wir natürlich nicht zulassen. Der Mann stand im Verdacht, seinen Partner misshandelt zu haben, und wir würden ihn ganz sicher nicht in die Nähe des mutmaßlichen Opfers lassen. Also forderten wir ihn erneut auf, sich wieder hinzusetzen. Er hörte nicht auf uns. Wir versuchten es noch einmal. Er weigerte sich, und das tat er auch bei der nächsten Aufforderung.

Uns war klar, dass es uns aufgrund seiner Körpermasse kaum gelingen würde, ihn ohne Verstärkung festzunehmen. Ich hatte mich bereits mit dem Gedanken abgefunden, dass wir, wenn Leslie weiter Widerstand leistete, möglicherweise von der Schusswaffe Gebrauch machen mussten. Wir standen vor einer schwierigen Entscheidung. Wenn wir versuchten, diesen Riesen von einem Mann rein physisch zu überwältigen, drohten uns ernsthafte Verletzungen. Der Griff zur Waffe wäre also durchaus vertretbar gewesen, und wenn wir Leslie im Handgemenge erschossen hätten, wären wir vermutlich damit durchgekommen.

»Ich hatte Angst um mein Leben«, hätte ich zu meiner Verteidigung angeführt, und das wäre durchaus plausibel, wenn auch nicht völlig korrekt gewesen. Die Vorgesetzten wollen diesen Satz von dir hören, wenn etwas schiefgelaufen ist. Man lernt ihn schon auf der Polizeischule, und jeder Officer betet ihn mantrenhaft herunter, wenn er auf einen Menschen geschossen hat. Wer soll schon beweisen, dass du keine Angst um dein Leben hattest, selbst wenn sie auf dein eigenes Fehlverhalten zurückzuführen ist?

Hier ist eine wahre Geschichte als Beispiel. An einem Winternachmittag in New York beobachtete ein Officer, wie ein achtzehnjähriger Schwarzer einen Laden verließ. Der Jugendliche habe etwas im Hosenbund stecken, meldete der Officer über Funk, vermutlich eine Waffe. Später stellte sich heraus, dass der Jugendliche unbewaffnet war. Eine Streife nahm die Verfolgung auf und forderte ihn auf stehenzubleiben. Die Polizisten sagten später aus, der Junge habe daraufhin die Flucht ergriffen und sei in das Haus gerannt, in dem er wohnte. Bilder einer Überwachungskamera zeigen jedoch, dass der Junge gemütlich auf das Haus zuging, als hätte er den Befehl gar nicht gehört. Die Polizisten versuchten, sich Zugang zum Haus zu verschaffen. Ich betone, dass es sich hier um einen Jugendlichen handelte und dass keinesfalls gesichert war, dass er eine Waffe bei sich trug. Dennoch versuchte die Polizei die Haustür einzutreten.

Als das nicht gelang, gingen zwei Officer zum Hintereingang. Ein Mieter aus dem Erdgeschoss ließ sie ins Haus, und die Officer fanden heraus, dass der Junge bei seiner Großmutter wohnte. Die Frau ließ sie herein. Als der Junge die Polizisten sah, rannte er ins Badezimmer und versuchte ein Tütchen Marihuana im Klo runterzuspülen. Als er sich umdrehte, schoss ihm ein Cop in die Brust. »Ich hatte Angst um mein Leben«, gab er später zu Protokoll. Niemand hatte ernsthafte Zweifel an dieser Aussage. Wer hätte auch das Gegenteil behaupten können? Aber hier kommt die andere Seite: Der Officer hatte die Situation selbst geschaffen, die dazu führte, dass er aus Angst um sein Leben einen Menschen erschoss. Es bestand kein Anlass, die Tür eines Mietshauses einzutreten und den Jungen bis in die Wohnung zu verfolgen. Der Junge hatte sich nichts zu Schulden kommen lassen. Und warum ging der Officer überhaupt ins Badezimmer? Der Verdächtige saß in der Falle und konnte nicht entkommen. Warum also wartete er nicht draußen? Was, wenn der Junge tatsächlich bewaffnet gewesen wäre und nur auf diesen Moment gewartet hätte? Eine Schießerei in der engen Wohnung hätte nicht nur den Cop das Leben kosten können, sondern auch die Großmutter. Jetzt war ein unbewaffneter Jugendlicher tot, eine Familie trauerte, und dem Schützen drohte ein Disziplinarverfahren oder sogar ein Prozess und der Verlust seines Jobs. Und wofür das alles? Ein Tütchen Marihuana?

Meine Partnerin und ich wollten auf keinen Fall denselben dummen Fehler begehen. Wir saßen also in der Zwickmühle. Wir wollten um jeden Preis verhindern, dass die Situation außer Kontrolle geriet. Und wir wollten nicht wegen eines Streits unter Liebenden auf einen Unbewaffneten schießen. Der Mann, der uns gerufen hatte, wollte ganz sicher, dass sein Freund am Leben blieb. Trotzdem standen wir kurz davor, Gewalt anzuwenden.

Wir machten uns bereit. Meine Partnerin ging unauffällig in Kampfposition und stellte sich breitbeinig hin. Leslie sah uns niedergeschlagen und durcheinander an. Und dann, kurz bevor wir uns genötigt sahen, härter durchzugreifen, fing er an zu weinen. Tränen liefen ihm über die Wangen, er verbarg das Gesicht in den Händen und setzte sich hin. Ich stieß einen stillen Seufzer der Erleichterung aus, und meine Anspannung löste sich. Schließlich konnten wir Leslie überreden, die Wohnung aus freien Stücken zu verlassen, und als wir unten waren, ließ er sich widerstandslos festnehmen.

Das Entscheidende an dieser Geschichte ist: Leslie war groß, und er war schwarz, aber machte ihn das zu einem schlechten Menschen? Ich bin auch groß und schwarz. Bin ich deshalb kriminell? Ich stelle diese Frage, weil ein Polizist am 17. September 2016 in Tulsa, Oklahoma dieses Wort verwendete, um Terrence Crutcher, einen unbewaffneten Afroamerikaner und Vater von vier Kindern, zu beschreiben, nur Sekunden, bevor eine Kollegin ihn mit ihrer Dienstwaffe erschoss. Die Videoaufnahmen des Vorfalls wurden von Millionen von Menschen auf der ganzen Welt gesehen.

Crutcher war mitten auf der 36th Street aus dem Wagen ausgestiegen. Kurz nach neunzehn Uhr gingen bei der Polizei zwei Anrufe wegen eines verlassenen Fahrzeugs ein. Der erste Anrufer sagte: »Jemand hat seinen Wagen auf der Straße stehen lassen. Der Motor läuft, und alle Türen sind offen. Es ist ein SUV. Er steht mitten auf der Fahrbahn und blockiert den Verkehr. Ein Mann lief von dem Wagen weg und rief, er würde gleich in die Luft fliegen. Ich glaube, er hat was geraucht. Ich bin ausgestiegen und habe gefragt, ob er Hilfe braucht. Er sagte: ›Kommen Sie, kommen Sie, ich glaube, er explodiert.‹«

Der andere Anrufer sagte: »Da steht ein Wagen, sieht aus, als wäre jemand rausgesprungen und einfach weggegangen. An der Kreuzung 36th Street und Lewis Avenue. Er steht mitten auf der Fahrbahn. Es ist niemand drin.«

Die Polizei war also informiert, dass ein leeres Fahrzeug den Verkehr behinderte und dass sich ein möglicherweise psychisch verwirrter, zugedröhnter oder betrunkener Mann in der Nähe aufhielt. Die beiden Anrufer hatten jedoch weder gesagt, dass der Mann bewaffnet war, noch dass er irgendjemanden bedroht hatte.

Officer Betty Shelby traf als Erste am Einsatzort ein. Crutcher stand neben seinem Fahrzeug auf der Straße. Shelby forderte Verstärkung an, dann stieg sie aus dem Wagen und zog unverzüglich ihre Dienstwaffe. Sie sprach Crutcher an und erteilte ihm verschiedene Befehle. Unter anderem forderte sie ihn auf, die Hände aus den Hosentaschen zu nehmen. Er befolgte ihre Anweisungen, sagte jedoch kein Wort. Schließlich bewegte Crutcher sich mit erhobenen Händen langsam auf sein Fahrzeug zu. Mittlerweile waren mindestens vier weitere Cops zugegen, und ein Polizeihubschrauber kreiste über der 36th Street.

Shelby und ein Kollege folgten Crutcher zum Wagen, sie mit vorgehaltener Waffe, er mit einem Taser. Shelby war der einzige Officer mit gezogener Schusswaffe vor Ort.

Die Officer im Hubschrauber, darunter Shelbys Ehemann, filmten den Vorfall. Die Anspannung war groß, und einer der Hubschraubercops schätzte die Lage folgendermaßen ein: »Der Typ sieht kriminell aus.« Zwei Sekunden später feuerte Shelby einen tödlichen Schuss auf Crutcher ab. Er war unbewaffnet, und auch im Fahrzeug wurde keine Waffe gefunden. Als ich mir die Videoaufnahmen sah, ging mir die Bemerkung des Cops nicht mehr aus dem Kopf, und ich begann, die Ereignisse zu hinterfragen.

Was hatte den Polizisten zu dem Schluss veranlasst, der 40-jährige Crutcher sei »kriminell«? Er war diesem Mann noch nie begegnet. Folglich gab es keinerlei Indizien, auf die er seine Behauptung stützen konnte. Hätte er sich die Mühe gemacht, das Nummernschild zu überprüfen, hätte er festgestellt, dass der Wagen nicht als gestohlen gemeldet war. Gleichfalls hätte er festgestellt, dass der SUV auf Terence Crutchers Namen zugelassen war und dass kein Haftbefehl gegen ihn vorlag. Dazu kam, dass Crutcher weder die beiden Anrufer noch die Officer verbal oder körperlich bedroht hatte. Crutcher trug weder sichtbare Gefängnis- oder Gang-Tattoos noch andere Zeichen, die darauf hindeuteten, er könnte gefährlich sein. Er trug keine Bikerkluft oder andere gewaltverherrlichende Kleidung. Was also machte ihn zum »Kriminellen«?

Für den Officer im Hubschrauber besaß Crutcher ein verdächtiges Merkmal. Er war ein »männlicher Schwarzer«. Crutcher musste wie so viele seiner schwarzen Geschlechtsgenossen sterben, weil zu viele Amerikaner einen afroamerikanischen Mann als leibhaftige Bedrohung sehen. Man schreibt uns einen schlechten Charakter und niedere Beweggründe zu. Folglich werden wir Straftaten verdächtigt, eingesperrt oder einfach abgeknallt.

Im anschließenden Prozess sagte Shelby aus, sie habe Crutcher erschossen, weil sie Angst um ihr Leben gehabt hätte. Da ist er wieder, der Standardsatz. »Ich dachte, er würde mich töten«, sagte sie vor Gericht. Wie kam sie zu diesem Schluss? Aus welchem Grund hätte Crutcher ihr etwas antun sollen? Er war weder aus der Haft geflohen, noch wurde nach ihm gefahndet. Er versuchte weder wegzulaufen, noch sich der Festnahme zu entziehen. Auch gab es keinerlei Anzeichen, dass er bewaffnet war. Er machte keine aggressiven Drohgebärden. Wenn jemand Grund gehabt hätte, um sein Leben zu fürchten, dann Crutcher selbst. Shelby hielt die Pistole auf ihn gerichtet. Er war von bewaffneten Polizisten umgeben. Warum also sollte Crutcher es auf Shelbys Leben abgesehen haben? Das erscheint ziemlich unglaubwürdig.

Was also ist schiefgelaufen? Sehen wir uns die Tötung Crutchers aus polizeilicher Sicht an. Jede Konfrontation mit einem Bürger soll dazu führen, dass der Bürger kooperiert, ohne dass dabei sein Leben oder das Leben des Polizisten in Gefahr gerät. In meiner Zeit als ATF-Agent und als Ausbilder im Federal Law Enforcement Training Center in Brunswick, Georgia habe ich Hunderten von Polizisten beigebracht, wie man sich in solchen Situationen verhält. Bei jedem Einsatz sollen sie einem festen Programm zur angemessenen Gewaltanwendung folgen. Das Programm besteht aus fünf Schritten. Der erste Schritt heißt: souveränes Auftreten. Das ist sozusagen die wichtigste Maßnahme, wenn ein Officer einem Bürger gegenübertritt. Manchmal sagen wir auch, der Officer muss sich Präsenz verschaffen. Wenn Polizisten souverän auftreten, ist die Anwendung von Gewalt in den meisten Fällen überflüssig. Ein souveräner Officer verhält sich professionell, aber nicht bedrohlich. Seine Souveränität soll sich in seinem Blick, in der Uniform, in Mimik und Körpersprache und sogar in seinem Gang widerspiegeln. Er oder sie soll Selbstbewusstsein, aber keine Arroganz ausstrahlen. Sie müssen dem anderen vermitteln, dass Sie sich selbst im Griff haben und jeder Situation gewachsen sind. Sie können freundlich und zugewandt sein, dürfen aber nie den Eindruck erwecken, dass Sie jemand sind, der die Kontrolle abgibt.

Der zweite Schritt heißt: Kontaktaufnahme. Das betrifft die Kommunikation mit der anderen Person. Ein Officer soll klare, präzise Anweisungen geben, die nicht als bedrohlich empfunden werden. Wenn Sie kein souveränes Auftreten haben, misslingt in der Regel auch die Kommunikation. Die Jungs an der Straßenecke oder das streitende Paar haben Sie schon als überheblich oder inkompetent abgeschrieben. Das heißt, sie hören nicht mehr auf Sie. Eben darum ist es so wichtig, Souveränität auszustrahlen. Wenn Sie mit Leuten reden, sollte Ihr Ton höflich, aber bestimmt sein. Ihr Gegenüber muss begreifen, dass Sie es ernst meinen. »Guten Morgen. Ich bin Officer Matthew Horace. Wir wurden um Hilfe gerufen. Können Sie mir sagen, was passiert ist? Sir, treten Sie zehn Schritte zurück und warten Sie. Miss, gehen Sie bitte dort rüber. Meine Kollegin wird sich mit Ihnen unterhalten.« Manchmal müssen Sie kurze Befehle erteilen oder die Stimme erheben. Leider fangen manche Cops sofort nach Eintreffen am Einsatzort an, die Anwesenden respektlos anzuherrschen und Opfer wie Tatverdächtige zu behandeln. Afroamerikaner und Latinos können ein Lied davon singen.

Wenn Worte nicht ausreichen, um eine aggressive Person zu beruhigen, greifen wir zum nächsten Schritt: Kontrolle mit leeren Händen. Dabei setzen Sie Ihren Körper ein, um den Störer unter Kontrolle zu bringen. Sie können ihm zum Beispiel die Hand auf den Rücken legen und ihn mit der anderen am Arm packen. Diese Maßnahme ist sinnvoll, wenn Sie die Person woanders hinbringen oder sie in eine Körperhaltung zwingen wollen, in der sie weder Ihnen noch sich selbst Schaden zufügen kann.

Leistet die Person Widerstand, gehen wir zum nächsten Schritt über. Wir setzen »milde Zwangsmittel« ein, eine Maßnahme, die sich auf Videoaufnahmen nicht besonders gut ausnimmt. Milde Zwangsmittel sind zum Beispiel Schläge und Tritte. Auch Schlagstöcke, Pfefferspray oder Taser können eingesetzt werden, um die Person unter Kontrolle zu bringen. Bei Einsätzen von SWAT-Teams und anderen taktischen Spezialeinheiten arbeiten wir manchmal mit Bean Bags. Diese Geschosse sind nicht tödlich, aber die getroffene Person geht zu Boden. Ich habe oft milde Zwangsmittel eingesetzt. Das sieht schlimm aus, aber es stirbt niemand. Die berüchtigte Prügelattacke auf Rodney King 1992 in Los Angeles, die zu den schwersten Unruhen in der amerikanischen Geschichte führte, war entsetzlich anzusehen. Sie war brutal, hemmungslos und kriminell, doch King überlebte.

Im Fall Crutcher verzichtete Betty Shelby auf mittlere Zwangsmittel und ging von der Kontaktaufnahme direkt zum letzten Schritt über, der Crutcher das Leben kostete: Sie machte Gebrauch von ihrer Schusswaffe. Es wurden zwar auch Taser eingesetzt, aber der tödliche Schuss fiel beinahe gleichzeitig. Angesichts der vielen Officer vor Ort wäre es ein Leichtes gewesen, sich auf Crutcher zu stürzen und ihn zu überwältigen. Aber das geschah nicht. Hätten sie befürchtet, Crutcher könnte eine Waffe im Wagen haben, hätten sie sich zurückziehen und aus sicherer Entfernung auf ihn schießen können, sobald er ins Fahrzeug griff. Aber auch das geschah nicht. Noch mal zur Erinnerung: Es gab keinerlei Anzeichen, dass Crutcher bewaffnet oder gewalttätig war.

Kein Einsatz verläuft so simpel wie in meiner Lehrbuchanalyse. Manchmal dauern solche Situationen eine halbe Stunde oder länger, und der Officer kann in Ruhe die einzelnen Schritte durchgehen. Ein andermal geht alles rasend schnell. Ich habe es selbst erlebt. Du willst den anderen nur mit den Händen führen, doch er wehrt sich. Also greifst du etwas härter durch. Du packst ihn fest an, und *bumm* verpasst er dir eine. Jetzt musst du vielleicht den Schlagstock einsetzen und ihn mit einem gezielten Hieb auf Oberschenkel- oder Oberarmarterie außer Gefecht setzen, oder du bringst ihn mit einem Tritt in die Kniekehle zu Fall.

Aber das alles sind nur taktische Maßnahmen. Das eigentliche Problem besteht darin, dass die Polizei afroamerikanische Männer und bis zu einem gewissen Grad auch afroamerikanische Frauen von vornherein als gefährlich einstuft. Das zeigt sich bereits im Sprachgebrauch, wenn im Polizeifunk die Durchsage »Verdächtiger männlicher Schwarzer« kommt. Ich habe diese drei Wörter in den vielen Jahren im Polizeidienst allzu oft gehört, und immer klang es, als wäre das erste die logische Konsequenz der anderen beiden.

In meiner Zeit als Cop in Virginia wurde ich oft losgeschickt, weil jemand einen »verdächtigten männlichen Schwarzen« gemeldet hatte. »Was tut er?«, lautete meine Standardreaktion, eine simple Frage, die nichts anderes bedeutet als »Was macht ihn verdächtig, außer dass er schwarz ist?«. Statt sarkastische Kommentare abzugeben, tippten meine überwiegend weißen Kollegen meistens nur genervt aufs Funkgerät. Manchmal meldete sich auch ein Vorgesetzter, der sichergehen wollte, dass ich mich um die Sache kümmerte. In den meisten Fällen handelte es sich einfach um einen Schwarzen, der auf den Bus wartete; sein einziges Vergehen war, dass er sich im »falschen« Viertel aufhielt. Einmal ging es um einen Schwarzen, der Handzettel verteilte. Ein anderes Mal hatten sich ein Jugendlicher und seine Freundin tagsüber zu einem heimlichen Date verabredet. Alles völlig harmlose Dinge. Natürlich müssen wir »verdächtigen« Personen nachgehen. Wir sollten uns aber fragen, warum sie verdächtig sind.

Einmal wurde ich zum Beispiel losgeschickt, weil jemand einen »verdächtigen männlichen Weißen« gemeldet hatte. Die Funkmeldung lautete: »Verdächtiger männlicher Weiße, barfuß, ohne Hemd, dunkelblond.« Er war nicht verdächtig, weil er weiß und ein Mann war, sondern weil er mitten im Dezember halbnackt auf der Straße herumlief. Das ließ vermuten, dass er auf PCP war, denn PCP-Konsumenten leiden unter Hitzewallungen.

Ich sprach den Mann an und sagte, ich müsse mit ihm reden. Seine Antwort war: »Verpiss dich, Nigger.« Ich forderte sofort Verstärkung an, weil PCP-Süchtige im Rausch ungeahnte Körperkräfte entwickeln.

Wenn wir schwarzen Menschen grundsätzlich mit Furcht und Voreingenommenheit begegnen, werden sie immer verdächtig sein. Sogar bei den Einsätzen, die ich als ATF-Ermittler leitete, kam es vor, dass ein Officer auf mich zutrat und sagte, Nachbarn hätten ein »verdächtiges« Fahrzeug gemeldet, was nichts anderes hieß, als dass ein Schwarzer am Steuer saß. Einmal war auch ich dieser Mann im verdächtigen Fahrzeug.

Als ich 2002 meine Stelle als Assistant Special Agent in Seattle, Washington antrat, zog ich nach Mill Creek. Die gepflegte Plansiedlung mit rund tausend Häusern war um einen Golfplatz herum angelegt. Meine Abteilung hatte dort 103 Wohnungen für ihre Angestellten angemietet. Nur zwei waren Afroamerikaner. Im ganzen Ort lebten höchstens sechs schwarze Männer.

Gut ein Jahr nach dem Einzug fuhr ich mit meinem relativ neuen Mercedes durch den Ort, als ich hinter mir plötzlich Blaulicht sah. Ich war erstaunt, denn Mill Creek ist so angelegt, dass man dort unmöglich zu schnell fahren kann. Entsprechend groß war meine Besorgnis. Warum wurde ich vom Deputy Sheriff angehalten? Der Officer verlangte Führerschein und Zulassung. Ich gab ihm die Papiere und erkundigte mich, was ich falsch gemacht hätte.

Als ich ihm meine ATF-Dienstmarke zeigte, sagte er, er habe meinen Wagen hier noch nie gesehen. Ich dachte: *Soll das heißen, er kennt jedes Auto und jeden Bewohner im Ort?* Warum hatte er nicht einfach mein Kennzeichen überprüft? Dann hätte er gewusst, dass ich in Mill Creek wohnte und dass der Wagen auf meinen Namen zugelassen war. Aber nehmen wir rein hypothetisch an, ich wäre von außerhalb gewesen. Nehmen wir an, ich hätte mich in Mill Creek aufgehalten, um Freunde zu besuchen, die schönen Häuser zu bewundern oder mich einfach ein bisschen umzusehen, weil ich mit dem Gedanken spielte, nach Mill Creek zu ziehen. All das macht einen Menschen nicht »verdächtig« und ist kein Grund, ihn anzuhalten. Und mal ganz ehrlich, welche Straftat soll ein Mann mit einem ziemlich neuen Mercedes in einem Ort wie Mill Creek schon im Schilde führen? Einbruch? Raubüberfall? Jemanden aus dem fahrenden Auto erschießen? Mein Auto war mehr wert als alles, was ich dort hätte stehlen können. Welchen vernünftigen Grund konnte er also für die Kontrolle anführen?

Keinen.

Nach dem Vorfall vereinbarte ich einen Termin mit einem Commander der Polizei von Snohomish County. Ich teilte ihm mit, für wen ich arbeitete und was passiert war. Dann gab ich ihm Fabrikat und Kennzeichen meines Privatwagens, des Wagens meiner Frau und meines zivilen Einsatzfahrzeugs und erklärte ihm, dass ich nie wieder von einem Officer seiner Behörde angehalten werden wolle, es sei denn, ich würde gegen das Gesetz verstoßen. Und tatsächlich wurde ich danach nie wieder kontrolliert.

Von meinen weißen Freunden und Kollegen habe ich noch nie solche Geschichten gehört. Und warum nicht? Weil bei afroamerikanischen Männern andere Maßstäbe gelten und unser Handeln anders ausgelegt wird als bei unseren weißen Geschlechtsgenossen.

Vor nicht allzu langer Zeit besuchte ich in meinem Wohnviertel am Rand von Pennsylvania einen Baumarkt. Vor mir an der Kasse stand ein Weißer mit einer Waffe im Holster. Er war glatt rasiert und trug Khakihosen und ein gebügeltes Polohemd. Ich hielt ihn für einen Polizisten. Niemand reagierte beunruhigt oder bekam es mit der Angst zu tun, und ich dachte: Vielleicht ist er wirklich ein Cop, aber woher wissen das die anderen Leute im Baummarkt? Die Angestellten kannten ihn vielleicht, aber bestimmt nicht alle Kunden.

Hier ist die andere Seite. In den achtundzwanzig Jahren, in denen ich eine Schusswaffe trug, weil das zu meinem Beruf gehörte, bin ich nicht einmal mit offen sichtbarer Pistole in einen Laden oder in ein Restaurant gegangen. Zig schwarze Gesetzeshüter aus meinem Bekanntenkreis halten es genauso. Wir wollen um jeden Preis verhindern, dass jemand die Polizei alarmiert, weil er in irgendeinem Laden einen bewaffneten Schwarzen gesehen hat. Selbst in Khakihose, Tennispullover und Slippern hätte ich Angst, dass mich die Polizei für einen Gewalttäter hält. Der Bedrohungseffekt, der durch die Meldung »bewaffneter männlicher Schwarzer« entsteht, ruft eine verschärfte Reaktion hervor, völlig unabhängig von den realen Umständen.

Ein Beispiel: Am 13. August 2014 schlenderte John Crawford mit seiner schwangeren Freundin durch die Gänge eines Walmarts in Beavercreek, Ohio. Nach einer Weile trennten sich die beiden. Sie gingen in unterschiedliche Abteilungen und telefonierten miteinander. Während sich die beiden unterhielten, nahm der 22-jährige Crawford ein Spielzeuggewehr aus dem Regal. Ein Kunde, der weiße Ronald T. Ritchie, sah Crawford mit der Waffe. Er wählte sofort den Notruf und meldete, ein bewaffneter Schwarzer würde bei Walmart Kunden mit einer Waffe bedrohen.

»Er zielt auf Leute«, sagte er. »Ich glaube, jetzt lädt er sie.«

Dann behauptete er, Crawford würde das Gewehr auf Kinder richten. Noch während des Anrufs wurde ein Streifenwagen losgeschickt. Zwei Officer stürmten durch den Hauptgang, und nur ein paar Sekunden später war Crawford tot. Ritchies Frau, die sich ebenfalls im Walmart aufhielt, postete anschließend auf Facebook, sie habe gesehen, wie Crawford das Gewehr geladen und Kunden bedroht habe.

Das Tragische an diesem Vorfall ist, dass Crawford Opfer einer Lüge und der panischen Angst vor bewaffneten schwarzen

Männern wurde. Auf den Bildern der Überwachungskameras ist klar zu erkennen, dass Crawford das Spielzeuggewehr nicht auf andere Menschen richtete, nicht damit herumfuchtelte und zu keinem Zeitpunkt den Eindruck erweckte, als wolle er schießen. Stattdessen trug er es die ganze Zeit mit dem Lauf nach unten neben sich am Körper. Als Ritchie zur Disponentin sagte: »Er zielt gerade auf zwei Kinder«, telefonierte Crawford mit seiner Freundin, und das Gewehr zeigte eindeutig zu Boden. Die beiden Familien, denen Crawford unterwegs begegnete, reagierten weder ängstlich noch besorgt. Eine der Mütter, die 37-jährige Angela Williams, erlitt jedoch einen tödlichen Herzinfarkt, als sie mit ihren Kindern vor den Schüssen der Polizisten floh. Der Gerichtsmediziner stellte fest, dass der Infarkt durch die im Laden ausgebrochene Panik verursacht worden sei, und entschied auf fahrlässige Tötung. Ihr minderjähriger Sohn machte Ritchie für ihren Tod verantwortlich. »Ich hoffe, er ist zufrieden mit sich«, sagte er nach dem Vorfall.

Der Sonderermittler, der mit dem Fall beauftragt wurde, konnte die Grand Jury davon überzeugen, dass die beiden Todesschützen sich absolut richtig verhalten hätten. Als ein Bezirksgericht es als begründet ansah, Ritchie wegen vorsätzlich falscher Behauptungen mit Todesfolge zu belangen, weigerte sich derselbe Sonderermittler, Anklage zu erheben.

Drei Monate später spielte der zwölfjährige Tamir Rice im zweihundert Meilen weiter nördlich gelegenen Cleveland allein Räuber und Gendarm. Der Junge hatte sich in einem Freizeitzentrum aufgehalten, bis die Mitarbeiter ihn hinaus in die Novemberkälte scheuchten. Rice zog allein durch den angrenzenden verschneiten Park und zielte mit einer Spielzeugpistole, die er von einem Verwandten geschenkt bekommen hatte, auf imaginäre Bösewichte. Ein Passant rief die Polizei an und meldete einen bewaffneten schwarzen Mann, der im Park wahllos auf Leute ziele. Der Anrufer sagte zweimal: »Wahrscheinlich ist es nur eine Attrappe.« Am Ende des zweiminütigen Gesprächs sagte er: »Ich glaube, er ist noch ein Kind.« Diese Information behielt der Disponent jedoch für sich, als er einen Streifenwagen losschickte.

Stattdessen meldete er: »Männlicher Schwarzer auf einer Schaukel. Zielt mit einer Waffe auf Leute.« Zwei Officer, Timothy Loehman (26) und Frank Garmback (46), hörten den Funkspruch und fuhren sofort zum Park. Garmback hielt nur zwei Meter vor dem Jungen an. Das war taktisch grundfalsch, denn so befanden sie sich ungeschützt in der Schusslinie. Wäre Rice' Pistole echt gewesen, hätte Garmback durch sein verantwortungsloses Handeln nicht nur sein Leben, sondern auch das seines Kollegen aufs Spiel gesetzt. Loehman sprang sofort aus dem Wagen und forderte den Jungen mit gezogener Dienstwaffe auf, die Pistole fallen zu lassen. Nur wenige Sekunden später feuerte er zwei Schüsse auf den Jungen ab.

Rice starb am Tag darauf im Krankenhaus.

Wieder einmal war ein unbewaffneter männlicher Schwarzer gestorben, und niemand hatte Schuld. Die Grand Jury entschied, keine Anklage gegen Loehman und Garmback zu erheben.

Ironischerweise zog ein Jahr später im nur fünfundvierzig Meilen entfernten Akron, Ohio ein weißer Mann namens Daniel Kovacevic mit einem Sturmgewehr über der Schulter durch ein schwarzes Wohnviertel. Kovacevic trug eine tief ins Gesicht gezogene Skimütze und eine dunkle Sonnenbrille. Anwohner verständigten die Polizei. Kovacevic wurde jedoch nicht erschossen. Auf einem Überwachungsvideo ist zu sehen, wie die Polizei besorgten schwarzen Bürgern erklärt, dass Kovacevic nur von seinem Recht Gebrauch mache, unbehelligt eine Waffe zu tragen, so wie es jedem Bürger im Bundestaat Ohio zustehe ... außer John Crawford und Tamir Rice.

Indem eine Grand Jury nach der nächsten dagegen entscheidet, Polizisten für die Tötung eines unbewaffneten schwarzen Jugendlichen oder Mannes vor Gericht zu stellen, zeigt uns

Amerika, dass es vernünftig ist, sich vor einem Menschen mit dunkler Haut zu fürchten. Und weil wir uns vor ihm fürchten, ist es auch in Ordnung, ihn zu erschießen.

Am erschreckendsten tritt der Bedrohungseffekt meiner Meinung nach in einer jüngst veröffentlichten Studie zutage. Demnach wird bei etwa zwei Prozent aller Tötungsdelikte auf Notwehr entschieden. Laut Websters Wörterbuch spricht man von Tötung aus Notwehr, wenn die Tat »zum Schutz des eigenen Lebens, des Lebens anderer Personen, vor allem von Familienangehörigen oder in seltenen Fällen auch zum Schutz des Hausfriedens begangen wird, um eine schwere Straftat, insbesondere ein Gewaltverbrechen zu verhindern«, oder wenn die Tötung »in Ausübung der Amtspflicht erfolgt und nach geltendem Recht zu vertreten ist«.

Bei Straftaten, in denen Täter und Opfer schwarz sind, trifft die Zwei-Prozent-Quote in etwa zu. Tötet hingegen ein Hispanic einen Schwarzen, wird in 5,5 Prozent der Fälle auf Notwehr entschieden. Ist der Täter weiß und das Opfer ein Hispanic, sind es 3,1 Prozent. Wird ein Weißer von einem Schwarzen getötet, liegt die Zahl der Fälle, in denen auf Notwehr entschieden wird, bei unter einem Prozent, also deutlich unterhalb des Durchschnittswerts.

Wenn weiße Männer schwarze Männer töten, steigt die Zahl jedoch sprunghaft an: In siebzehn Prozent aller Fälle wurde die Tat als Notwehr eingestuft, achtmal häufiger als bei afroamerikanischen Tätern.

Die meisten von uns kennen inzwischen die Statistiken, die belegen, dass Afroamerikaner überdurchschnittlich häufig auf Fernstraßen, im Stadtverkehr und in Wohnvierteln angehalten werden. Auch wissen wir aus zahlreichen Untersuchungen, dass die Wahrscheinlichkeit, dass im Fahrzeug eines Weißen Drogen oder Schmuggelware gefunden werden, dreißig Prozent höher ist als bei Afroamerikanern. Dennoch werden Letztere nicht nur doppelt oder dreimal, sondern fünfmal so oft von der

Polizei kontrolliert. In Baltimore, wo 52 Prozent aller Gesetzeshüter Afroamerikaner sind, wurde ein schwarzer Autofahrer über zwanzig Mal angehalten und vernommen, ohne dass die Polizei ihm etwas vorwerfen konnte. Jede fadenscheinige Kontrolle vertieft den Graben zwischen der afroamerikanischen Community und der Polizei. Und jeder Vorfall dieser Art birgt die Gefahr, dass Menschen – Polizisten und/oder Bürger – zu Schaden kommen.

Ich habe dieses Thema schon mit vielen meiner weißen Freunde diskutiert, und obwohl die meisten zustimmend nicken, weiß ich, dass sie nicht einmal mir, einem Cop, wirklich glauben. Ein Freund sagte, er sei bei diesen Vorfällen immer davon ausgegangen, dass die Polizisten keine andere Wahl gehabt hätten, als zu schießen. Die Frau eines anderen Freundes sagte im Gespräch über einen erschossenen Schwarzen, sie sei das ewige Gerede leid, dass es bei diesen Vorfällen um Rassismus geht. »Wie kannst du behaupten, das habe etwas mit Hautfarbe zu tun, solange die Polizisten nichts Rassistisches sagen oder eine Ku-Klux-Klan-Kutte tragen?« fragte sie mich.

Ich habe Verständnis dafür. Für die meisten meiner weißen Freunde gehören solche Probleme ganz einfach nicht zu ihrer Lebenswirklichkeit. Warum aber fällt es ihnen so schwer, diese Dinge zu glauben, wenn ein afroamerikanischer Freund, Bekannter, Arbeitskollege, Prominenter oder sogar ein schwarzer US-Senator ihnen versichert, dass all das den Tatsachen entspricht? Ich verweise auf den schwarzen US-Senator Tim Scott (South Carolina), ein erzkonservativer Republikaner und einer von nur drei afroamerikanischen Senatsmitgliedern. Scott und ich sind uns nie begegnet, und wir sind so unterschiedlich wie Tag und Nacht.

Er stammt aus einer Kleinstadt in den Südstaaten, ich bin in der Großstadt, im Nordwesten Philadelphias, aufgewachsen. Seine alleinerziehende Mutter musste hart arbeiten, um ihn und seine beiden Brüder durchzubringen. Ich hatte das Glück, dass meine Eltern beide gut bezahlte Jobs hatten. Er war auf einem privaten, baptistisch geprägten College mit hauptsächlich weißen Studenten. Ich habe an einer der staatlich finanzierten Historischen afroamerikanischen Hochschulen studiert, die zu einer Zeit gegründet wurden, als Schwarzen der Zugang zu den meisten weißen Colleges und Universitäten untersagt war.

Scott ist ein glühender Anhänger von Justizminister Jeff Sessions, der für lange Gefängnisstrafen und hartes Durchgreifen plädiert, eine Politik, die schon im »War on Drugs« ganze schwarze Gemeinden zerstörte. Im nächsten Kapitel schildere ich, dass ich als Ermittler beim Bureau of Alcohol, Tobacco and Firearms an vorderster Front dieser falschen Politik agierte und mit dafür verantwortlich war, dass Hunderttausende schwarzer Männer und Frauen hinter Gitter landeten. Ich möchte nie wieder zu dieser Politik zurückkehren.

Scott ist ein strammer Rechter. Ich stehe politisch eher in der Mitte. Eines aber verbindet uns: Wegen unserer Hautfarbe und unseres Geschlechts sind wir beide potenzielle Opfer von Polizeigewalt.

Nachdem mehrere Fälle von tödlichen Polizeischüssen auf Schwarze für Schlagzeilen gesorgt hatten, hielt Scott 2016 vor dem Senat eine bewegende Rede, in der er von seinen eigenen Erlebnissen berichtete. Er erzählte von der Angst und der Scham, die er empfand, als er zum ersten Mal von einer Polizeistreife angehalten wurde. »Der Cop trat mit gezogener Waffe an mein Wagenfenster und sagte: ›Hast du nicht gemerkt, dass deine Scheinwerfer nicht richtig funktionieren, Boy?‹ Sogar als Politiker sei er innerhalb eines Jahres sieben Mal kontrolliert worden, einmal, weil der Officer behauptete, sein Fahrzeug wäre als gestohlen gemeldet. »Ja, zweimal bin ich zu schnell gefahren«, räumte Scott ein, »aber in den meisten Fällen musste ich anhalten, weil ich in einem neuen Wagen durch das falsche Viertel fuhr, oder aus irgendeinem anderen fragwürdigen Grund.«

Er erzählte, wie sein Bruder, ein Sergeant Major in der US

Army, auf der Fahrt zu seinen Eltern nach Charleston von einem Officer angehalten wurde, weil er einen Volvo fuhr. Da das bei Schwarzen unüblich sei, so der Officer, habe er den Wagen für gestohlen gehalten. Scott erzählte auch von einem jungen schwarzen Büromitarbeiter mit einem Chrysler 300. Nachdem er zigmal von der Polizei kontrolliert worden war, verkaufte der junge Mann sein schickes Auto, weil er die Schikanen nicht mehr aushielt. Zum Ende seiner Rede sprach Scott, der politisch weit rechts von den meisten amerikanischen Schwarzen steht, uns allen aus der Seele.

»Fast alle afroamerikanischen Männer in meinem Bekanntenkreis haben ganz ähnliche Geschichten zu erzählen, unabhängig von ihrem Beruf, ihrem Einkommen und der sozialen Stellung«, sagte er. »Stellen Sie sich vor, wie enttäuscht, verärgert und gedemütigt man sich fühlt, wenn man wieder einmal grundlos kontrolliert wird. Ich kenne die Wut und die Trauer. Ich weiß, wie kränkend es ist, dass man zur Zielscheibe wird, nur weil man schwarz ist.«

Um der Sache genauer auf den Grund zu gehen, fuhr ich nach St. Louis und nach Ferguson, Missouri, wo es nach den tödlichen Schüssen auf den achtzehnjährigen Michael Brown 2014 zu monatelangen Protesten und wütenden Ausschreitungen gekommen war. Der Fall Brown setzte die jahrzehntealte Debatte über Polizeigewalt gegen Afroamerikaner neu in Gang, nicht zuletzt, weil kurz danach noch andere Afroamerikaner von der Polizei erschossen wurden. Ich wollte genau verstehen, wie es zu dem Vorfall in Ferguson gekommen war. Was für Zustände herrschten in dieser Kleinstadt, und was sagten diese über die Zustände in unserem Land aus? Schnell kam ich dahinter, dass die Erfahrungen der afroamerikanischen Bevölkerung mit der Polizei in St. Louis ähnlich negativ geprägt sind wie in Ferguson.

Ich führte viele Gespräche, unter anderem mit einer beeindruckenden jungen Frau namens Amy Hunter. Hunter hat mir eindrucksvoll vermittelt, wie sehr sich afroamerikanische Eltern davor fürchten, dass ihre Kinder von der Polizei kontrolliert werden.

Hunter arbeitet als Diversity-Managerin im St. Louis Children's Hospital, einer der größten Gesundheitseinrichtungen der Stadt. Sie wohnt in University City, einem wohlhabenden Vorort von St. Louis. Das mittlere jährliche Haushaltseinkommen in University City beträgt 56 000 Dollar, und die Verbrechensrate ist extrem niedrig. Es gibt keine Crackhöhlen, keine Drive-by-Shootings, und es treiben sich nicht überall Gangmitglieder herum. Trotzdem haben Hunter und ihr Mann wie so viele afroamerikanische Eltern mit ihren Kindern ein »ernstes Gespräch« geführt und sie darüber aufgeklärt, woran sie unbedingt denken müssen, wenn sie von der Polizei angehalten werden.

»Wir haben uns zusammengesetzt und ihnen genau erklärt, wie sie sich verhalten müssen«, erzählte Hunter im Haus einer Freundin in einem noch wohlhabenderen Vorort von St. Louis. »Wir haben ihnen eingeschärft, dass sie keine frechen Antworten geben sollen, was immer die Officer auch sagen. ›Befolgt gehorsam ihre Anweisungen und kommt gesund nach Hause. Um alles andere kümmern wir uns‹, haben wir zu ihnen gesagt. ›Tut alles, damit wir nicht eure Leichen identifizieren müssen, weil die Polizei euch erschossen hat.‹«

Hunter gehörte zu den vielen Hundert Demonstranten, die sich nach den tödlichen Schüssen auf Michael Brown Abend für Abend in Ferguson zum friedlichen Protest versammelten. Sie sei nach Browns Tod fast täglich auf die Straße gegangen, erzählte sie, auch an den eiskalten Abenden, als die Stadt in weihnachtlichem Lichterglanz erstrahlte. Sie wurde mit Tränengas besprüht, und Polizisten zielten mit Sturmgewehren auf ihre Brust.

Ich fragte sie, was einer Frau aus der oberen Mittelschicht, die nicht in Ferguson wohnt und nie erlebt hat, wie die Einheimischen von der Polizei schikaniert werden, dazu veranlasst, sich so leidenschaftlich zu engagieren. Zumal sie mir erzählt hatte, dass ihre Söhne inzwischen erwachsen seien und ein erfolgreiches Leben führten. Und auch ihr Arbeitgeber war doch sicher nicht begeistert, dass sie jeden Abend loszog und sich in Gefahr begab. Warum also tat sie das? Sie sah mich freundlich, fast mitleidig an, und dann erzählte sie mir eine Geschichte.

Als ihr einer Sohn zwölf war, fuhr sie ihn eines Nachmittags zum Delmar Loop, wo er sich mit Freunden treffen wollte. Der Loop ist die Vergnügungsmeile von University City mit vielen kleinen Läden, Restaurants und Konzerthallen. Chuck Berry, Sohn der Stadt und Vater des Rock 'n' Roll, trat dort, wenn er nicht auf Tour war, bis zu seinem Tod 2017 einmal im Monat auf. Als Hunters Sohn an dem verabredeten Ort ankam, tranken seine Freunde Alkohol. Da seine Eltern ihm das Trinken strengstens verboten hatten, beschloss er, wieder zu gehen. Bis nach Hause waren es nur etwa fünfzehn Gehminuten. Etwa zweihundert Meter vor seiner Haustür fiel ihm auf, dass er von der Polizei verfolgt wurde. Schließlich hielten die Officer ihn an, befragten und durchsuchten ihn. Als Begründung gaben sie an, dass er auf die Beschreibung eines Mannes passe, der mit einer Machete durch die Gegend lief. »Er war zwölf und maß gerade mal eins fünfzig«, sagte Hunter. Sie könne sich noch gut daran erinnern, wie ihr Sohn völlig verstört und mit hängendem Kopf nach Hause gekommen sei.

»Er löcherte mich mit Fragen, weil er es verstehen wollte«, erzählte sie. »Er hatte sich allen Anweisungen gefügt, aber er begriff einfach nicht, warum die Officer ihn festgehalten hatten.

Er sagte: ›Aber Mom, ich trage eine Khakihose mit Gürtel, mein Polohemd steckt in der Hose, und ich habe sogar ordentliche Schuhe an.‹ Er glaubte offenbar, dass seine Kleidung ihm solche Erlebnisse ersparen würde. Ich aber wusste, dass es überhaupt keine Rolle spielte, wie er angezogen war. Er rief: ›Bitte, Mom, ich will es wissen, haben sie das gemacht, weil ich schwarz bin?‹

›Ich weiß es nicht‹, antwortete ich. ›Schon möglich.‹« Ihr Sohn habe keine Ruhe gegeben, erzählte sie weiter. »Er war völlig aufgewühlt von dem Vorfall. Da war die Angst, von bewaffneten Männern kontrolliert zu werden, die Ungewissheit, die eigene Schutzlosigkeit. Er rang mit den Tränen.

Schließlich sagte er weinend: ›Mommy, bitte sag mir, wann das aufhört.‹ Ich sah meinen zwölfjährigen Sohn an und sagte: ›Nie, solange du lebst.‹«

Hunter senkte den Blick, und als sie wieder aufsah, hatte sie Tränen in den Augen.

»Darum bin ich nach Ferguson gefahren«, sagte sie. »Ich will, dass das aufhört.«

Tony April

Captain, Alaska State Troopers

Als Junge konnte ich Cops nicht ausstehen. Die Cops, die in unser Viertel kamen, behandelten uns wie Verbrecher. Sie nannten uns »Nigger« oder »Boy«. »Mach, dass du wegkommst, Nigger.« Sie beleidigten uns, um uns zu demütigen. Es war wie auf einer Plantage: Alle Anwohner waren schwarz und die Cops fast alle weiß. Die meisten trugen verspiegelte Sonnenbrillen und enge Hemden. Alle hassten sie. Ihr Benehmen, die Gossensprache. Wir dachten, ein Cop muss Schwarze töten, damit er befördert wird. Das war jedenfalls unser Eindruck, so wie sie mit uns umsprangen.

1979 schlugen sie einen Schwarzen tot. Er war mit dem Motorrad unterwegs, und sie verfolgten ihn. Damals schwor ich mir, dass ich zwei Dinge niemals tun würde. Ich würde nie zur Armee gehen und nie Cop werden. Am Ende tat ich beides.

Ich bin in Miami aufgewachsen, ganz im Südwesten, in Goulds. In unserer Straße gab es eine Sozialbausiedlung, Cutler Manor. Unsere Familie war groß. Wir waren zehn Kinder, sechs Mädchen und vier Jungs. Ich war der Sechstälteste. Unsere Eltern liebten uns sehr. Meine Mutter war Hausfrau und sorgte für uns. Mit meinem Vater war nicht zu spaßen. Er hätte Hackfleisch aus dir gemacht, wenn du dich mit seiner Familie anlegst.

Meine Grundausbildung bei der Armee absolvierte ich in Fort Jackson, South Carolina, und wo wird der Junge aus Goulds dann anschließend stationiert? Anchorage, Alaska! Sie schickten einen Typen aus Florida, der noch nie im Leben Schnee gesehen hatte, nach Alaska, den kältesten Bundesstaat der USA. Diese Spinner. Das einzig Gute daran war, dass ich dort meine Frau kennenlernte.

1991 ging ich zur Alaska National Guard, und 1994 fing ich

beim Alaska Department of Corrections an. Die Arbeit im Strafvollzug war hart. Ich arbeitete im Isoliertrakt, wo die Häftlinge dreiundzwanzig Stunden am Tag eingeschlossen in Einzelzellen sitzen. Die meisten Häftlinge waren Weiße oder Indigene. Es gab jede Menge Skinheads und Neonazis – und mich.

Ein Häftling rief jeden Tag: »Ey, Nigger, bring mir was zu essen«, oder »Nigger, hol mir die Zeitung«. Wenn ich an ihm vorbeiging, spuckte er mir auf die Schuhe. Trotzdem war es mir wichtig, nicht in ihre Kriminalakten zu schauen. Da stand drin, weswegen sie einsaßen, und das wollte ich lieber nicht wissen, weil ich sie sonst als Verbrecher gesehen hätte. Ich wollte sie aber als Menschen sehen.

1997 ging ich zur Polizei, zu den Alaska State Troopers. Um Trooper zu werden, muss man fünfzehneinhalb Wochen auf die Polizeischule gehen, danach kommen dreieinhalb Monate Praxisausbildung. Auf der Polizeischule hatten mir alle gesagt, was auch passiert, mach die Praktische bloß nicht in Palmer, Alaska. Die Dienststelle dort war berüchtigt dafür, Neulinge rauszuschmeißen. Natürlich wurde ich nach Palmer geschickt.

Als ich eines Tages auf die Wache kam, traf ich auf einen Trooper, der, wie ich später erfuhr, Nachforschungen anstellte, ob einer der anderen Anwärter vorbestraft war. »Was machen Sie da?«, fragte ich.

»Dafür sorgen, dass Typen wie du aus der Truppe draußen bleiben«, knurrte er.

Kurz vor Ende der Probezeit erhielt ich eine so schlechte Beurteilung, dass man meinen konnte, ich würde den ganzen Tag nur faul rumsitzen und Kaugummi kauen. Der leitende Sergeant drohte mir: »In zwei Wochen schmeiß ich Sie raus.« Ich dachte ernsthaft daran, sofort zu kündigen. Als ich nach Hause kam, erzählte ich meiner Frau, dass die Sache für mich gelaufen sei. Doch ein weißer Kollege sagte: »Kündige nicht. Genau das wollen sie doch.« Also blieb ich.

Sie teilten mich Bubba Cox zu, unserem strengsten Ausbilder.

Bubba war nüchtern und knallhart, aber ein grundehrlicher Typ. Eines Tages fuhren wir zusammen zu einem Einsatz. Bubba sagte, ich solle das Kommando übernehmen. Aber der Weiße, mit dem wir es zu tun hatten, nahm mich gar nicht wahr und redete nur mit Bubba. Bubba unterbrach ihn: »Sir, Sie müssen mit diesem Officer sprechen. Er leitet diesen Einsatz.« Der Typ ignorierte den Hinweis und wandte sich weiter an Bubba. Schließlich sagte Bubba: »Okay, das reicht. Wenn Sie sich weigern, mit ihm zu sprechen, war's das für uns.« Und weg waren wir.

Am letzten Ausbildungstag fuhren Bubba und ich zur Wache. Ich hatte keine Ahnung, ob ich bestanden hatte oder durchgefallen war. »Bevor Sie hineingehen«, sagte Bubba, »sollen Sie wissen, dass ich Ihnen nichts geschenkt habe. Das haben Sie sich alles selbst erarbeitet.« Eine kleine Träne lief ihm über die Wange. Das vergesse ich nie.

Zwei Jahre später wurde ich zum Trooper des Jahres gewählt.

2. SCHWARZE IN BLAUER UNIFORM

Es war ein heißer Sommernachmittag in Providence, Rhode Island. Ich war achtundzwanzig und hatte mir nichts zuschulden kommen lassen. Dennoch bangte ich um mein Leben. Ein Weißer in Jeans, T-Shirt und Turnschuhen hielt ein riesiges Gewehr auf mich gerichtet und drohte, mir das Hirn wegzupusten.

»Runter auf den Boden«, brüllte er. »Und keine Bewegung.«

Das Wort »Nigger« verkniff er sich. Der Lauf seines Gewehrs war breit wie der Lincoln Tunnel in Manhattan. Da er mir befahl, mich hinzulegen, hielt ich ihn für einen Cop. Verbrecher geben keine Befehle. Die schießen einfach. Dass der Kerl vermutlich Polizist war, machte die Sache umso schlimmer. Ich hatte an diesem Nachmittag einen Undercover-Auftrag erledigt, und jetzt war ich kurz davor, von einem Kollegen erschossen zu werden, der mich für einen Drogendealer hielt, weil ich der einzige Schwarze in der Gegend war.

Das war im Sommer 1990. George Bush senior war Präsident, der irakische Diktator war gerade in Kuwait einmarschiert, Hip-Hop und Rap hatten die Musikszene erobert, und so hatte ich mir alle Mühe gegeben, in meiner Tarnaufmachung aus Coca-Cola-T-Shirt, Baggy Jeans und Fila-Sneakers wie eine Mischung aus Ice Cube und LL Cool J auszusehen.

Amerika führte damals seinen berüchtigten »War on Drugs«, und als Sonderermittler beim Bureau für Alcohol, Tobacco and Firearms war ich mittendrin. Ich war einer von den Guten. Das glaubte ich jedenfalls.

Wie die meisten Afroamerikaner hatte ich keine Ahnung, dass dieser »Krieg« verheerendere Schäden in den schwarzen Vierteln anrichten würde als die Drogen. Anfang der 1990er hatte der Kokainkonsum epidemische Ausmaße angenommen. Das weiße Pulver boomte vor allem innerhalb der weißen Bevölkerung Amerikas. Bis zu achtzig Prozent der Dealer und Konsumenten waren weiße Amerikaner. Doch am sichtbarsten waren die zerstörerischen Auswirkungen der Droge in den afroamerikanischen Communities, wo Kokain in Form von billigem Crack den Markt beherrschte.

Schwarze Viertel wurden von Gewalt überschwemmt, sobald sich dort Crackdealer niederließen und die Leute mit Stoff versorgten. Abhängige Frauen – Mütter, Jugendliche und Erwerbslose – mussten sich für ein paar Dollar prostituieren, um ihre Sucht zu finanzieren. Familien wurden auseinandergerissen. Ganze Wohnviertel wurden verwüstet, auch das Viertel, in dem ich aufwuchs. Die Folgen der Crack-Epidemie wurden mir jedes Mal lebhaft vor Augen geführt, wenn ich meine Eltern in unserem Reihenhaus im Norden Philadelphias besuchte. Statt gepflegter Vorgärten gab es jetzt lauter verrammelte Häuser, in denen Crack geraucht und Prostitution betrieben wurde. Im Block meiner Eltern gab es drei solche Crackhäuser. Straßen, auf denen wir als Kinder gespielt hatten, befanden sich fest in der Hand von Drogendealern, ihren Handlangern und Spähern. Süchtige auf der Suche nach dem nächsten Hit wankten nach Einbruch der Dunkelheit wie Zombies durch die leeren Straßen. Meine Mutter bekam in manchen Nächten vor Angst kein Auge zu. Wenn ich zu Besuch kam und sah, was Crack in meinem Viertel angerichtet hatte, wusste ich, dass ich das Richtige tat. Drogen sicherstellen. Waffen beschlagnahmen. Dealer hinter Gitter bringen.

In meinem neuen Job beim ATF arbeitete ich teils verdeckt, was nicht nur schwierig, sondern auch gefährlich ist. An diesem Tag hatte ich den Auftrag, bei einem Latino, dem wir schon eine ganze Weile lang auf den Fersen waren, eine Waffe und Drogen zu kaufen. Der Typ war kein Kartellboss wie der kolumbianische Drogenbaron Pablo Escobar, aber in der Szene von Providence war er ein großes Tier. Eine Verurteilung wegen Drogen-handels hätte ausgereicht, um ihn für geraume Zeit hinter Gitter zu schicken, aber seit der Verschärfung der Strafgesetze wurden bei zusätzlichem Waffenbesitz längere Haftstrafen verhängt. Also wollten wir ihn wegen beidem drankriegen.

In der Einsatzbesprechung waren wir alles ganz genau durchgegangen. Ich sollte Drogen und Waffe kaufen, mich in Sicherheit bringen und dann über ein verstecktes Körpermikro das Signal zum Zugriff geben. Alles verlief nach Plan. Ich hatte die Drogen und die Waffe, und als ich weit genug weg war, sagte ich: »Jetzt.« Auftrag erledigt. Zeit für ein kühles Bier. Doch während meine Kollegen ausschwärmten, hörte ein nicht beteiligter städtischer Officer in Zivil im Polizeifunk die Meldung: »Zugriff, Zugriff. Verdächtiger ist unterwegs«, und stürzte sich auf mich.

Die Beschreibung der Zielperson passte nicht im Entferntes-ten auf mich. Falsche Hautfarbe, falsche Größe, falsche Ethnie. Aber der Cop hatte offenbar genug gehört. Es gab einen Ver-dächtigen, und als Schwarzer unter dreißig konnte das seiner Meinung nach nur ich sein. Zum Glück schritt ein anderer Cop von der Polizei in Providence ein, der bei dem Einsatz mit dabei war. Der Officer, der mich fast erschossen hätte, entschuldigte sich bei mir, aber der Schreck saß mir noch zu tief in den Kno-chen, und mir war nicht nach Vergebung. Meine Leute mussten mich daran hindern, ihn k.o. zu schlagen.

In den zehn Sekunden, in denen ich um mein Leben bangte, bekam ich zu spüren, was es bedeutet, ein schwarzer Polizist in Amerika zu sein. Ich erlebte die Unsicherheit und vor allem die besonderen Gefahren, denen ein afroamerikanischer Officer ausgesetzt ist. Du gehörst zu einem Polizeiteam, aber dennoch hast du immer eine Sonderstellung. Wie deine weißen Kollegen hast du dich verpflichtet, die Bevölkerung zu schützen, doch nach der Vereidigung stellst du fest, dass das auch beinhaltet, Minderheiten vor intoleranten, vorurteilsbeladenen und rassis-tischen Kollegen zu schützen – und das sind nicht nur Weiße.

Deine Uniform steht für jahrzehntelange Ungerechtigkeit und den kaltschnäuzigen, brutalen Umgang mit Afroamerikanern. Folglich begegnet deine eigene Community dir mit Argwohn, Misstrauen und nicht selten sogar mit Verachtung. Trotzdem wirst du nirgends so sehr gebraucht wie in den benachteiligten schwarzen Communities, die von der Gesellschaft verurteilt und herabgewürdigt werden. Während deine weißen oder hispanischen Kollegen an jeder Straßenecke Gefahr oder potenzielle Verbrecher wittern, weißt du, dass Afroamerikaner seit Generationen vergeblich darum ringen, ihren Familien ein besseres Leben zu ermöglichen. Du unterscheidest zwischen den Jugendlichen, die nur Basketball spielen wollen, und den wahren Feinden. Du weißt, was es heißt, in einem Viertel mit miesen Schulen, einem katastrophalen Mangel an sozialen Dienstleistungen und kaum Freizeitangeboten zu leben. Du weißt auch von den Problemen und den finanziellen Nöten der alleinerziehenden Mutter, die sich krummlegt, um mit ihrem kümmerlichen Einkommen ihre Kinder großzuziehen. Das gelingt ihr nicht immer, aber sie versucht es. Du siehst Großmütter, Tanten, Onkel, Cousins und Väter, wo andere bloß Tatverdächtige sehen. Wahrscheinlich haben Polizisten überall auf der Welt mit solchen sozialen Realitäten zu tun, doch in Amerika wird unser Blick fast immer durch die Hautfarbe beeinflusst, ganz gleich, aus welchem Milieu wir stammen.

Als schwarzer Cop musst du dich durch dieses Labyrinth hindurchschlagen und zum Wohle der Gesellschaft allen Bevölkerungsgruppen dienen. Dabei ist dir bewusst, dass du dir im Unterschied zu deinen Kameraden keine Fehltritte erlauben darfst. Wenn du etwas falsch machst, kann es dich das Leben kosten.

Das mag übertrieben klingen, doch Natalia Harding weiß nur allzu gut, wovon ich spreche. Harding, eine zierliche alte Frau mit schönen grauen Haaren, lebt in Brooklyn. In ihrem kleinen, schmucken Wohnzimmer erzählte sie mir, dass ihr Sohn Omar Edwards schon als Fünfjähriger Polizist werden wollte. »Ich weiß auch nicht, wie er darauf kam«, sagte sie, während sie mir alte Kinderfotos zeigte. »Niemand in der Familie hatte mit der Polizei viel am Hut.« Mit zehn sei Omar oft ins 73. Revier in der East New York Avenue in Brooklyn gegangen. Er half ein bisschen aus und fragte die Officer, was die Codes im Polizeifunk bedeuteten. 2007, mit dreiundzwanzig, schloss er die New Yorker Polizeischule ab und wurde einer von »New Yorks Besten«. Er war so glücklich, dass er den ganzen Tag mit seiner Dienstmarke durch die Wohnung spazierte. »Er liebte den Job«, erzählte Harding. »Und er war unglaublich stolz. Er hatte das Gefühl, etwas zu bewirken.«

Zwei Jahre später war Omar, inzwischen Vater von zwei kleinen Kindern, tot. Ein weißer Officer hatte beobachtet, wie er einen anderen Mann verfolgte. Er hielt Omar für den Verbrecher und erschoss ihn. In Wahrheit hatte der Mann Omars Wagen aufgebrochen. Omar hatte mit dem Dieb gerungen, doch als dieser sich losriss, nahm Omar mit gezogener Waffe die Verfolgung auf. Erst als sie dem sterbenden, in Handschellen gelegten Omar das Hemd aufrissen und das T-Shirt mit dem Emblem der New Yorker Polizeischule sahen, begriffen sie, dass der Schwarze, den sie mit drei Schüssen, einen davon in den Rücken, niedergestreckt hatten, einer von ihnen war.

Omars Tod ruft jedem schwarzen Gesetzeshüter schmerzlich ins Bewusstsein, dass wir anders sind. Für uns gelten andere Gesetze.

Angesichts unserer kollektiven und persönlichen Erfahrungen mit der Polizei ist es in der Tat erstaunlich, dass so viele afroamerikanische Männer und Frauen Cops sind. Die Kluft zwischen der schwarzen und der weißen Bevölkerung ist so alt wie die Rassengesetze, mit denen Afroamerikaner, Asiaten und Latinos über hundert Jahre lang entrechtet wurden, und das nicht nur in den Südstaaten, sondern von Alabama bis Arizona, Colorado bis Connecticut, Maryland bis Montana, Texas bis Tennessee und von West Virginia bis Washington.

Polizisten standen dabei in vorderster Reihe, indem sie Tag für Tag für die Einhaltung der Rassentrennung und die systematische Diskriminierung von Schwarzen sorgten. Sie waren verpflichtet, Afroamerikaner zu verhaften, die sich in weißen Wohnvierteln oder nach Einbruch der Dunkelheit in den Innenstädten aufhielten, aus Trinkbrunnen für Weiße tranken, Toiletten für Weiße benutzten, Restaurants und andere öffentliche Orte für Weiße betraten, sich in Bussen in die Sitzreihen für Weiße setzten, im Beisein von weißen Frauen zu laut redeten oder nicht vom Gehweg traten, um Weißen Platz zu machen. In fünfunddreißig Bundesstaaten mussten sie jeden Bürger festnehmen, der einen Partner anderer Hautfarbe heiratete.

Im Süden verhaftete die Polizei Tausende von arbeitslosen schwarzen Männern und Frauen wegen »Landstreicherei« und unterstützte damit ein System der Zwangsarbeit. Mittels dieser so genannten »Black Codes«, die erst kurz vorm Zweiten Weltkrieg abgeschafft wurden, konnten Bundesstaaten und Kommunen die Betroffenen als billige Arbeitskräfte an weiße Farmer und Unternehmen vermieten, unter anderem an US Steel, damals der größte Stahlkonzern der Welt.

In manchen Fällen waren Polizisten sogar aktiv an rassistischen Gewalttaten beteiligt. Ein Beispiel sind die Lynchmorde an Thomas Shipp und Abram Smith am 7. August 1930 in Marion, Indiana.

2016 bekannte sich die International Association of Chiefs of Police, Amerikas größter Verband polizeilicher Führungskräfte, zu der historischen Verantwortung der Polizei in der Durchsetzung rassistischer und diskriminierender Politik und entschuldigte sich bei allen amerikanischen Minderheiten für »das Leid und das Unrecht, das unser Berufsstand in der Vergangenheit People of Color zugefügt hat«. Der damalige Präsident der IACP Terrence Cunningham sagte auf der Jahrestagung des Verbandes im Namen aller 23 000 Mitglieder: »Als ausführende Organe nationaler, bundesstaatlicher und kommunaler Gesetze sind Polizisten viel zu lange für viel zu viele unserer Mitbürger das Gesicht der Unterdrückung gewesen.«

Da Amerikas Cops entscheidend zum brutalen Umgang mit Schwarzen beigetragen hatten, war fast niemand in meinem Familien- und Freundeskreis begeistert über meine Entscheidung, in den Polizeidienst einzutreten. In meiner Kindheit hieß der Polizeichef von Philadelphia Frank Rizzo, ein Mann ohne abgeschlossene Schulausbildung, der alle afroamerikanischen Bürger der Stadt für Kriminelle hielt. Später wurde Rizzo, ein engstirniger, rassistischer Schläger, Bürgermeister und ernannte seinen Bruder zum Leiter der städtischen Feuerwehr. Vor seinem Aufstieg zum obersten Cop der Stadt sagte Rizzo einmal zu einem Reporter, er werde als Polizeipräsident so hart durchgreifen, dass »Attila der Hunnenkönig neben mir wie eine Schwuchtel wirkt«.

Rizzo wurde in seiner Polizeikarriere mehrfach beschuldigt, festgenommene Verdächtige mit dem Schlagstock verprügelt zu haben, doch die Klage wurde jedes Mal abgewiesen. Als Polizeichef führte er persönlich Razzien in Schwulenbars an und nahm Cafés auseinander, in denen angeblich mit Drogen gedealt wurde. Weder er noch seine Leute mussten sich deswegen vor Gericht verantworten. 1972, kurz bevor er sein Amt als Polizeichef niederlegte, um als Bürgermeister zu kandidieren, ließ Rizzo die Büros der Black Panther räumen. Die Bürgerrechtler wurden hinaus auf die Straße getrieben, wo sie sich nackt ausziehen mussten. Das hinterließ bei der afroamerikanischen Bevölkerung von Philly einen üblen Nachgeschmack. Noch heute spucken manche aus, wenn sie seinen Namen hören.

Ich selbst hatte in meiner Jugend kaum mit der Polizei zu tun, was ich vor allem meinen Eltern zu verdanken habe. Sie verboten mir, an Straßenecken und anderen harmlosen Orten herumzustehen, wo ich die Aufmerksamkeit der Polizei auf mich hätte ziehen können. Aus Angst vor einem Polizeiaufmarsch durfte ich nicht einmal zum Konzert von Parliament-Funkadelic, das absolut *jeder* in der Stadt sehen wollte. 1983 gewannen unsere heiß geliebten Philadelphia 76er mit ihren Stars »Dr. J.« Erving und Moses Malone endlich die NBA-Meisterschaft, nachdem sie den Titel sechsmal in Folge knapp verpasst hatten. Ich verbrachte die Semesterferien zu Hause in Philly, und die Siegesfeier wollte ich mir um keinen Preis entgehen lassen.

Doch als ich beim Rathaus aus dem U-Bahn-Tunnel kam, wurde ich von einem knurrenden Deutschen Schäferhund und vier oder fünf Cops empfangen. Sie kamen direkt auf mich zu. Ich wollte zurück in den Tunnel flüchten, aber ich war nicht schnell genug. Zwei Sekunden später klammerte ich mich schreiend an einen Ampelmast, während der Polizeihund mir den rechten Sneaker runterriss und mich in den Fuß biss. Einer der Polizisten zog den Hund schließlich zurück und sagte: »Mach, dass du hier wegkommst.« Cops und Hund verschwanden in der Menge, aber die Siegesfeier konnte ich vergessen. Mit Hilfe einiger Passanten humpelte ich ein paar Blocks bis zur Kreuzung 13th und Market Street, wo ich zwei Polizisten um Hilfe bat.

Ich erklärte ihnen, dass ich von einem Polizeihund gebissen worden sei, und sie fuhren mich ins Krankenhaus. Ich musste eine ganze Woche dortbleiben und war stinksauer. Mein Vater war über den Vorfall so aufgebracht, dass er Acel Moore, einen ihm bekannten schwarzen Redakteur beim *Philadelphia Inquirer*, anrief. Moore gab die Story an den weißen Journalisten Bill Marimow weiter, der dafür später einen Pulitzer-Preis gewann. In seiner Artikelserie deckte Marimow auf, dass die Hundestaffeln der Polizei von Philadelphia ihre Tiere regelmäßig auf Menschen hetzten. Seine Enthüllungen führten dazu, dass mehrere Officer aus dem Dienst entlassen wurden.

Als ich aus dem Krankenhaus kam, stellte ich meine eigenen Nachforschungen an. Ich besorgte mir den Bericht, den die Polizisten nach meiner Einlieferung ins Krankenhaus geschrieben hatten. Im Abschnitt »Ursache der Verletzungen« stand »unbekannt«, obwohl ich angegeben hatte, dass ich von einem Polizeihund gebissen worden sei. Mir fehlten die Worte.

Es erklärt sich also fast von selbst, warum Polizist auf meiner Berufswunschliste nicht ganz oben stand. Die meisten afroamerikanischen Gesetzeshüter, die ich kenne, haben ähnliche Erfahrungen gemacht oder waren anfangs unentschlossen, ob sie wirklich Cop werden sollten.

Lisa Montague ist nach neunzehn Jahren beim Baltimore City Police Department aus dem Dienst ausgeschieden. In ihrer erfolgreichen Karriere hat sie es bis zum Sergeant gebracht und ist einer der klügsten Köpfe, die mir je begegnet sind, wenn es um die Bewältigung des Cop-Alltags und die Fülle von Problemen geht, mit denen Polizisten bei der Arbeit zu kämpfen haben. Ich hing förmlich an ihren Lippen, als sie schilderte, dass weibliche Officer schwierige Situationen lieber mit dem Verstand als mit Muskelkraft lösen. Sie hatte viele schaurige Geschichten auf Lager, meine liebste handelte jedoch von einem ganz normalen Ladendiebstahl.

»Als ich vorm Supermarkt hielt, rannte ein Mann mit einer Dose Speck und Bohnen aus dem Laden«, erzählte Montague. »Der Marktleiter lief ihm nach und sagte zu mir: ›Warum verfolgen Sie ihn denn nicht?‹

Ich antwortete: ›Wegen einer Konserve? Nichts da. Der Kerl ist hier aus der Gegend. Den schnappe ich mir später.‹ Ein junger männlicher Cop wäre vielleicht losgestürmt, um die Sache Mann gegen Mann zu klären. Aber das ist Macho-Gehabe. Sieht vielleicht gut aus, hat aber nichts mit effektiver Polizeiarbeit zu tun. Ich konnte es kaum glauben, aber als ich zurück zum Revier kam, hatte sich der Marktleiter bei meinem Sergeant über mich beschwert.«

»Wie hat Ihr Sergeant reagiert?«, fragte ich.

»Er wollte wissen, ob es so gewesen sei. ›Ja‹, sagte ich. ›Es gab keine Toten, niemand ist verletzt worden, nicht mal eine Fensterscheibe ist zu Bruch gegangen. Und wegen einer Dose Bohnen jage ich keinem Dieb hinterher.‹ Er hat bloß gelacht.«

Trotz ihrer Kompetenz, ihres Erfolgs und der Liebe zum Beruf wollte auch Montague nie Polizistin werden. Alles, nur das nicht.

»In meiner Jugend sah ich Cops gar nicht als Menschen, weil sie uns auch nicht wie Menschen behandelten«, erzählte sie. »Sie demonstrierten uns Schwarzen gegenüber ihre Macht. ›Du tust, was ich sage.‹ ›Mund halten und hinsetzen.‹ So sprangen sie mit uns um. Dabei sollten sie uns eigentlich beschützen. Bei uns im Viertel gab es ein geflügeltes Wort: ›Hüte dich davor, die Polizei zu rufen, du weißt nie, mit wem du es zu tun kriegst.‹«

Nach dem Highschoolabschluss absolvierte Montague ein zweijähriges Studium und begab sich dann auf Jobsuche. »Ich musste Geld verdienen, aber ich wollte nicht für irgendeine Firma arbeiten. Ich wollte zur Behörde. Behördenjobs sind die guten Jobs, so hieß es bei uns in der Familie. Ich bewarb mich überall, bei der Post, bei der Rentenversicherung und auch bei der Polizei.

Die Polizei antwortete am schnellsten. Ich hatte zwar überhaupt keine Lust, Cop zu werden, aber ich brauchte dringend einen Job. Während der Ausbildung hoffte ich die ganze Zeit, es würde sich noch eine von den anderen Behörden melden, damit ich wieder abspringen konnte.«

In den Gesprächen, die ich für dieses Buch mit afroamerikanischen Polizisten im ganzen Land geführt habe, stellte ich fest, dass die meisten in ihrer Kindheit und Jugend Cops nicht ausstehen konnten und nie einer werden wollten. So war es auch bei Carl Williams. Williams hatte eine glänzende Karriere als Polizist in Washington hingelegt, als er 1974 auf einer Weihnachtsfeier, die seine Kollegen und er für die Kinder aus dem überwiegend von Schwarzen bewohnten Südosten der Stadt veranstalteten, von einem Gangster aus dem Viertel angeschossen wurde. Er wurde in Bauch und Arm getroffen und quittierte ein Jahr später den Dienst.

Der Ex-Soldat Williams war bereits in einer der blutigsten Schlachten des Vietnamkrieges verwundet worden. Er wuchs in armen Verhältnissen im Westen von Baltimore auf, was maßgeblich zu seiner Entscheidung beitrug, zur Armee zu gehen. »Wir waren zu Hause so viele, dass ich als Kind nicht mal ein eigenes Bett hatte. Ich schlief, wo gerade Platz war«, erzählte er mir in seinem heimischen Arbeitszimmer in Gwynn Oak, Maryland. Von Williams' Haus blickt man auf eine Parklandschaft. Dort befand sich früher der Gywnn-Oak-Vergnügungspark, der trotz des langjährigen Kampfes afroamerikanischer Bürgerrechtler bis in die 1960er nur für Weiße zugänglich war. 1963 verstieß Williams' spätere Frau Lydia gegen die Segregation, indem sie einfach in den Park spazierte. Ihre Haut war so hell, dass die Parkwächter sie für eine Weiße hielten. Diese mutige Tat sowie zwei große Protestaktionen zwangen die Parkeigentümer schließlich dazu, die Rassentrennung aufzuheben. Am 23. August 1963, der Tag, an dem Martin Luther King in Washington seine berühmte Rede »I Have a Dream« hielt, fuhr ein elfjähriges Mädchen als erste Schwarze mit dem Pferdekarussell. Das Karussell steht heute zwischen zahlreichen Museen auf der National Mall in Washington, und jährlich fahren damit Hunderttausende Kinder und Erwachsene aus der ganzen Welt.

Nach seiner Militärzeit ging Williams zum District of Columbia Police Department in Washington und wurde mit vierundzwanzig zum Sergeant befördert. Antreten konnte er die Stellung jedoch erst ein Jahr später, da das Mindestalter für einen Polizeisergeant bei fünfundzwanzig lag.

Das hat etwas Paradoxes, denn Williams war nach eigenen Worten zum Militär gegangen, um Baltimore und seiner rassistischen Polizei zu entfliehen. Er erzählte mir eine Geschichte. Als Jugendlicher war er ganz versessen auf Schuhe einer ganz bestimmten Marke, die bei ihm und seinen Freunden schwer angesagt war. Diese Schuhe gab es nur in einem Laden in der Innenstadt, im Manchester. In den 1960ern herrschte in den Restaurants und Läden im Zentrum von Baltimore noch strikte Rassentrennung.

»Alles war getrennt. Meine Großmutter hatte mir verboten, allein in die Innenstadt zu gehen, weil man dort als Schwarzer mehr oder weniger schutzlos der Polizei und den anderen Weißen ausgeliefert war. Aber ich war nun einmal scharf auf die Treter«, sagte er mit einem Lächeln. »Sie wissen ja, wie junge Leute sind.«

Also stahl er sich eines Tages in die Innenstadt und kaufte die begehrten Schuhe. Kaum hatte er den Laden verlassen, wurde er von zwei Polizisten angehalten.

»Sie hatten rote Gesichter und stanken nach Alkohol«, erinnerte sich Williams. »Sie schnitten mir den Weg ab und sagten: ›Was ist in der Tüte, Nigger?‹

›Schuhe‹, sagte ich. Sie nahmen mir die Tüte ab, guckten in den Karton und machten sich über die Schuhe lustig, weil sie vorne spitz zuliefen, wie es damals Mode war. Der eine sagte: ›Mit denen kannst du bei dir zu Hause prima die Kakerlaken killen, Nigger.‹

Dann wollten sie den Bon sehen. In meinem jugendlichen Leichtsinn hatte ich ihn im Laden liegenlassen. Aber ich wollte die Schuhe auf keinen Fall wieder hergeben, also sagte ich: ›Sir, wir können gerne in das Geschäft gehen, es hat noch offen. Der Verkäufer wird Ihnen sagen, dass ich sie eben erst gekauft habe.‹ Aber das war ihnen zu anstrengend. Sie schubsten mich herum und ohrfeigten mich, dann gaben sie mir die Schuhe zurück und sagten: ›Mach, dass du wegkommst, Nigger.‹ Meiner Großmutter habe ich nie davon erzählt. Sie hätte mir bloß den Hintern versohlt, weil ich in die Stadt gegangen war. Niemand in unserem Viertel konnte Polizisten leiden, weil sie uns wie Dreck behandelten. Sie kamen ohne Durchsuchungsbeschluss in unsere Wohnungen und redeten mit uns, als wären wir keine richtigen Menschen. Nach dieser Sache war Cop wirklich das Letzte, was ich werden wollte.«

Die ersten afroamerikanischen Polizisten wurden auf ganzer Linie ausgegrenzt und diskriminiert. Sie durften nur in schwarzen Vierteln patrouillieren, Weiße festzunehmen war ihnen untersagt. Sie hatten keine Streifenwagen, und in Dienstbesprechungen mussten sie im Gegensatz zu ihren weißen Kollegen stehen.

In der Polizeischule vom Miami-Dade Police Department erinnert ein Foto ungewollt an den Rassismus, dem schwarze Officer früher ausgesetzt waren. Die Aufnahme zeigt die Abschlussklasse von 1960, die erste Klasse, in der ein Afroamerikaner zugelassen war – Clarence Dickson. Dickson wurde eines Morgens, als er auf dem Weg zur Arbeit an der Bushaltestelle stand, von einem zufällig vorbeikommenden weißen Officer angesprochen, der ihn für einen Mann mit guter Arbeitsmoral hielt.

Schwarze Polizisten gab es in Miami schon seit 1944, aber sie durften nicht auf die Polizeischule gehen. Sie arbeiteten getrennt von den weißen Officern und wurden schlechter behandelt. In den Anfangsjahren hatten sie weder eine Wache noch Streifenwagen oder Polizeifunk. Sie absolvierten den Streifendienst per Fahrrad oder zu Fuß. Als Büro diente ihnen eine Zahnarztpraxis, später zogen sie um in eine Zweizimmerwohnung im sogenannten »Central Negro District«. Es gibt viele Geschichten über Festgenommene, die zu Fuß oder vorn auf dem Fahrradlenker ins Gefängnis gebracht wurden. Manchmal hielten die Cops auch einen schwarzen Autofahrer an. 1950 erhielten sie ein eigenes Revier, das Black Police Precinct. Darin befanden sich eine Wache für afroamerikanische Polizisten und ein Gerichtsraum, in dem afroamerikanische Richter Recht über schwarze Angeklagte sprachen. 1963 wurde das Revier geschlossen.

Er habe oft Leute raunen hören, dass er »der Erste« sei, erzählte Dickson. Wie wichtig das für viele war, habe er jedoch erst begriffen, als ein schwarzer Officer ihn eines Tages bei der Dienstbesprechung zur Seite nahm und sagte: »Ein paar von uns haben ihren Job verloren, weil sie für die Zulassung von Schwarzen zur Polizeischule gekämpft haben. Also lass uns nicht hängen.« Was der schwarze Kollege nicht wusste: Dickson war damals kurz davor, von der Akademie zu fliegen. »Als ich das hörte«, sagte Dickson, »fühlte ich mich den Jungs verpflichtet. Ich strengte mich an, und am Ende schloss ich als Zweitbester meines Jahrgangs ab. Von vierzig Schülern kamen nur dreizehn durch die Prüfung. Am Tag der Abschlussfeier stellten wir uns in unseren Uniformen stolz und erleichtert zum Gruppenfoto auf. Zwölf Weiße, und dazwischen ich, der einzige Schwarze in der Klasse.«

Später wurde Dickson der erste schwarze Polizeichef von Miami. Sieht man sich jedoch das alte Foto in der Miami-Dade-Polizeischule an, sucht man Dickson darauf vergeblich. Was Dickson damals nicht wusste: Die Polizeioberen ließen seine Ausbildungskollegen später für ein zweites Foto, ohne ihn, posieren.

Lisa Montague bekam dieselbe Diskriminierung zu spüren, als sie 1979, knapp zwanzig Jahre später, bei der Polizei von Baltimore anfing, als zweite schwarze Frau ihres Reviers.

»Die weißen Officer gaben mir klar zu verstehen, dass sie mich nicht haben wollten. Besonders einer, der in einem Nachbarabschnitt Streife fuhr, nahm kein Blatt vor den Mund. Er sagte, eine schwarze Frau hätte bei der Polizei nichts zu suchen. Ich würde die anderen nur in Gefahr bringen, und falls ich mal Verstärkung bräuchte, solle ich nicht auf ihn zählen. Das sagte er mir mitten ins Gesicht, während einer Dienstbesprechung. Vor den Kollegen. Ein paar kamen auf mich zu und sagten, ich solle mir nichts daraus machen, aber es war nicht zu übersehen, dass viele seine Einstellung teilten«, erzählte Montague.

Wie alle schwarzen Officer, mit denen ich gesprochen habe,

bekam auch David Lomax Rassismus zu spüren. David und ich waren fast dreißig Jahre lang ATF-Agenten. Wir hatten nur selten in derselben Stadt zu tun, aber wir trafen uns oft und tauschten uns über das Leben als schwarzer Polizist aus. Bevor er zum ATF ging, war David Polizist in St. Louis und hat wahrlich haarsträubende Geschichten erlebt.

»An meinen ersten Wochenenden im Streifendienst war ich mit einem erfahrenen afroamerikanischen Kollegen unterwegs«, erzählte er. »Wir wurden zu einem Haus in Carondelet geschickt, einem Stadtteil im äußersten Süden von St. Louis. Wir klopften, und eine Frau machte uns die Tür auf. Sie sah uns an und sagte: ›Wo ist die Polizei?‹ Dabei waren wir beide in Uniform. Mein Partner antwortete: ›Das sind wir, Miss.‹ Darauf die Frau: ›Ich habe die Polizei gerufen, keine Nigger.‹ Ich kam frisch von der Polizeischule und dachte: *So eine Scheiße.* Wir funkten unseren Sergeant an, und er wies uns an zu gehen. Kurz darauf wurden wir erneut zu dem Haus geschickt. Wieder war die Frau an der Tür. Sie sah uns an und ließ denselben Spruch los.«

Das war wirklich unglaublich, und dennoch musste ich innerlich grinsen. Ich hatte solche absurden Geschichten schon zu oft gehört. Wir bestellten uns noch ein Bier, und David erzählte weiter.

»Am Wochenende drauf war ich einem Weißen zugeteilt. Das einzige Wort, das aus ihm rauskam, war *Nigger*. Als wir durch ein schwarzes Viertel am Rand der Innenstadt fuhren, sagte er: ›Ich hab es so satt, in der Gegend rumzukurven und Nigger zu beschützen.‹

Er sah mich an, und ich sagte: ›Hey, was soll das?‹

Und weißt du, was er geantwortet hat? ›Ich rede doch nicht von dir, Mann. Du bist einer von uns.‹

Ich beschwerte mich bei meinem Sergeant, einem Latino. Und weißt du, wie er reagiert hat? Er sagte: ›Sie sollen Augen und Ohren offen halten und die Klappe zulassen.‹ Danach hielt ich den Mund und tat alles, um voranzukommen.«

Auch nach der Ausbildung habe er Rassismus erlebt, erzählte David. »Einmal war ich mit einem weißen Kollegen unterwegs. Er hielt einen schwarzen Autofahrer an, dessen Blinker nicht funktionierte. Der Mann hatte Frau und Kinder im Wagen. Ich stieg mit aus, um meinem Partner notfalls Deckung zu geben. Er ging auf den Wagen zu und sagte: ›He, Nigger, weißt du, dass dein Blinker aus ist?‹

Das war 1981, und ich dachte: ›Ich an seiner Stelle würde mir das nicht gefallen lassen.‹ Und tatsächlich antwortete der Fahrer: ›Sir, Sie können mich gerne auf meinen Fehler hinweisen, aber ich will nicht, dass Sie vor meiner Frau und meinen Kindern in diesem Ton mit mir sprechen.‹

›Ist mir scheißegal, was du willst‹, sagte der weiße Kollege.

Zwei Sekunden später lag er auf dem Boden. Der Schwarze hatte ihn niedergeschlagen, weil er erneut das N-Wort benutzt hatte. Ich ging zu dem Mann und sagte: ›Ich kann Sie verstehen, aber Sie haben einen Polizisten tätlich angegriffen, und ich muss Sie festnehmen.‹

Auf dem Revier beschwerte sich der weiße Kollege beim Captain darüber, dass ich ihm nicht geholfen hätte. Ich sagte: ›Er redet andere mit Nigger an und erwartet, dass ein ‚Nigger' ihn beschützt? Vielleicht sollte er mal über sein Verhalten nachdenken.‹ Der Captain, auch ein Weißer, lachte nur. Der weiße Kollege hätte den Mann einfach anhalten und ihm ein Bußgeld aufdrücken sollen. Ich hätte genauso reagiert, wenn ein Cop mich so behandelt hätte.«

Auch ich hatte ein Erlebnis mit einem Kollegen und dem N-Wort. Das war in Providence. Der Vorfall mit dem weißen Cop, der mich fast das Leben gekostet hätte, war ungefähr zwei Jahre her, und ich war in der Zwischenzeit zum ATF gewechselt. Beim ATF wurden Observierungen oft gemeinsam mit anderen Behörden durchgeführt. An diesem Tag ging es um einen Fall, an dem wir mit einer Sonderermittlungseinheit der Polizei von

Providence arbeiteten. Die Einzelheiten sind mir entfallen, aber die Sache war gefährlich, und ich trug eine Schutzweste und war schwer bewaffnet. Auf dem Revier wurde mir ein anderer ATF-Agent als Partner zugeteilt. Wir zogen los und beschlossen, vorher noch schnell etwas zu essen. Bei solchen Aktionen weiß man nie, was als Nächstes passiert. Manchmal hat man erst wieder Zeit zum Essen, wenn alles vorbei ist. Also hielten wir kurz bei einem Drive-in-Burger-King. Als ich hinter dem Bezahlschalter zurück auf die Broad Street fuhr, raste ein Wagen mit schwarzen Insassen vorbei und hätte uns um ein Haar gerammt.

»Scheißnigger«, brüllte mein Partner durchs geschlossene Fenster. Dann fiel ihm ein, wer neben ihm saß. »Ups.«

Ich sagte nichts, aber ich hatte eine Stinkwut. Ich überlegte, wie ich reagieren sollte, und plötzlich fiel mir etwas ein. Ich fuhr in eine gefährliche Gegend im Süden der Stadt, wo es von Gangmitgliedern und Drogendealern nur so wimmelte. Ich hielt mitten auf der Straße an und sagte: »Steig aus, John.« Er weigerte sich, aber ich blieb hart. »Steig aus!« Leute blieben auf dem Gehweg stehen und blickten neugierig hinüber zu dem Crown Victoria, der mitten auf der Kreuzung stand.

Ich stieg aus, marschierte in der Schutzweste mit dem fetten ATF-Schriftzug und der Schusswaffe im Holster auf die Beifahrerseite und schrie ihn an: »Steig aus, John, oder ich zerr dich aus dem Scheißwagen!« Er bekam einen roten Kopf, aber er rührte sich nicht. Ich löste seinen Gurt und forderte ihn ein letztes Mal auf, auszusteigen. Die Menschentraube am Straßenrand wurde immer größer. Ich war kurz davor, handgreiflich zu werden, was ein böses Nachspiel für mich hätte haben können, aber dann stieg er zum Glück freiwillig aus, und ich fuhr weiter. Was dann geschah? Sagen wir mal so, die Überwachungsaktion ging reibungslos über die Bühne. John kam unversehrt zurück auf die Wache, und damit war die Sache für mich gegessen. Eines aber wusste ich: Nie wieder wollte ich aus dem Mund eines Cops das Wort »Nigger« hören.

Brian Mallory

Ex-Detective, New York Police Department

Anfang der Achtziger haben wir Sachen gemacht, für die wir heute ins Gefängnis wandern würden. Damals gab es noch keine Handys und keine sozialen Medien, und es hingen nicht an jeder Straßenecke Kameras. Wenn es Beschwerden gab, stand Aussage gegen Aussage, und der Cop hatte immer recht. Ich war damals ziemlich jähzornig. Wer bei einer Kontrolle das Maul aufriss, lernte schnell, dass man sich lieber nicht mit mir anlegt. Dann bekam er meine Faust oder den Stock zu spüren. Wenn mir einer blöd kam, gab's was drauf.

Damals heiligte der Zweck die Mittel. Eines Tages tauchte unser Captain bei der Dienstbesprechung auf. Das war ungewöhnlich, er kam sonst nie aus seinem Büro. »Wer ist für Abschnitt Adam zuständig?«, fragte er. Mein Partner und ich meldeten uns. Er sagte: »Beim Anwohnertreffen gab es Beschwerden, dass ein paar Jugendliche dort Pot verkaufen. Ich komme um 17 Uhr mit ein paar Leuten vom Anwohnergremium vorbei. Dann will ich dort niemanden sehen.«

Wir waren beide junge Cops aus Long Island. Viele Cops kamen damals aus Nassau oder Suffolk County, das ist heute noch so. Dort ging es völlig anders zu als in New York City, das war wie eine andere Welt. Bei uns waren die Städte entweder überwiegend weiß oder überwiegend schwarz. Es gab kaum Integration. Auf meiner Highschool gab es nicht einen schwarzen Schüler. Auf dem College war es ein bisschen gemischter, aber schwarze Freunde hatte ich nicht. Ich hatte nichts gegen Afroamerikaner, ich kannte einfach keine. Das änderte sich erst, als ich bei der Polizei anfing. Als Cop hatte ich auch schwarze Freunde, aber das waren alles Arbeitskollegen. Bei den meisten anderen weißen Cops war es genauso. Bevor sie zur Polizei gingen, hatten sie keinen Kontakt mit Minderheiten.

Wir machten uns also auf den Weg. Gegen zwanzig vor fünf hielten wir an der besagten Straßenecke. Fünf, sechs junge Puerto Ricaner verkauften Pot. »Verschwindet, Jungs«, rief ich ihnen zu. »Und lasst euch vor sechs nicht wieder blicken.«

Einer der Jungs schrie zurück: »Fick dich. Das ist eine öffentliche Straße. Wir dürfen uns hier aufhalten.«

Ich sah meinen Partner an. »Hast du das gehört?« Das war 1983, mein erstes Jahr beim NYPD. Seine Freunde feixten sich eins, und ich dachte: »Du bist Polizist, was nimmt sich dieses dreiste Bürschchen eigentlich raus?« Ich sprang aus dem Wagen und schlug mit dem Schlagstock auf ihn ein, bis er zu Boden ging. »Sammelt ihn auf und verzieht euch«, rief ich seinen Freunden zu. »Bis morgen früh will ich euch hier nicht mehr sehen.«

Heute kannst du dir solche Sachen nicht mehr erlauben. Da hättest du echt ein Problem. Ein Rausschmiss wäre das Mindeste. Aber dem Captain war schnuppe, welche Mittel wir einsetzten, Hauptsache, wir hielten die Straßenecke sauber. Er hatte uns nicht offen aufgefordert, das Gesetz zu brechen, aber er wollte sich auf keinen Fall vor dem Anwohnergremium blamieren. Hätten wir nichts gemacht, hätte er uns am nächsten Tag in sein Büro zitiert und uns zusammengeschissen. Damals herrschten andere Sitten in der Stadt. Wenn du einmal zugelassen hättest, dass jemand in diesem Viertel so mit dir spricht, wäre das so etwas wie ein Freibrief gewesen.

Ich fing als Streifenpolizist in Midtown Manhattan an. Die Uniform durfte ich nach nicht mal zwei Jahren ablegen, weil es mir gelungen war, einen Zuhälter wegen versuchter Bestechung dranzukriegen. Ich hatte ihn festgenommen, und als ich auf der Wache seine Personalien aufnahm, bot er mir fünfhundert Dollar an, wenn ich ihn laufen ließ, und vierhundert Dollar pro Woche, wenn ich dafür sorgte, dass er seine Mädchen weiter laufen lassen konnte. Ich ließ mich zum Schein darauf ein, und als ich zu dem verabredeten Treffen ging, war ich verkabelt und nahm das Gespräch heimlich auf. Keine Ahnung, was aus ihm geworden ist. Er kam vor Gericht, aber das Entscheidende war, dass ich ihn der versuchten Bestechung überführt hatte.

Damals war eine Festnahme wegen Bestechung das Beste, was dir passieren konnte. Besser, als einen Mörder zu schnappen. Das zeigte, dass du integer warst. Das NYPD stand damals so in Verruf, dass sie auf solche Sachen ganz heiß waren.

1986 war ich bei einem gefährlichen Einsatz in Midtown dabei, und danach ging's mit meiner Karriere steil bergauf. Ein paar Tage vor Weihnachten wurden wir zu einem Überfall auf einen Juwelier in Midtown geschickt. Als wir dort ankamen, waren die Räuber noch am Werk, und es kam zu einer Schießerei. Den einen erwischte ich mit zwei Schüssen, der andere blieb unverletzt. Beide wurden schuldig gesprochen und kamen ins Gefängnis. Der Laden war voll mit Kunden und Angestellten, und ein Mitarbeiter starb im Kugelhagel. Ich weiß nicht, ob ich der Schütze war, aber es gibt unter Polizisten so eine Redensart: »Fahr nach Hause und denk nicht mehr drüber nach.« Danach standen mir mehr oder weniger alle Türen offen. Dieser Einsatz war mein Sprungbrett zum Detective.

Die 42nd Street war damals die reinste Kloake. Pornokinos, Drogendealer, Prostituierte, Zuhälter, Freier und sonst nichts. Mit den Zuhältern kannte ich kein Erbarmen. Ich hasste sie. Sogar vor Dieben hatte ich mehr Achtung. Diese Schweine machten junge Mädchen heroinabhängig. Jedes neue Mädchen hing nach ein paar Wochen an der Nadel. Wir sprangen hart mit den Drecskerlen um. Ja, wir wollten sie fertigmachen.

Es war nicht leicht, einen Zuhälter dranzukriegen, die wussten genau, wie man das Gesetz verdreht. Also reagierten wir uns an ihren Autos ab. Wir schlitzten ihnen die Sitze mit Teppichmessern auf, zertrümmerten mit Gummiknüppeln und Schlagstöcken die Fensterscheiben und das Armaturenbrett. Wenn sie Getränke im Wagen hatten, kippten wir sie in den Innenraum.

Manchmal schlossen wir die Autoschlüssel im Kofferraum ein. Fast alle Zuhälter waren schwarz, aber das spielte keine Rolle. Zuhälter war Zuhälter. Wenn du ein Zuhälter warst, hatte ich dich auf dem Kieker, und du bekamst Stress mit mir und meinem Partner.

Die Freier kamen aus allen möglichen Ländern und aus allen sozialen Schichten. Die Mädchen trugen alle Perücken. Um das Geschäft zu stören, nahmen wir ihnen die Dinger weg, bevor sie sich für die Nacht zurechtmachten, damit sie nicht arbeiten konnten. Im Winter klauten wir ihnen die Schuhe. Ohne Schuhe konnten sie nicht auf die Straße. Die Perücken stopften wir unter den Lichtbalken auf dem Wagendach, die Schuhe stellten wir vorne auf die Kühlerhaube, und dann fuhren wir ganz langsam durch die Gegend, damit es alle sahen.

Eines Tages mussten wir zur Abteilung für Interne Ermittlungen. Es hatte Beschwerden über uns gegeben, und wir wurden unter Eid vernommen. Wir erfuhren, dass man uns observiert hatte: »Wir haben Sie einen Monat lang verfolgt.«

Mein erster Gedanke war: *Die wissen Bescheid, was ihr da abzieht, und jetzt feuern sie dich.* Ich werde nie vergessen, was sie zu uns sagten: »Ihre Methoden sind ziemlich eigenwillig, aber ausgesprochen effektiv.« Das war's.

Meine Laufbahn als Detective begann ich in der Abteilung für organisiertes Verbrechen. Im Drogendezernat. Das war 1986. Damals drehte sich alles um Crack. Crack schlug ungefähr 85 zu, und danach geriet alles aus den Fugen. Die Gewalt nahm rasant zu, es gab mehr Schießereien, mehr Morde. Die Dealer bekriegten sich gegenseitig. Dazu kam, dass die meisten Crackjunkies kein Einkommen hatten. Und was taten die? Sie begingen Einbrüche, Raubüberfälle, schwere Diebstähle.

Das waren gefährliche Zeiten – 2300 Morde in einer Acht-Millionen-Stadt. Bei den meisten Morden kennen sich Opfer und Täter. Aber damals wurde aus vorbeifahrenden Autos geschossen, rivalisierende Gangs brachten sich gegenseitig um, oder ein

Raubüberfall ging schief. Solche Fälle sind schwer aufzuklären. Nehmen wir das 75. und das 77. Revier in Brooklyn oder das 32. und 34. in Manhattan. Die hatten hundert Morde im Jahr. Die Fälle kamen in so kurzen Abständen, sie konnten sich gar nicht um alle kümmern.

Der Job war Schwerstarbeit. Ich war jeden Tag undercover unterwegs. Entweder ich kaufte Drogen, oder ich nahm Leute wegen Drogenhandels fest. Das Drogengeschäft war unglaublich lukrativ, die Dealer scheffelten so viel Kohle, dass wir kaum dagegen ankamen. Manchmal rückten wir morgens mit einem Durchsuchungsbeschluss an, brachen die Tür auf, nahmen drei, vier Leute fest, stellten Geld und Drogen sicher und fuhren aufs Revier. Nachdem wir den Papierkram erledigt und die Drogen gewogen und etikettiert hatten, brachten wir die Verhafteten ins Central Booking, die zentrale Gefangenensammelstelle. Auf der Fahrt kamen wir an unserem morgendlichen Einsatzort vorbei. Die aufgebrochene Tür war repariert, und der Drogenhandel war wieder in vollem Gange. Irgendwann dämmert dir, dass du auf verlorenem Posten stehst.

Wir erfüllten unser monatliches Soll an Festnahmen, schoben reichlich Überstunden, aber niemand bildete sich ein, dass wir die Stadt zu einem besseren Ort machten. Bei der Drogenfahndung herrschte eine knallharte »Wir gegen die«-Mentalität. Ich, der junge Cop aus der Provinz, kam mir vor wie im Krieg.

Den Neulingen wurde von Anfang an gesteckt: »Macht Überstunden, muckt nicht auf und seht zu, dass ihr befördert werdet. Brooklyn ist ein Drecksloch. Ein beschissenes Ghetto.« Je länger du dort gearbeitet hast, desto abgeklärter wurdest du. Du hättest auch Sand ins Meer schaufeln können. Also sagten sich die meisten: »Erledige deine Arbeit, sitz deine Zeit ab und dann steigst du aus.« Keiner von uns bildete sich ein, dass wir irgendwem halfen.

Damals verstand ich vieles nicht. Zum Beispiel, warum die Schwarzen die Drogendealer warnten, wenn wir im Anmarsch waren. Ich meine, das war ihr Viertel. Sie wohnten dort, ihre

Kinder gingen dort zur Schule, und wir wollten doch nur für Ordnung sorgen. Warum halfen sie den Dealern und nicht uns? Die Antwort war: Das ist eben so. Keiner von uns verstand das. Für uns sah die Sache so aus: Die Dealer bringen eure Kinder um und machen euer Viertel kaputt, und wir, die edlen Ritter, wollen euch helfen. Warum lasst ihr uns im Stich?

Aber wir waren keine edlen Ritter. Eher eine Besatzungsmacht. Wir gingen bei unseren Einsätzen ziemlich rabiat vor. Und da kam es natürlich zu Kollateralschäden. Manchmal stürmten wir das falsche Haus, oder wir nahmen Leute fest, die sich einfach zum falschen Zeitpunkt am falschen Ort aufhielten. Dumm gelaufen, dachten wir dann, aber eigentlich war es uns egal. Wir hatten hart durchgegriffen, um den Rest sollte sich der Richter kümmern.

Viele unbescholtene Bürger hatten also schlechte Erfahrungen mit uns gemacht, obwohl sie mit Drogen und Dealern nichts am Hut hatten. Ich meine, wie verhält sich wohl der Schwarze, den du neulich durchsucht und beschimpft hast, weil er sich beschwert hat? Glaubst du wirklich, dass er dir bereitwillig Auskunft gibt? Nein, er denkt: *Das ist der Typ, der mich neulich gefilzt und mich vor meiner Freundin lächerlich gemacht hat. Er hat mich »Nigger« genannt. Mich wie Scheiße behandelt.*

Es war wie in der Endphase vom Vietnamkrieg – wir sollten ein ganzes Dorf auslöschen, um es zu retten. Heute ist mir das klar, aber damals durchschaute ich das nicht. Bestimmte Dinge wurden uns schon in der Ausbildung eingetrichtert. Wir waren alle Anfang zwanzig, und für die meisten war es der erste Job. An unserem ersten Tag nahm unser Ausbilder uns streng ins Visier. Dann schrieb er CYA an die Tafel und sagte: »Auch wenn ihr alles andere vergesst, daran müsst ihr denken. Immer, bei allem, was ihr da draußen tut. Cover your ass – sorgt dafür, dass man euch nicht zur Rechenschaft ziehen kann.« Von Anfang an wurde uns vermittelt, dass wir uns verteidigen müssen. Es hieß »Wir gegen die«. Das war die erste Lektion bei der Polizei: Cover your ass.

Auch andere Dinge lernten wir schon auf der Polizeischule. Zum Beispiel, dass man nie einen anderen Cop meldet, auch wenn er was Schlimmes getan hat. Es heißt schließlich: »Wir gegen die.« Und noch etwas brachten sie uns bei: Die Abteilung für Interne Ermittlungen und alle, die dort arbeiten, sind euer Feind. Die wollen euch nur schaden. Ruf nie bei der Internen an, das war die goldene Regel. Wer bei der Internen anruft, ist ein Verräter, und bei der Polizei lässt man sich lieber Rassist oder Feigling als Verräter schimpfen.

Kommen deine Kollegen dir zu Hilfe, wenn du in der Scheiße sitzt und Verstärkung brauchst, obwohl sie wissen, dass du einen Kollegen angeschwärzt hast? Und kommen sie genauso schnell wie bei den anderen? All das ging dir als Cop im Einsatz durch den Kopf. Es gibt nichts Unheimlicheres, als einem Verdächtigen in ein Haus zu folgen und nicht zu wissen, was dich dort erwartet. Da willst du nicht noch Angst haben, dass niemand kommt, wenn du Verstärkung rufst.

Bei den meisten Cops gilt die Interne Ermittlung heute als ganz normaler Bestandteil der Polizei. Manche sehen sie als notwendiges Übel. Wenn du heutzutage Karriere machen willst, gehört es fast dazu, dass du eine Weile dort arbeitest. Aber damals? Niemand wäre freiwillig in eine Abteilung gewechselt, in der man gegen andere Cops ermitteln muss. Und niemand wollte wegen irgendeines Vergehens dorthin strafversetzt werden und die eigenen Kollegen in die Scheiße reiten, nur weil man selber Mist gebaut hatte.

Ich war nie so naiv zu glauben, dass Cops sich immer korrekt verhalten. Schwarze Schafe gibt es immer, unter Ärzten, Anwälten, überall. Klar habe ich mit Leuten gearbeitet, die sich bestechen ließen oder andere krumme Touren gefahren haben. Manche Cops sind eben einfach kriminell, die setzen ihre Dienstmarke systematisch ein, um sich zu bereichern. Und dann gibt es welche, die ich als »Gelegenheitstäter« bezeichne.

Ich hatte da diesen Kollegen. Ein wirklich feiner Kerl. Was ich damals nicht wusste: Er führte ein Doppelleben. Er hatte Frau und Kind auf Long Island und Freundin und Kind in New Jersey. Als ich anfing, betrug unser Jahresgehalt 17 900 Dollar. Ich als junger Single kam damit über die Runden, aber wie soll man davon zwei Frauen und zwei Kinder finanzieren?

Dieser Kollege arbeitete jedenfalls im Rotlichtviertel. Als Streifenpolizist musste man jeden Monat eine bestimmte Anzahl Strafzettel ausstellen. Fünfundzwanzig waren das bei uns. Das war das Soll. Mein Partner und ich waren ausgesprochen tüchtig. Wir schafften jeder etwa hundert Strafzettel pro Monat. Ich wollte damals Detective werden und Verbrecher jagen. Mein Partner lag also deutlich über dem Soll, aber irgendwann fing er an, von jedem Taxifahrer, der eine rote Ampel überfuhr, fünfzig Dollar zu kassieren. Für die Taxifahrer war das ein guter Deal, weil sie sich dadurch einen Eintrag in die Kartei ersparten, und er brauchte das Geld.

Aber irgendwann wurde er erwischt. Ein Taxifahrer zeigte ihn an, und er verlor alles – seinen Job, die Pension, Versorgungsleistungen, seinen Ruf. Wie kann man so dumm sein? Ich kann den Druck und die Versuchung verstehen, aber das ist einfach nur dämlich. Ich habe zwanzig Jahre lang Pensionsansprüche gesammelt, steuerfrei. Das sind eine Million Dollar. Dazu kommt noch die Krankenversicherung für meine Frau, die Kinder und mich. Wie oft musst du fünfzig Dollar kassieren, um das auszugleichen?

3. WESSEN LEBEN ZÄHLT AM MEISTEN?

»Ich frage mich, ob wir – wir alle, schwarz und weiß – so gleichgültig reagieren, weil es Schwarze sind, die erschossen werden und massenhaft im Gefängnis landen. Würden wir auch so empfinden, wenn wir das weiße Amerika in Heerscharen ins Gefängnis schickten, oder würden wir den Präsidenten und unsere Politiker lautstark dazu drängen, Amerika zu retten, anstatt es einzusperren?«

Eldrin Bell, ehemaliger Polizeichef von Atlanta 1990
auf dem Höhepunkt des Kriegs gegen die Drogen

Als ich im Zuge der amerikanischen Anti-Drogen-Politik in die Ghettos der Vereinigten Staaten ging, die Wohnungen von schwarzen Menschen stürmte und ganze Viertel auseinandernahm, dachte ich nie darüber nach, dass wir in unserem Kampf für ein sauberes Amerika die Häuser und Viertel der weißen Dealer und Konsumenten verschonten. Ich war zu sehr damit beschäftigt, Leute einzusperren, um den zahlreichen Berichten in den Medien zu folgen, die uns zeigten, dass die große Mehrheit der Kokainkonsumenten und Dealer im Land weiß waren. Weiße, die in guten Gegenden wohnten und anständige Jobs hatten.

William Bennett, unter Präsident George Bush der oberste Drogenbeauftragte des Landes, sollte Amerika vom Kokain befreien. »Der typische Kokainkonsument ist weiß, männlich, verfügt über einen Highschool-Abschluss, ist Vollzeit erwerbstätig und lebt in einer kleineren Metropolregion oder einem Vorort«, stellte Bennett 1989 fest. Trotzdem landeten hauptsächlich Schwarze im Gefängnis. Grund dafür war ein hartes Durchgreifen selbst bei kleinen Drogendelikten, eine Maßnahme, die auch von den meisten schwarzen Abgeordneten vorbehaltlos gebilligt wurde.

Wir hatten die Gesetze verschärft, weil wir fälschlicherweise davon ausgingen, dass die Wurzel des Übels in den afroamerikanischen Vierteln lag. Um diese Viertel zu schützen, benötigten wir härtere Strafen sowie eine Erweiterung der Polizeibefugnisse. Dazu gehörte auch, im Notfall die Grundrechte Einzelner zu verletzen. Leute aus allen Bereichen der Exekutive waren involviert. Cops, Polizeichefs, Bundespolizeibehörden, Staatsanwälte, afroamerikanische Bürgermeister, schwarze Kongressabgeordnete und republikanische Verfechter einer knallharten Law-and-Order-Politik taten sich zusammen, um gegen die Geißel Kokain zu kämpfen. Wir wollten konsequent gegen jeden vorgehen, der mit Crack zu tun hatte. Wir alle glaubten fest an unsere Mission, und als der Feldzug begann, war niemand so entschlossen wie Special Agent Matthew Horace, die Straßen von Drogendealern und Süchtigen zu befreien.

Ich kannte kein Erbarmen. Ich wollte meine maßlose Wut an allen auslassen, die mit Crack dealten. Sie sollten dasselbe Leid spüren, das sie mit ihren Drogen über Amerika gebracht hatten. Ich verfluchte sie im Stillen und in ihrer Gegenwart und trug tatkräftig dazu bei, dass Tausende von Leuten in den Knast wanderten. Ich kaufte undercover Drogen und Waffen. Trat gefühlt fast täglich Türen ein. Ich trieb die Dreckskerle aus ihren Löchern, zerrte sie aus ihren Autos, stellte sie in engen Seitenstraßen. Wer mich kommen sah, bekam es mit der Angst zu tun. Ich nahm sie im Verhör in die Mangel, beschimpfte sie als Lügner, Dieb, Loser und Schwuchtel, bis sie einbrachen. Ja, ich habe Dinge getan, auf die ich nicht stolz bin, weil ich wusste, welches Leid Heroin und Crack verursachen. Mein Wissen stammte nicht nur aus Zeitungen und Büchern, aus dem Fernsehen oder aus Filmen. Es beruhte wie bei vielen Polizisten auf persönlichen Erfahrungen – auch wenn so mancher meiner Brüder in Blau es nicht gerne zugibt.

Maurice, ein Cousin väterlicherseits, dealte mit Kokain und Crack. Crack ist ein einfach herzustellendes Kokainderivat und wurde damals vor allem in armen Schwarzenvierteln konsumiert, weil es billig zu haben war und schon in geringen Mengen high machte. Maurice' Dealerkarriere endete mit einer Kugel im Rücken. Seitdem ist er querschnittgelähmt.

Meine Tante Joan, die Schwester meiner Mutter, war heroinsüchtig und saß regelmäßig im Gefängnis. Als sie aufgrund ihrer Sucht ihre Mutterpflichten vernachlässigte, übernahmen meine Großeltern die Erziehung ihrer drei Kinder. Ich bin ihr ein paar Mal kurz begegnet. Ihre Hände waren immer geschwollen. ein typisches Merkmal von Heroinsüchtigen, wie ich später herausfand. Um meinen Bruder und mich zu schützen, verbot ihr meine Mutter schließlich, uns zu besuchen.

Auch der Bruder meiner Mutter, Onkel Jerome, hatte Hausverbot bei uns. In seiner Jugend war er in der Familie ein echter Star. Er war ein kluger, umtriebiger Junge, und alle waren stolz auf ihn. Er hatte zwei Schülerjobs als Zeitungsausträger und arbeitete später beim *Philadelphia Inquirer*. Ein schwarzer Junge bei Philadelphias größter Tageszeitung! Das war damals etwas ganz Besonderes. Nach der Highschool ging er zur Air Force. Als er aus dem Militärdienst entlassen wurde, kam er zurück nach Philly und wurde heroinsüchtig. Er saß mehrfach im Gefängnis.

Irgendwann legte er sich mit den falschen Leuten an und landete in einem Pappkarton im Delaware River. Meine Familie vermutet bis heute, dass ein Drogendealer dahintersteckte, dem er Geld schuldete. Er konnte sich retten und tauchte klitschnass bei meinen Großeltern auf. Meine Großmutter gab ihm Geld, damit er aus der Stadt verschwinden konnte. Er setzte sich nach Baltimore ab, wo er bald darauf starb. Noch Jahre später tauchten die Leute, die er offenbar geprellt hatte, bei meinen Großeltern auf und fragten nach ihm.

Die meisten meiner Kindheitsfreunde gerieten erst in den Drogensumpf, nachdem ich Philly fürs Studium verlassen hatte. Wenn ich in den Ferien nach Hause kam, lief mir regelmäßig jemand über den Weg, den ich erst auf den dritten oder vierten Blick wiedererkannte – ein ehemaliger Mitschüler, ein Junge aus dem Highschool-Football-Team, ein Mädchen, auf das ich früher gestanden hatte. Ihre Körper waren ausgemergelt, die Gesichter vom Crackmissbrauch eingefallen und entstellt. Auch mein Kinderfreund Kenny, der ein paar Häuser weiter wohnte, fing an Crack zu rauchen und landete regelmäßig im Knast, meistens wegen kleiner Diebstähle, mit denen er die Sucht finanzierte.

Mein Freund John wohnte in der Parallelstraße. Er war ein paar Jahre älter als ich, aber als Kinder spielten wir oft zusammen. Er meldete sich zur Navy, um den Gangs zu entfliehen, die sich in meinem letzten Schuljahr in mehreren Teilen von Philadelphia breitmachten. Als er zurückkam, geriet er ins Drogengeschäft. Er wurde an einer Straßenecke in West Philly kaltblütig ermordet. Leute aus dem Viertel sagen, er sei Opfer der Junior Black Mafia geworden, eine berüchtigte Straßengang, die von Mitte der 1980er bis Anfang der 1990er die Innenstadtbezirke von Philadelphia terrorisierte.

Mein Freund Thomas wohnte nur sechs Häuser weiter. Wir waren immer gemeinsam zur Schule gegangen. Thomas war ein begabter Junge. Ich hatte immer geglaubt, er würde eines Tages ein berühmter Künstler werden, aber auch er geriet ins Drogenmilieu und trieb sich mit der Junior Black Mafia herum. Er starb bei einer Schießerei mit der Polizei.

Die Crackhäuser – allein im Block meiner Eltern gab es drei – hatten das Viertel meiner Kindheit völlig verändert. Vorgärten waren verwahrlost. Auf den einst sauberen Straßen flog Müll herum. Minderjährige Dealer und ihre noch jüngeren Kuriere kontrollierten die Straßenecken. Die Sucht zerstörte ganze Familien. Eltern, fest im Griff der tödlichen Seuche, verloren ihre Arbeit und konnten ihre Kinder nicht mehr ernähren. Vom Crack zerstörte junge Männer und Frauen gaben ihre Träume auf und wurden zu verlorenen Seelen, getrieben vom unstillbaren Verlangen nach dem nächsten Kick. Ich glaube, man kann verstehen, warum ich so erpicht darauf war, die Verantwortlichen zur Rechenschaft zu ziehen. Dass ich in Wahrheit Krieg gegen die Menschen führte, die wir eigentlich retten wollten, begriff ich erst viel später, als ich die Geschehnisse bei einer anderen Drogenepidemie von außen betrachtete.

Dreißig Jahre später. Amerika erlebt zurzeit die schlimmste Drogenkrise seiner Geschichte: Opioide. Heroin und Fentanyl töten in beispielloser Zahl unsere Freunde, Angehörigen und Nachbarn. Die überwiegende Mehrheit der Opfer ist weiß. So starben 2014 47 055 Amerikaner durch Heroin und synthetische Opioide. Das sind über 3900 Tote im Monat, mehr als bei den Terrorangriffen am 11. September ums Leben kamen. Damit sterben in den USA laut Kriminalstatistik mehr Menschen an Drogen als durch Mord. An diesen Zahlen hat sich in den Folgejahren kaum etwas verändert. Im April 2016 hatten 200 000 Amerikaner durch die Opioid-Epidemie ihr Leben verloren, mehr als im Ersten Weltkrieg. Die Zahl der Opfer ist dreimal so hoch wie die Zahl aller im Vietnamkrieg gefallenen US-Soldaten und fünfmal so hoch wie die der amerikanischen Kriegstoten in Korea.

Die erschreckend hohen Opferzahlen und die verheerenden Auswirkungen, die der illegale Handel mit Heroin und Opioiden auf Amerikas Familien hat, stellen die Probleme, mit denen wir während der Crack-Epidemie zu kämpfen hatten, in den Schatten. Zwischen 1984 und 1996, der Hochphase der Crack- und Kokainkrise, verzeichnete Amerika pro Jahr rund 8000 Morde in Zusammenhang mit Drogenkriminalität. Selbst wenn man die etwa 7000 Opfer dazuzählt, die jährlich durch eine Überdosis starben, war die Zahl der Todesfälle nicht einmal halb so hoch wie heute in der Opioid-Krise. Durch Beschaffungskriminalität wird das Problem noch verschärft. Süchtige brauchen ihre Droge, und für den nächsten Schuss tun sie alles: Diebstahl,

Einbruch, Raubüberfall, Prostitution. Dazu kommt, dass viele Dealer ihren Stoff mit Fentanyl strecken, ein synthetisches Opioid, das ungefähr hundertmal so stark wirkt wie Heroin und für jeden Junkie, der es sich ahnungslos spritzt, mehr oder weniger den sicheren Tod bedeutet. Folglich steigt die Zahl der Todesfälle durch Heroin und andere Opioide weiter an.

Hier einige Beispiele aus der grausigen Realität: In Baldwinsville, New York wurde die Feuerwehr dreimal wegen einer Überdosis zu derselben Adresse gerufen. Jedes Mal war ein anderer Hausbewohner kollabiert und atmete nicht mehr. Alle drei waren Anfang zwanzig. Die Sanitäter retteten sie mit dem Medikament Naloxon. In Parma, Ohio fuhr der Rettungsdienst der Feuerwehr sogar dreimal an einem einzigen Tag zum selben Haus – am Vormittag erlitt die Mutter eine Überdosis, am Nachmittag der Sohn und am Abend die Tochter. Die Mutter starb.

In Warren, Michigan fanden Peggy und Edward Babinski beim Nachhausekommen die Leichen ihrer beiden Kinder vor. Der 41-jährige Edward Jr. und seine dreizehn Jahre jüngere Schwester Heather waren an einer Überdosis Heroin gestorben. Auch in Monroe County, Michigan, etwas mehr als eine Autostunde von Warren entfernt, musste der Rettungswagen drei Mal an einem Tag wegen einer tödlichen Heroinüberdosis ausrücken. Für die drei Opfer kam jede Hilfe zu spät: Zwei lagen tot in verschiedenen Zimmern eines Motels, das dritte starb in einem Trailerpark. Alle waren unter fünfunddreißig.

Dasselbe in Seattle. An einem Vormittag um 11.18 wurde der Rettungsdienst der Feuerwehr wegen einer Überdosis in die Aurora Avenue North gerufen. Die Sanitäter konnten nichts mehr für die Opfer tun: Das Heroin war mit Fentanyl versetzt worden. Zwei Stunden später hielt der Rettungswagen in der North 80th Street. Diesmal war das Opfer eine Frau. Auch sie konnte nicht gerettet werden. Nur zwanzig Minuten später folgte der nächste Einsatz, diesmal in der North 102nd Street. Die Sanitäter fanden zwei bewusstlose Männer vor. Beide überlebten zum Glück.

In Crestline, Ohio hatte die Familie Hess an einem Tag zwei Todesfälle zu beklagen. Jason Hess, 35, starb an einer Überdosis Heroin. Ein paar Stunden später ging seine völlig verzweifelte Mutter mit einem Kissen und einer Decke zum Friedhof, legte sich auf einen Grabstein und schluckte eine ganze Dose Valiumtabletten. »Bitte weint nicht um mich, aber ich kann nicht mehr«, schrieb sie in ihrem Abschiedsbrief. »Danke, Heroin, ein Opfer mehr.«

Es war ihr sechzigster Geburtstag.

Und dann ist da das herzzerreißende Foto, das hunderttausendfach in den sozialen Medien geteilt wurde. Es zeigt einen vierjährigen Jungen, allein und verstört auf dem Rücksitz eines am Straßenrand stehenden SUV. Vorn sitzen zusammengesunken und bewusstlos die Großmutter des Jungen und ein Mann. Beide hatten sich kurz vorher einen Schuss gesetzt. Die Polizei von East Liverpool, Ohio hatte das Foto auf Facebook veröffentlicht, um auf die dramatischen Zustände in der Stadt hinzuweisen. Ein Polizist bezeichnete die Aktion als »Hilfeschrei«.

East Liverpool, eine Kleinstadt mit 11 000 Einwohnern, ist ein anschauliches Beispiel dafür, was Heroin und Opioide in den überwiegend weißen Gemeinden der USA anrichten. Als immer mehr bewusstlose Junkies einfach auf dem Parkplatz des örtlichen Krankenhauses abgelegt wurden, richtete die Krankenhausverwaltung einen speziellen Notfallalarm für Ärzte und Schwestern ein. Rettungssanitäter sind rund um die Uhr im Einsatz und sammeln Drogenopfer ein – auf dem Parkplatz von Walmart, aus Straßengräben, in Wohnungen und Häusern. Für manche Kinder ist es fast schon alltäglich geworden, mit anzusehen, wie ein bewusstloses Elternteil mit einer Naloxon-Spritze ins Leben zurückgeholt wird. Dealer strömen von überall in das trostlose Städtchen und verkaufen ihren Stoff für zehn, fünfzehn Dollar pro Schuss. Viele Bewohner haben nichts anderes als die Droge: Es gibt keine Arbeit, keine Freizeitangebote. In gewisser Weise birgt dieses finstere Szenario eine gespenstische

Ähnlichkeit mit unserem Kampf gegen die Crack-Epidemie, vor allem, was die Straßendealer angeht.

Aber Amerika reagiert völlig anders auf diese neue Krise, in der die meisten Opfer weiß sind.

Wir sehen in den Nachrichten keine Bilder von Polizisten mit Schutzausrüstung, die weiße Viertel absperren und die weißen, von der Arbeit heimkehrenden Anwohner filzen. Nirgendwo lesen wir, dass Massen von weißen Kindern in Pflegeeinrichtungen leben, weil ihre Eltern im Gefängnis sind. Die Medien erfinden auch keine »Opiat-Babys«, hirngeschädigte, verhaltensgestörte Kinder von weißen Drogenmüttern, wie sie es damals bei den Kindern von cracksüchtigen Afroamerikanerinnen getan haben.

Im Kampf gegen die Opioid-Epidemie werden weder Häuser gestürmt noch Bürgerrechte verletzt. Weder verteufelt man die Opfer, noch wird eine ganze Bevölkerungsgruppe stigmatisiert. Heroin- und Opioidsüchtige füllen nicht in Massen die Gefängnisse wie damals cracksüchtige Afroamerikaner. In den 1990ern, auf dem Höhepunkt des Kriegs gegen die Drogen, stieg die Zahl der Weißen, die aufgrund von Drogendelikten einsaßen, um 110 Prozent. Die Zahl der inhaftierten schwarzen Drogentäter stieg dagegen um sage und schreibe 465 Prozent. 35 Prozent aller Verhaftungen, 55 Prozent aller Schuldsprüche sowie 74 Prozent aller Haftstrafen, die im Zusammenhang mit Drogenmissbrauch verhängt wurden, gingen auf das Konto süchtiger Afroamerikaner, obwohl ihr Anteil an der drogenabhängigen Bevölkerung nur 14 Prozent betrug.

Dazu kommt, dass Staat und Strafverfolgungsbehörden einen deutlich sanfteren Umgang mit den mehrheitlich weißen Heroin- und Opioidabhängigen pflegen. Dieser Kurswechsel lässt sich an einem Polizeieinsatz veranschaulichen, der sich vor nicht langer Zeit in Manchester, New Hampshire ereignete. New Hampshire ist nach West Virginia der Bundesstaat mit den meisten Drogentoten.

Police Officer Ryan Boynton machte sich auf der Wache gerade über einen schnellen Imbiss her, als ein Notruf wegen einer Drogenüberdosis einging. Boynton fuhr zu einer nahe gelegenen Wohnsiedlung. Ein junger Mann, der offenbar high war, kam an die Tür. Boynton fragte ihn, ob er die Polizei gerufen habe. »Ach so, ja«, sagte der Mann, »das war wegen meiner Verlobten.«

Es war nicht das erste Mal, dass die Polizei wegen einer Überdosis zu dem Haus gerufen worden war, und so vermutete Boynton, dass der junge Mann und seine Verlobte heroinabhängig waren. Der Mann erklärte, seiner Verlobten ginge es wieder gut und sie sei weggegangen. Boynton rief die Frau an, um sich zu vergewissern, dass sie am Leben war. Bevor er das Haus verließ, gab er den beiden Junkies folgenden Rat: »Ihr müsst von dem Zeug loskommen. Lasst euch helfen.«

»Ich weiß«, sagte der junge Mann. »Ich will ja auch, aber sie macht es mir sauschwer. Sie spielt russisches Roulette.«

Mit einem schwarzen Cracksüchtigen wären wir zu meiner Zeit nicht so freundlich umgegangen. Wir hätten vielmehr einen Grund gefunden, das Haus zu durchsuchen und alle Bewohner festzunehmen. So lief das damals.

Als ich folgenden Artikel las, konnte ich mir das Grinsen nicht verkneifen. Nachdem es in Seattle an einem Tag drei Herointote gegeben hatte, wandte sich ein gewisser Seargent Sean Whitcomb in der *Seattle Times* mit folgendem Aufruf an die Drogenabhängigen der Stadt: »Jeder, der Heroin oder andere Drogen entsorgen will, kann den Notruf wählen oder sich direkt mit einem der fünf Polizeireviere in Verbindung setzen. Außerdem raten wir Ihnen zu Ihrer eigenen Sicherheit, nie alleine Drogen zu konsumieren. Es muss immer jemand bei Ihnen sein, wenn Sie sich einen Schuss setzen. Sorgen Sie dafür, dass sich die andere Person nicht gleichzeitig zudröhnt. Es muss immer jemand da sein, der den Notruf wählen und mit der Wiederbelebung beginnen kann. Wir haben Naloxon. Wir können Ihnen das Leben retten. Es muss uns nur jemand rufen.«

Solche wohlgemeinten Ratschläge stehen im krassen Gegensatz zu der Gesinnung von Amerikas Strafverfolgungsbehörden in den Zeiten von Crack. Damals sperrte die Polizei jeden afroamerikanischen Crackjunkie ein, den sie zu fassen bekam. Folglich wurden vier von fünf Festgenommenen nicht wegen Drogenhandels, sondern wegen Drogenbesitzes angeklagt. Glauben Sie mir, wären Sie damals in eine Polizeiwache gekommen, um Ihre Drogen abzugeben, wie es der Sergeant aus Seattle empfiehlt, Sie wären wegen Drogenbesitzes verhaftet worden. Hätte man Sie mit fünf Gramm Crack in der Tasche auf der Straße erwischt, Sie wären im Knast gelandet, denn Crack war der Teufel, und alle, die damit zu tun hatten, mussten bestraft werden. Bei Kokainpulver, das hauptsächlich von Weißen konsumiert wurde, wurden durchweg milde Strafen verhängt. Crack bedeutete dagegen entweder Entzugsklinik, Tod oder Gefängnis, und da die erste Option den meisten schwarzen Süchtigen nicht zur Verfügung stand, blieben nur die anderen beiden.

Ich bin entschieden dagegen, dass wir zu den erfolglosen Drogenbekämpfungsmaßnahmen zurückkehren, die die Polizei zu meiner Zeit auf den Straßen praktizierte. Auch wenn Justizminister Jeff Sessions und Präsident Donald Trump die obskure Politik vergangener Tage nur allzu gerne wieder aufleben lassen würden, diesmal verhält sich das Land klug und lässt nicht zu, dass wir zuvorderst mit Bestrafung und Gefängnis reagieren. Stattdessen betrachten wir die aktuelle Drogenkrise als Gefahr für das Gesundheitswesen und als Angelegenheit der Polizeibehörden. Dieser menschenfreundliche, deutlich wirkungsvollere Ansatz ist allerdings nicht neu. Er wurde schon zur Diskussion gestellt, als wir schwarze Drogenabhängige in schwindelerregendem Ausmaß verhafteten und hinter Gitter steckten.

Aber Amerika wollte nicht zuhören.

Niemand hat sich leidenschaftlicher für diese Idee eingesetzt als Kurt Schmoke, der von 1987 bis 1999 Baltimores erster schwarzer Bürgermeister war. In unserem Gespräch sagte Schmoke:

»Bei der Verfolgung von Straftaten und in der Rechtsprechung spielt Rasse noch immer eine große Rolle. Die meisten Politiker sprechen von Opioiden als Gefahr für die öffentliche Gesundheit, weil die Betroffenen heute eine andere Hautfarbe haben. In den 1980ern herrschte dagegen die Wahrnehmung vor, die Opfer seien hauptsächlich schwarz.«

Er habe schon Ende der 1980er darauf gedrängt, dass wir mit dem Problem Drogensucht anders umgehen müssen, erzählte Schmoke. Damals sei es darum gegangen, die Ausbreitung von HIV unter afroamerikanischen Heroinabhängigen einzudämmen. Vor HIV bzw. Aids sei Drogenabhängigkeit nicht als Krankheit angesehen worden, sagte er. Heroin- und Cracksucht galt vielmehr als Verbrechen, was dazu führte, dass die Zahl der inhaftierten Schwarzen von Mitte der 1980er bis zum Jahr 2000 förmlich explodierte. Gesundheitsexperten hatten jedoch bereits früh festgestellt, dass sich die tödliche Infektion unter Fixern durch den gemeinsamen Spritzengebrauch ausbreitete. Also schlug Schmoke als amtierender Bürgermeister die Einführung eines Spritzenabgabeprogramms vor, um so die Zahl der Neuinfektionen zu senken: Die User sollten ihre gebrauchten Spritzen kostenlos gegen saubere tauschen können. Doch der Stadtrat und die Regierung von Maryland wollten nichts davon hören. Für sie gehörten diese Leute hinter Gitter. Es dauerte vier Jahre, bis Schmoke Politiker und Behörden davon überzeugen konnte, sein Präventionsprogramm umzusetzen. Niemand wollte die Heroinabhängigkeit der afroamerikanischen Bevölkerung als gesundheitspolitisches Problem sehen.

Baltimore ist in vielerlei Hinsicht ein perfekter Mikrokosmos, um zu zeigen, wie unterschiedlich wir – Schwarze und Weiße – auf Verbrechen reagieren, je nachdem, ob das weiße oder das schwarze Amerika betroffen ist. In keiner anderen amerikanischen Stadt tritt so deutlich zu Tage, dass die Leben von Schwarzen nicht zählen, und das in allen Bereichen.

In Baltimore beträgt das Medianeinkommen weißer Familien 60 500 Dollar; bei schwarzen Familien sind es nur 33 610 Dollar. Bei schwarzen Männern zwischen zwanzig und vierundzwanzig liegt die Arbeitslosenquote bei fast dreißig Prozent, bei den weißen Männern dieser Altersgruppe sind nur zehn Prozent ohne Arbeit. In fünfzehn überwiegend von Schwarzen bewohnten Vierteln ist die Lebenserwartung niedriger als in Nordkorea, in acht sogar niedriger als in Syrien. Jugendliche zwischen fünfzehn und neunzehn haben mehr gesundheitliche Probleme und blicken pessimistischer in die Zukunft als ihre Altersgenossen in vergleichbar armen Großstädten in Nigeria, Indien, China und Südafrika. Teenager in Baltimore und in Johannesburg erfahren weltweit am häufigsten sexuelle Gewalt, leiden am häufigsten unter Depressionen und posttraumatischen Belastungsstörungen und haben die höchste Drogenmissbrauchsrate.

Die Folge heißt Kriminalität. Die Zahl der Morde in Baltimore liegt seit zehn Jahren in Folge bei über dreihundert pro Jahr. Nirgendwo in Amerika gibt es mehr Köperverletzungen, bewaffnete Raubüberfälle und Einbrüche als in Baltimore.

Die Stadt hat auf die dramatisch hohe Kriminalität vor allem mit einer verschärften Strafverfolgung reagiert. In dem Bestreben, die schwarze Community vor Kriminellen zu »schützen«, werden vor allem Afroamerikaner verhaftet. Folglich stehen die afroamerikanischen Bürger Baltimores in einem Punkt ganz oben. Die Stadt hat die höchste Gefangenenquote in ganz Amerika. Und fast alle, die in der 401 East Eager Street einsitzen, sind schwarz.

Leonard Hamm war von 2004 bis 2008 Polizeichef von Baltimore. Sein damaliger Boss, Bürgermeister Martin O'Malley, war ein eiserner Verfechter der Null-Toleranz-Politik. Und die setzte er auch durch. Während seiner Amtszeit griff die Polizei in schwarzen Vierteln so aggressiv durch, dass eine Grand Jury entschied, die Zahl der Verhaftungen in Schwarzenvierteln sei unbegründet hoch. Dazu wurde die Polizeibehörde von mehreren Anwohnern verklagt, die wegen Ordnungswidrigkeiten festgenommen worden waren. Das Verfahren endete mit einem Vergleich.

O'Malley, der später Gouverneur von Maryland wurde und sich 2016 als demokratischer Kandidat für die Präsidentschaftswahlen bewarb, ernannte Hamm in seiner zweiten und letzten Amtszeit zum Polizeichef.

Als Hamm 1974 beim Baltimore Police Department anfing, durften schwarze Cops noch keine Streifenwagen fahren. Mit der Unterstützung seines Mentors Ed Woods, dem dritten schwarzen Polizeichef in der Geschichte Baltimores, erklomm der kluge, innovative Hamm die Karriereleiter. Er war als erster Schwarzer für den Central District zuständig, in dem sich das Banken-, Geschäfts- und Vergnügungsviertel befindet.

Unsere Berufswege hatten sich zeitweilig gekreuzt, aber wir waren uns nie persönlich begegnet. Ich leitete damals ein Team von etwa fünfzehn Leuten. Dazu gehörten ATF-Ermittler, Detectives, Officer vom Housing Department, das für die Sicherheit der Anwohner in den Problemvierteln zuständig war, sowie ein paar Leute vom Amt für sozialen Wohnungsbau. Wir hatten es auf die größeren Dealer abgesehen, die Baltimore mit Drogen und Waffen überschwemmten. Damals ging es in Baltimore zu wie im Wilden Westen. Noch nie hatte ich in einer Stadt gearbeitet, in der man buchstäblich rund um die Uhr wegen Drogen- und Waffenkriminalität im Einsatz war. Wir waren überall. Mal traten wir Türen ein und durchsuchten Wohnungen, Häuser und Fahrzeuge, mal kauften wir undercover Drogen. Es kam vor, dass wir an einem Tag in New Jersey einen Drogendealer schnappten, und am nächsten spürten wir in Virginia Waffen auf, die nach Baltimore gehen sollten. Wir verhafteten Hunderte von Leuten. Mein Team war großartig – besonders zwei Officer vom Housing Department, die sich anfangs wie wildgewordene Stiere aufführten, bis ich ihnen beibrachte, wie man gründlich ermittelt.

Die Freundschaft, die sich zwischen uns entwickelte, besteht bis heute. Zu ihrem Schutz will ich ihre Namen nicht nennen, darum nur so viel: Einer ist noch bei der Truppe in Baltimore, der andere ist heute Cop in Las Vegas. Sie erzählten mir von Leonard Hamm, und da ich mich gerne mit ihm treffen wollte, fragte ich sie nach ihrer Meinung.

»Hamm ist ein aufrechter Typ. Der nimmt kein Blatt vor den Mund«, sagte der eine. »Also mach dich auf ein paar offene Worte gefasst.«

»In einem kannst du dir sicher sein«, sagte er andere. »Was er sagt, das meint er auch.«

Hamm ist heute Leiter der Campus-Polizei der Coppin State University in Baltimore. Die Uni wurde 1900 als »Highschool für Farbige« gegründet und zählt zu den Historischen afroamerikanischen Hochschulen. Nachdem ich eine Weile auf dem Campus herumgeirrt war, fand ich das richtige Gebäude und fuhr mit dem Fahrstuhl in den ersten Stock. Ich folgte der Ausschilderung und gelangte schließlich in den Büroflügel der Campus-Polizei.

Mit seinen achtundsechzig ist Hamm noch immer eine beeindruckende Gestalt. Schon als Polizeichef hatte er als Musterbeispiel tadelloser Eleganz gegolten, und in seinem Maßanzug wurde er diesem Ruf vollauf gerecht. Am Tag unseres Gespräches hatte es in Baltimore einen Mord gegeben. Ich fragte ihn nicht, wer getötet worden war. In Baltimore wird im Durchschnitt jeden Tag ein Mord verübt, und das Opfer ist fast immer schwarz.

Wenn es um die absolute Zahl der Mordfälle geht, steht Chicago, die drittgrößte Stadt des Landes, unangefochten an der Spitze – 2017 waren es 650, und auch dort sind die meisten Opfer schwarz. Baltimore weist jedoch gemeinsam mit St. Louis die höchste Tötungsrate in ganz Amerika auf. Und nach wie vor stehen die meisten Morden in Zusammenhang mit Drogenkriminalität.

Vor unserer Begegnung wusste ich nicht, dass Hamm selbst

einen tragischen Verlust durch Drogen erlitten hatte. Seine Stieftochter wurde in den 1990ern heroinabhängig und finanzierte ihre Sucht mit Diebstählen und Prostitution. 2008, mit neununddreißig, wurde sie ermordet in einer Seitenstraße in Baltimore aufgefunden. Ihm war deutlich anzumerken, wie tief der Schmerz über den tragischen Verlust noch in ihm saß. »Sie war wie eine leibliche Tochter für mich«, erzählte er. »Ich habe sie großgezogen, sie am ersten Tag in den Kindergarten gebracht. Ich war der einzige Vater, den sie hatte, nur eben nicht der biologische.« Nicht einmal als oberster Polizist von Baltimore mit allen Machtbefugnissen hatte er vermocht, ihr Leben zu retten.

Wir kamen schnell auf den Grund meines Besuches zu sprechen – dass das Vorgehen von Polizei und Justiz ganz offenbar abhängig davon ist, wer die Opfer und wer die Täter sind. Hamm war kaum zu bremsen.

»Würden in Baltimore und in Chicago mehr Weiße erschossen, würden wir mit dem Problem anders umgehen. Aber die Opfer sind schwarz, und Schwarze zählen nun mal nicht. Im Moment ist Heroin ein Riesenproblem in Maryland, und die Regierung will mehr Geld in Präventionsmaßnahmen stecken. In Baltimore haben wir seit ewigen Zeiten ein Heroinproblem. Damals, als die Süchtigen schwarz waren, hieß es: ›Sperrt sie ein.‹ Prävention und Therapie waren überhaupt kein Thema, weil nicht die richtigen Leute betroffen waren.«

In seiner Zeit als Polizeichef habe er all das O'Malley empfohlen, sagte er. Aber der Bürgermeister habe jeden seiner Vorschläge kategorisch abgelehnt. Polizisten sollten keine Probleme lösen, sondern Leute einsperren. O-Ton O'Malley: »Sozialarbeiter kann ich nicht gebrauchen, meine Polizisten sollen Krieger sein.«

»So wollte er es haben«, erinnerte sich Hamm. »Und so wurde es gemacht.«

Er schwieg einen Augenblick. Ein frustrierter Ausdruck trat

in sein Gesicht. Dieses Gefühl kannte ich. Wir unterhielten uns noch eine Weile, dann ging ich zurück zum Wagen. Auf der dreistündigen Rückfahrt dachte ich noch einmal über die vielen tödlichen Polizeibegegnungen von Afroamerikanern und den Unterschied zwischen den beiden Drogenkrisen nach – die eine wurde als schwarzes Problem registriert, die andere als weißes. Die amerikanische Gesellschaft ist durchdrungen von bewussten oder unbewussten Vorurteilen, die dringend abgebaut werden müssen. Auf die Nöte und Bedürfnisse der schwarzen Community wird entweder gar nicht oder mit Bestrafung reagiert. Die Missachtung und die Gewalt, die wir tagtäglich erleben, was in der weißen Bevölkerung undenkbar wäre, wird unter den Teppich gekehrt oder bagatellisiert, als wären wir Müll und unsere Leben wertlos. Unsere niedrigere Lebenserwartung, die höhere Kindersterblichkeit, das häufigere Auftreten von chronischen Krankheiten, das niedrige Einkommensniveau und die höhere Arbeitslosigkeit sind nichts anderes als die Folgen dieser Missachtung und die eigentliche Ursache für die massiven Proteste der schwarzen Bevölkerung seit den 1960er Jahren. Die Polizei ist dabei lediglich das ausführende Organ einer systematischen Politik der Diskriminierung gegen die schwarze Bevölkerung.

Ich dachte daran, wie viele von meinen Polizeikollegen empört sind und sich verraten fühlen, weil sie glauben, Black Lives Matter bekämpfe die Polizei. Aber meine Brüder in Blau irren sich. Wieder einmal wird die Schuld dem Falschen zugeschoben. Die Aktivisten behaupten keineswegs, dass das Leben von Weißen oder das Leben von Polizisten nicht zählt. Ganz Amerika – die Bildungseinrichtungen und die sozialen Medien, das Fernsehen, die Nachrichten, die Filmindustrie und die Finanzmärkte – zeigt uns schließlich pausenlos, wie wertvoll weißes Leben ist. Das Anliegen von Black Lives Matter ist vielmehr eine Aufforderung und ein Plädoyer an die Gesellschaft, Afroamerikaner als gleichwertige Menschen zu akzeptieren. Schwarze Leben zählen – genauso viel wie alle anderen.

Kathleen O'Toole

Erste Polizeichefin vom Seattle Police Department
Erste Polizeipräsidentin vom Boston Police Department

Ich glaube, mein beruflicher Werdegang wurde durch meine Kindheit geprägt. Wir waren drei Kinder zu Hause, ich war die Älteste. Mein Vater war Lehrer. Er war ein wunderbarer Mensch. Meistens hatte er drei verschiedene Jobs, um die Familie durchzubringen. Meine Mutter war schwere Alkoholikerin. Ich liebte sie sehr. Sie wollte nicht trinken, aber sie konnte nicht anders. Ihr Vater war auch Alkoholiker gewesen. Das ist eine furchtbare Krankheit. Also musste ich schon als kleines Mädchen die Mutterrolle für meine jüngeren Geschwister übernehmen. Ich kann mich eigentlich gar nicht erinnern, dass ich mal ein richtiges Kind gewesen bin. Einmal ging ich mit meinem zweijährigen Bruder zu dem kleinen Laden in unserem Viertel, da war ich ungefähr fünf. Wir sollten etwas für meine Mutter besorgen, und wir mussten mehrere viel befahrene Straßen überqueren. Weil ich schon sehr früh Verantwortung für andere tragen musste, fiel es mir nie schwer, Chefin zu sein. Ich empfinde das sogar fast als meine Pflicht. Wenn Leute sich darüber unterhalten, wie schädlich es für Kinder ist, in kaputten Familienverhältnissen aufzuwachsen, muss ich lachen und sage: »Kaum einer von meinen Freunden kommt aus einer intakten Familie.« Ich beschwere mich nie über meine Kindheit. Ohne diese Erfahrungen wäre ich vielleicht nicht dort, wo ich heute bin.

In der Schulzeit kam es mir gar nicht in den Sinn, zur Polizei zu gehen. Früher konnte eine Frau bei der Bostoner Polizei entweder Schreibkraft werden oder sich um aufgegriffene Frauen und Kinder kümmern. In meinem dritten Jahr am Boston College stellte das Boston Police Department die ersten Streifenpolizis-

tinnen ein. Das war 1974. 1979, ich studierte inzwischen in Abend-
kursen Jura, wurde mir eine Stelle bei der Bostoner Polizei an-
geboten. Cop war nicht mein Berufsziel, aber ich sah das Ganze
als eine tolle Gelegenheit, Recht und Gesetz aus einer anderen
Perspektive zu betrachten. Anfangs sagte ich mir, probier es ein,
zwei Jahre aus, aber ich merkte schnell, dass Polizist mehr ist als
nur ein Job. Es ist eine Berufung. Wir sind dazu da, Menschen zu
helfen.

Auf der Polizeischule lernte ich alles, was man braucht, um
Leute festzunehmen, und wurde körperlich einsatztauglich gemacht. Als die praktische Ausbildung begann, war das wie ein
Schock. Wie, ich soll den Leuten helfen, indem ich ihre Eheprob-
leme löse? Tatsächlich nimmt das einen Großteil unserer Arbeit
ein. Wir hören uns die Probleme der Menschen an und versuchen sie zu lösen. Ich habe meinen Job immer geliebt, auch an
den härtesten Tagen. Ich habe Leben gerettet und Babys auf die
Welt geholt, das empfinde ich als echtes Privileg. Mein Mann, er
war früher auch Polizist, reibt mir gerne unter die Nase, dass es
bei ihm sieben Babys waren und bei mir nur zwei.

Ich finde es schade, wie die Polizeiarbeit in den Serien und
Filmen dargestellt wird. Da gibt es nur Schießereien und Ver-
folgungsjagden, aber das macht in Wirklichkeit nur einen sehr
geringen Teil unserer Arbeit aus. Die alltägliche Polizeiarbeit
ist sehr befriedigend, aber sie ist längst nicht so spannend und
spektakulär wie im Fernsehen. Wir werden Tag und Nacht von
Menschen mit den unterschiedlichsten Problemen gerufen. In
Seattle sind wir innerhalb von achtzehn Monaten anderthalb
Millionen Mal ausgerückt. In nur 0,3 Prozent der Fälle mussten
wir Gewalt anwenden. Das ist verschwindend wenig. Bei den
meisten Polizeibehörden verhält es sich genauso. Darum bezeichne ich uns auch als »Dienstleister«. »Einsatzkräfte« hat
etwas Militärisches und suggeriert, dass wir häufig Gewalt anwenden, und das stimmt einfach nicht.

Leider sind wir Cops das letzte Glied in einem gescheiterten

System. Wenn es dem Staat nicht gelingt, den Menschen zu geben, was sie zum Leben brauchen – Ausbildung, Arbeit, Sozialleistungen –, werden sie zu einem Polizeiproblem. Wenn eine Stadt schlechte Schulen hat, wenn die Bürger in Armut leben oder nicht die nötige psychosoziale Betreuung erhalten, bekommen es die Leidtragenden wahrscheinlich irgendwann mit der Polizei zu tun.

Unsere größte Herausforderung besteht darin, dass wir uns gleichzeitig um die sozialen und psychischen Probleme der Menschen und um die öffentliche Sicherheit kümmern müssen. Wir haben auf unseren Straßen viele Drogenabhängige, Obdachlose und Menschen mit psychischen Krankheiten. Allein im letzten Jahr hatten wir es fast zehntausend Mal mit psychisch kranken oder geistig verwirrten Personen zu tun. Das heißt, dass wir unsere Officer für solche Kriseninterventionen gezielt schulen müssen.

Wir müssen alle uns zur Verfügung stehenden Mittel nutzen und uns mit anderen staatlichen Behörden, gemeinnützigen Organisationen und der Privatwirtschaft zusammentun. Nur so bekommen wir einen Teil dieser Probleme in den Griff und verhindern, dass wir uns immer wieder um dieselben Leute kümmern müssen, weil sie nicht die nötige Hilfe erhalten. Wir haben es bei unseren Einsätzen auch oft mit häuslicher Gewalt und Alkohol- und Drogenmissbrauch zu tun. Lösen können wir die Probleme der Menschen nicht, aber wir können dafür sorgen, dass sie kompetente Unterstützung bekommen.

Es gibt in Seattle zum Beispiel zu viele schwarze Kinder, die nicht die Schulbildung und die Förderung erhalten, die sie verdienen. Wir müssen uns gemeinsam dieser Kinder annehmen. Ihnen einen guten Start ins Leben ermöglichen. Die Zahl der schwarzen Jugendlichen, die mit massiven Problemen zu kämpfen haben, ist unverhältnismäßig hoch, und wir als Nation sind dazu verpflichtet, etwas dagegen zu unternehmen. Hier in Seattle gibt es »Summer of Opportunity«, ein Programm, das wir gemeinsam mit John Hancock und anderen großen Unternehmen ins Leben gerufen haben. Wir besorgen den Kids Sommerjobs, und sie bekommen Nachhilfe und pädagogische Betreuung. Wir bringen ihnen zum Beispiel bei, wie man ein Bewerbungsgespräch absolviert. Es geht um Intervention und Prävention, und die Polizei zeigt da großes Engagement. Die meisten Leute wissen gar nicht, dass auch das zu unserer Arbeit gehört.

Kurz bevor ich 2006 die Bostoner Polizei verließ, hatten viele Officer gekündigt. Die Personaldecke war so dünn, dass wir nicht mehr auf alle Notrufe reagieren konnten. Die Bandenkriminalität nahm wieder zu, und ich wusste, dass uns ein langer, unruhiger Sommer bevorstand. Also wies ich im März oder April die zuständige Abteilung an, sich mit den Kollegen vom Jugendamt und von der Schulbehörde zusammenzusetzen und eine Liste mit den tausend Jugendlichen zu erstellen, bei denen die Gefahr besonders groß war, dass sie im Sommer auf den Abzug drückten oder erschossen wurden.

Wir – Sozialämter, Polizei und Schulen – haben alle mit denselben Familien, denselben Jugendlichen zu tun. Bevor das Schuljahr zu Ende war, besuchten wir über achthundert Familien und erkundigten uns nach ihren Bedürfnissen. »Hey, wir wissen, dass Ihr Sohn in diesem Sommer ernsthafte Probleme kriegen könnte. Braucht er einen Job? Oder Nachhilfeunterricht? Wie sieht es mit den jüngeren Geschwistern aus? Sollen wir sie im Ferienlager anmelden? Haben Sie genug zu essen im Kühlschrank?« Die Polizei hat alles koordiniert, aber es war eine Gemeinschaftsaktion.

Wir müssen unsere Officer besser auf die besonderen Schwierigkeiten vorbereiten, mit denen sie bei der Arbeit konfrontiert werden. Wir versuchen unsere Cops so zu schulen, dass sie bei ihren Einsätzen so wenig wie möglich Gewalt anwenden. Zu meiner Zeit sah die Sache so aus: Ich ging einmal im Jahr auf den Schießstand und musste ab und zu zum Reanimationstraining. Das war's. Heute machen die Officer beim Seattle

Police Department fünfmal so viele Fortbildungen. Dazu gehören Deeskalation bei Bedrohungslagen, Krisenintervention bei psychisch Kranken und Trainings zum Abbau von Vorurteilen.

Als Polizisten verfügen wir über enorm viel Macht. Wir können Menschen die Freiheit nehmen. Wir können Leben auslöschen, Leute ins Gefängnis stecken. Darum müssen wir genau aufpassen, dass wir alle Menschen gleich behandeln und unsere Macht nicht missbrauchen.

Die Polizeiarbeit ist eine heikle Angelegenheit, und das wird sie immer bleiben, weil wir es mit komplexen Situationen zu tun haben. Es wird immer zu tragischen Vorfällen kommen, und wenn das geschieht, müssen wir aufstehen und die Wahrheit sagen. Wir müssen Transparenz zeigen. Uns entschuldigen, wenn wir etwas falsch gemacht haben. Die verantwortlichen Officer zur Rechenschaft ziehen. Wir brauchen Stellen, wo wir über unsere Probleme und die veränderten Anforderungen an uns sprechen können, denn auch wir Cops sind nur Menschen. Mit dem richtigen Training können wir eine ganze Menge noch viel besser machen, davon bin ich überzeugt. Aber perfekt sein werden wir nie. Selbst wenn wir tausend Dinge richtig machen, es wird immer den einen Cop geben, der Mist baut.

4. DAS SYSTEM

2004 bekam ich einen neuen Posten beim ATF, und so verschlug es die Familie wieder mal auf die andere Seite des Landes. Ich glaube, es war insgesamt unsere dritte Tour quer durch die Vereinigten Staaten. Erst drei Jahre vorher waren wir von Washington, D.C. nach Seattle gezogen, wo ich seitdem als stellvertretender Gebietsleiter arbeitete. Jetzt ging es zurück nach D.C. Dort sollte ich als Stabschef im Office of Field Operations anfangen, das alle im Land durchgeführten Einsätze leitet. Das war eine spannende Herausforderung, und ich freute mich riesig.

Es hatte uns in Seattle gut gefallen, aber meine Frau sehnte sich nach einem ruhigeren Leben, und dazu gehörte, dass ich einen geregelten Arbeitsalltag hatte. In Seattle war ich pausenlos unterwegs. Gleich an meinem zweiten Arbeitstag war ich zu einem Großeinsatz nach Alaska geflogen, um die Festnahme von dreißig Bandenmitgliedern zu beaufsichtigen, die in Drogen- und Waffengeschäfte verwickelt waren. Am Tag darauf ging es, glaube ich, nach Idaho. So lief es die ganze Zeit. Seattle ist flächenmäßig die zweitgrößte ATF-Regionalabteilung nach Denver. Das Gebiet umfasst die Bundesstaaten Washington, Oregon, Idaho, Alaska und Hawaii sowie Guam.

Folglich gab es nie einen »normalen« Arbeitstag. Unser Einsatzspektrum war riesig: Illegaler Zigarettenhandel in Indianerreservaten, organisiertes Verbrechen und Straßengangs in Seattle und Portland, Bombenattentate, weiße Suprematisten und staatsfeindliche Milizen in den ländlichen Regionen Oregons und Washingtons, Waffenschmuggel auf Guam und Hawaii. Am unheimlichsten waren die weißen Suprematisten und die Milizen, die überall mit Gewehren und mehreren Patronengurten am Leib herumliefen. Ein falscher Blick in ihre Richtung, und sie hätten dir das Hirn weggepustet.

Aufgrund der zeitraubenden Arbeit blieb die Erziehung unserer beiden kleinen Kinder leider fast vollständig an meiner Frau hängen. Aber all das sollte sich jetzt ändern. Die Kinder, fünf und sieben, spielten und kabbelten sich auf der langen Fahrt und verwandelten die Rückbank in ein wildes Durcheinander aus Spielzeug, Büchern und Kleidungsstücken. Ich hatte immer Wert darauf gelegt, dass sie bei jedem Umzug etwas lernten, also hatten wir aufs Flugzeug verzichtet und stattdessen das Auto genommen.

Wir hatten in Hays, Kansas übernachtet und fuhren noch bei tiefster Dunkelheit auf der Interstate 70 nach Osten. Hinter Abilene leuchtete plötzlich der Name Topeka auf den Entfernungstafeln auf, und bei mir klingelte etwas. Die neunjährige Schülerin Linda Brown aus Topeka war der Auslöser für das historische Urteil in der Sache »Brown v. Board of Education« gewesen, mit dem der Oberste Gerichtshof der Vereinigten Staaten 1954 die Rassentrennung an amerikanischen Schulen aufhob. Die kleine Linda musste mit dem Bus zu einer weit entfernt gelegenen Schule für schwarze Kinder fahren, weil die weiße Schule, die direkt vor ihrer Haustür lag, sich weigerte, sie aufzunehmen. Lindas Eltern wollten das nicht hinnehmen und zogen vor Gericht. Unterstützung bekamen die Browns von der schwarzen Bürgerrechtsorganisation NAACP, die vor dem Obersten Gerichtshof anführte, die Rassentrennung an Schulen sei verfassungswidrig, weil sie gegen das Grundrecht auf Gleichbehandlung verstoße.

Wir beschlossen, einen Stopp in Topeka einzulegen. »Es würde mich sehr wundern, wenn es dort kein Museum gäbe«, sagte ich zu meiner Frau. Als die Sonne am Horizont erschien, fuhren wir an einem Schild mit der Aufschrift: »Brown v. Board of Education National Historic Site« vorbei. Es handelte sich um ein Museum, das in einer ehemaligen Schule untergebracht war. Es war noch nicht geöffnet, und so machten wir noch ein Weilchen die Augen zu und gingen dann in einem Diner in der Nähe frühstücken. Pünktlich um neun betraten wir das Museum und verbrachten dort mehrere Stunden. Die Ausstellung war nicht besonders groß, aber gut gemacht. Es gab jede Menge Fotos und Plakate und viel zum Anfassen und Mitmachen.

Eines der Ausstellungsstücke war ein originalgetreuer Nachbau des Busses, mit dem Linda und die anderen schwarzen Kinder zur Schule fahren mussten. Wir sahen Fotos von Linda Brown und ihren Eltern und erfuhren viel über die krassen Unterschiede zwischen den Schulen für schwarze und weiße Schüler. Ein Teil der Ausstellung war Thurgood Marshall gewidmet, dem jungen Bürgerrechtsanwalt der NAACP, der die Browns vor Gericht vertreten hatte und später zum ersten afroamerikanischen Richter am Obersten Gerichtshof ernannt wurde. Für meine Frau und mich war der Museumsbesuch aufrüttelnd und bewegend, für die Kinder war er lehrreich und unterhaltsam.

Der nächste Zwischenstopp war St. Louis. Ich war beruflich viel in Amerika herumgekommen, aber St. Louis fehlte noch auf meiner Liste. Wie alle Touristen fuhren wir zum Gateway Arch, dem Wahrzeichen der Stadt, doch ich persönlich freute mich am meisten auf das Wiedersehen mit einem alten Freund und Kollegen.

Jeff Fulton war in meiner Zeit in D. C. mein Teamleiter gewesen. Er ist ein toller Mensch und hat mich beruflich sehr gefördert. Politisch liegen Welten zwischen uns, aber das hat uns beide nie gestört. Jeff bezog mich in Fälle ein, mit denen ich sonst nicht in Berührung gekommen wäre, er nahm mich mit zu wichtigen Besprechungen und gab viel von seinem Wissen an mich weiter. Das Beste aber war, dass er mich für ein Audit-Team empfahl. Ich sagte zu, und das erwies sich als großer Karriereschritt. Die Audit-Teams überwachen die ATF-Regionalabteilungen wie meine in Seattle. Sinn und Zweck solcher Audits ist herauszufinden, ob die Abteilungen ausreichend sicherstellen, dass unsere Informationssysteme nicht für falsche Zwecke missbraucht werden.

Unser wichtigstes Informationssystem ist das National Criminal Information Center des FBI. Das NCIC ist eine ständig wachsende Datenbank mit über zwanzig Millionen Datensätzen, in denen Informationen über gefährliche Personen, ungelöste Verbrechen und alle möglichen Straftaten gespeichert sind. Allein Eigentumsdelikte wie gestohlene Schusswaffen, Boote, Fahrzeuge, Nummernschilder, Autoteile und unterschlagene Wertpapiere machen eine riesige Datenmenge aus. Dazu kommen Massen von Personendaten. Jeder amerikanische Staatsbürger, der schon einmal mit der Polizei zu tun hatte, kann davon ausgehen, dass es im NCIC einen Eintrag über ihn gibt. Die Datenbank gibt unter anderem Auskunft über registrierte Sexualverbrecher, freigelassene, unter Überwachung stehende Straftäter und im Ausland gesuchte Kriminelle, die sich in die USA abgesetzt haben. Ebenso gelistet sind vermisste Personen, Bandenmitglieder, mutmaßliche Terroristen und Leute, die wegen einer Straftat oder als Zeugen gesucht werden.

Alle 18 000 Polizeibehörden im Land füttern das System kontinuierlich mit neuen Daten. Und viele Tausend Polizisten greifen pro Minute darauf zu, zum Beispiel, um bei einer Fahrzeugkontrolle zu überprüfen, ob der Fahrer vorbestraft ist, oder wenn sie im Rahmen einer Überwachungsaktion Informationen über einen Verdächtigen benötigen. Die Datenbank macht die Polizeiarbeit deutlich effizienter. Sie ist so etwas wie ein Generalschlüssel, aber den gibt es nicht umsonst. Nur wer sich an die Vorschriften hält, darf ihn behalten. Wenn die Officer einer Polizeibehörde die Datenbank für private Zwecke missbrauchen, kann das FBI den Zugang sperren.

Rein theoretisch kann jeder Gesetzeshüter die Datenbank nutzen, um Nachforschungen über seine Nachbarn anzustellen, aber dazu ist das System nicht gedacht. Man kann nicht einfach sagen, der neue Freund meiner Tochter ist mir suspekt, weil er pinke Haare, Tattoos und einen Nasenring hat, und seinen Namen durchs System jagen. Es kommt tatsächlich vor, dass skrupellose Polizisten die Autokennzeichen von Frauen ins System eingeben und auf ihre persönlichen Daten zugreifen, um sich mit ihnen zu verabreden oder sie zu stalken. Wer so etwas tut, setzt seinen Job aufs Spiel und kann sogar im Gefängnis landen. Jede Polizeibehörde ist verpflichtet, den sachgemäßen Gebrauch der Datenbank durch ihre Mitarbeiter zu gewährleisten. Das war mein Job im Audit-Team des ATF. Ich fuhr zu unseren Regionalbüros in Philadelphia, New York, Seattle, Kansas City und Miami und überzeugte mich, dass alles regelkonform ablief. Bei meiner Arbeit hatte ich mit Leuten aus den obersten Rängen des ATF zu tun. Da war nicht nur analytisches Denken gefragt, sondern auch Kommunikationskompetenz. Statt Anweisungen auszuführen, musste ich jetzt Leute zu ihrer Arbeitsweise befragen, die vielleicht meine zukünftigen Chefs und Kollegen waren. Meine Strategie war: Beeindrucke sie, vielleicht holen sie dich dann in ihr Team. Ich war Jeff unendlich dankbar, dass er mir damals diese Chance gegeben hatte. Also wollte ich unbedingt bei ihm vorbeischauen und noch mal danke sagen.

Wir wohnten im Embassy Suites im Zentrum von St. Louis. Es war August und so drückend schwül, dass einem der Schweiß herunterlief wie in einem Dampfbad. Mir fiel auf, dass fast alle Hotelangestellten – das Empfangspersonal, die Zimmermädchen und alle im Restaurant – schwarz waren. Die Leute in den leitenden Positionen waren hingegen alle weiß. Es war wie auf einer Baumwollplantage. Damals gab es weder Google Maps noch Smartphones mit GPS, also ging ich nach dem Frühstück zum Empfang und erkundigte mich bei der jungen schwarzen Angestellten, wie ich am besten nach Wildwood kam.

Sie beschrieb mir den Weg und fragte dann: »Warum wollen Sie dorthin?« Ich fand die Frage merkwürdig und erklärte ihr, dass ich dort einen Freund besuchen wolle. Sie sah mich warnend an und bat mich, vorsichtig zu sein. Da ich an diesem

Morgen noch nicht wusste, dass es sich bei Wildwood um einen Nobelvorort mit schönen Einfamilienhäusern und einem Medianeinkommen handelt, das doppelt so hoch liegt wie im Landesdurchschnitt, fragte ich: »Warum? Ist das eine schlechte Gegend?« »Nein«, antwortete sie. »Das nicht. Aber, na ja, Sie wissen schon.« Zehn Jahre später erfuhr ich, was sie damit meinte.

Wie die meisten Amerikaner hatte ich vor 2014 noch nie von Ferguson, Missouri gehört. Als am 9. August der achtzehnjährige Michael Brown von einem Polizisten erschossen wurde und es daraufhin zu Demonstrationen und gewalttätigen Ausschreitungen kam, musste ich erst mal einen Blick auf die Landkarte werfen. Ich fand heraus, dass Ferguson eine Kleinstadt mit 21000 Einwohnern in St. Louis County war, etwa zehn Meilen nördlich vom Zentrum von St. Louis. Vor Ferguson und den umliegenden Gemeinden hatte die Frau an der Rezeption mich damals gewarnt. Die Polizisten in dem Städtchen waren weiß, und Schwarze waren dort nicht willkommen.

Wie die meisten meiner Landsleute verfolgte ich die Ereignisse aus sicherer Entfernung von zu Hause. Die Fernsehbilder und Zeitungsberichte erfüllten mich mit ungläubigem Entsetzen. Als Polizeiexperte wurde ich von den großen Sendern mehrfach zu meiner Einschätzung der Geschehnisse befragt. Es stimmte mich traurig, dass wieder einmal ein unbewaffneter Schwarzer von der Polizei erschossen worden war, und auch die Krawalle, die dieser Vorfall entfesselte, ließen mich nicht unberührt. Ich war fassungslos, als ich erfuhr, dass zwei Drittel der Bewohner Fergusons schwarz waren, der Bürgermeister, der Polizeichef und fast alle Polizisten jedoch weiß. Der Citymanager war weiß, der Richter war weiß, der Staatsanwalt war weiß, die einzige Justizangestellte war weiß und ebenso fünf der sechs Mitglieder des Stadtrats. Die Zustände erinnerten mich an die Segregationspolitik in den Südstaaten vor Beginn der Bürgerrechtsbewegung.

Die Medien berichteten so atemlos über die anhaltenden

Demonstrationen und Krawalle in Ferguson, als wäre so etwas noch nie da gewesen. Dabei handelte es sich nur um das jüngste Ereignis in der fünfzigjährigen Geschichte schwarzen Aufbegehrens. Die feindselige Haltung der Polizei gegenüber Afroamerikanern und die daraus resultierende Gegenreaktion der schwarzen Community gehört zum Erbe des modernen Amerika und ist älter als die meisten lebenden Amerikaner.

Die ersten Proteste ereigneten sich in Cambridge, einer Kleinstadt mit zwölftausend Einwohnern am Ostufer der Chesapeake Bay. Cambridge, eine der ältesten Siedlungen Marylands, wurde 1684 gegründet. Ende des 19. Jahrhunderts erlebte die Stadt einen Aufschwung durch die Konservenindustrie, die unter anderem Austern, Tomaten und Süßkartoffeln in Dosen produzierte. Größter Arbeitgeber war die Phillips Packing Company, die in ihrer Hochzeit zehntausend Leute beschäftigte. Der Stadt ging es zeitweise wirtschaftlich so gut, dass sie vier Baseballmannschaften in der alten Eastern Shore League unterhielt – die Canners, die Cardinals, die Clippers und die Dodgers. Anfang der 1960er änderten sich jedoch die Ernährungsgewohnheiten der Amerikaner, und die Phillips Packing Company musste ihre Tore schließen. Die Arbeitslosigkeit schoss in die Höhe – bei Weißen betrug die Quote 7 Prozent, bei Schwarzen 29. Hatten die afroamerikanischen Stadtbewohner die seit langem bestehende Ungleichbehandlung in den Zeiten des Wirtschaftsbooms noch geschluckt, regte sich nun Widerstand gegen die Kluft zwischen Schwarz und Weiß.

Obwohl der Oberste Gerichtshof die Rassentrennung an öffentlichen Schulen längst für verfassungswidrig erklärt hatte, hielt man in Cambridge unerschütterlich daran fest. Afroamerikanische Schüler mussten die Schule im Stadtviertel Second Ward westlich der Race Street besuchen, die die inoffizielle Trennlinie zwischen der schwarzen und weißen Bevölkerung markierte. Anfang 1962 gründete die afroamerikanische Gemeinde das Cambridge Non-Violent Action Committee und forderte gleiche Chancen auf Wohnraum und Beschäftigung sowie gemischte Schulen. 1963, nachdem wiederholt Vorwürfe wegen Polizeiwillkür erhoben worden waren, eskalierte die Situation. Mehrere von Weißen geführte Läden wurden in Brand gesteckt, und es kam zu einer Schießerei, bei der mehrere Menschen starben. Der Gouverneur von Maryland verhängte schließlich den Notstand über die Stadt und setzte den gewalttätigen Auseinandersetzungen zwischen Schwarzen und Weißen ein Ende. Das war der Anfang der bis heute währenden Geschichte schwarzer Auflehnung. Die Vorfälle in Ferguson waren 2014 nur der jüngste Trommelschlag im fortdauernden Kampf der Afroamerikaner gegen die Diskriminierung: Rochester, New York, 1964; New York City, 1964; Philadelphia, 1964; Jersey City, New Jersey, 1964; Paterson, New Jersey, 1964; Elizabeth, New Jersey, 1964; Newark, New Jersey, 1964; Chicago, 1964; Watts, Los Angeles, 1965; Cleveland, 1966; Chicago, 1966; Newark, 1967; Plainfield, New Jersey, 1967; Detroit, 1967; Harlem, New York City, 1967; Cambridge, Massachusetts, 1967; Rochester, New York, 1967; Pontiac, Michigan, 1967; Toledo, Ohio, 1967; Flint, Michigan, 1967; Grand Rapids, Michigan, 1967; Houston, 1967; Englewood, New Jersey, 1967; Milwaukee, 1967; Minneapolis, 1967; York, Pennsylvania, 1969; Hartford, Connecticut, 1969; Augusta, Georgia, 1970; Asbury Park, New Jersey, 1970; Dallas, 1973; Houston, 1980; Miami, 1980; Crown Heights, New York, 1988; Overton, Miami, 1991; Los Angeles, 1992; St. Petersburg, Florida, 1995; Cincinnati, 2001; Oakland, Kalifornien, 2009; Anaheim, Kalifornien, 2012; Baltimore, 2015; Milwaukee, 2016; Charlotte, 2016.

Die meisten Amerikaner – Schwarze wie Weiße – verurteilen diese Ausschreitungen heute als sinnlose Gewalt. Der Radiomoderator Larry Elder bezeichnete die Demonstranten und Randalierer in Ferguson sogar als »Affen«. Dabei gab es schon in den 1960ern zahlreiche Stimmen, die uns darauf aufmerksam machten, dass wir uns nur selbst schaden, wenn wir einfach über die Auslöser dieser Ereignisse hinwegsehen. Einer dieser Mahner war Nicholas Johnson, Jura-Professor an der University of Iowa, der sich in seiner Zeit als Mitglied der Regulierungsbehörde für Rundfunk und Fernsehen intensiv mit den Aufständen auseinandersetzte.

Als Ende der 1960er zahlreiche Städte der USA in Flammen aufgingen, sagte Johnson: »Aufruhr ist, wenn jemand spricht. Aufruhr ist, wenn jemand ruft: ›Hören Sie mir zu, Mister. Ich will Ihnen die ganze Zeit etwas sagen, aber Sie hören mir einfach nicht zu.‹« Martin Luther King verabscheute Gewalt, aber er stimmte Johnson zu. »Aufruhr ist die Sprache der Ungehörten«, sagte er. Dann sprach er, achtundvierzig Jahre vor Ferguson, folgende prophetische Worte:

»Aufruhr entsteht nicht aus heiterem Himmel. In unserer Gesellschaft herrschen noch immer Zustände, die so entschieden zu verurteilen sind, wie wir die Ausschreitungen verurteilen. Amerika hat nicht gehört, dass die Versprechen von Freiheit und Gerechtigkeit noch nicht eingelöst sind. Und es hat auch nicht gehört, dass weite Teile der weißen Gesellschaft sich mehr um ihre Ruhe und den Status quo sorgen als um Gerechtigkeit, Gleichheit und Menschlichkeit. Und solange Amerika Gerechtigkeit weiter aufschiebt, werden wir *wieder und immer wieder* erleben, dass es zu Ausschreitungen und Gewalt kommt.«

Kings Prognose trifft auf erschreckende Weise zu. Seit Jahrzehnten erleben wir in einer Stadt nach der anderen, wie die Angst schwarzer Menschen in Gewalt umschlägt.

Fast immer sind es negative Erfahrungen mit der Polizei, die in den benachteiligten schwarzen Gemeinden das Fass zum Überlaufen bringen. Diese Erfahrungen reichen von den altbekannten Formen der Diskriminierung bis hin zu schockierenden Gewalttaten. In Florida wurde ein unbewaffneter schwarzer Jugendlicher von der Polizei erschossen. In Houston wurde ein 23-jähriger Latino und Vietnam-Veteran von sechs Officern totgeschlagen und in den nahe gelegenen Fluss geworfen. In Newark waren zwei in zweiter Reihe parkende Polizisten so wütend darüber, dass ein schwarzer Taxifahrer einfach um ihren Streifenwagen herumfuhr, dass sie ihn verprügelten und anschließend mit der Begründung festnahmen, er habe sie tätlich angegriffen.

In Dallas spielte ein Cop mit einem zwölfjährigen Latino in Handschellen russisches Roulette, um ihn zu zwingen, einen Raubüberfall zu gestehen, den er gar nicht begangen hatte; der zweite Schuss war tödlich. Ein schwarzer Häftling wurde mit eindeutigen Spuren von körperlicher Gewalt tot in seiner Zelle aufgefunden; die Polizei erklärte, er sei durch einen Sturz aus dem Bett gestorben. In Miami wurde ein schwarzer Motorradfahrer und Ex-Marine nach minutenlanger Verfolgungsfahrt von der Polizei gestellt; die Cops prügelten so brutal auf den wehrlosen Mann ein, dass er an den Folgen der Verletzungen starb.

Alle diese Vorfälle führten zu Krawallen. Dennoch sind die Polizisten nicht die Alleinschuldigen. Die Polizei ist nur das sichtbare Glied eines Systems, das von der Politik, der Zustimmung der Gemeinden und den Erwartungen der Öffentlichkeit bestimmt wird. Leider suchen wir bei so entsetzlichen Ereignissen nur innerhalb der Polizeibehörden nach Antworten und betrachten das Vorgehen der Cops losgelöst von den politischen und gesellschaftlichen Bedingungen.

Wir zeigen mit dem Finger auf die Polizei, als wären die Missstände in einzelnen Behörden oder die Verfehlungen von rassistischen, kriminellen Officern ein rein internes Problem. Aber das trifft nicht zu. Die Polizei operiert nicht im luftleeren Raum.

Erstens sind Cops Produkte ihrer Umwelt; sie haben dieselben Vorurteile und Antipathien und denken in denselben Schubladen wie wir alle. Natürlich müssen untragbare Polizisten aus dem Dienst entlassen oder im Idealfall schon bei der Bewerbung aussortiert werden. Normalerweise führen alle großen Polizeibehörden ein gründliches Auswahlverfahren mit Einzelinterviews, Lügendetektortests, psychologischer Eignungsprüfung und Leumunds-Check durch. Auf diese Weise soll verhindert werden, dass ungeeignete Bewerber in Vertrauenspositionen gelangen. Leider zeigt uns die jüngste Vergangenheit, dass das nicht immer funktioniert. Dazu kommt, dass die meisten Polizeibehörden im Land klein sind – unter fünfzig Leute – und solche gewissenhaften Auswahlverfahren möglicherweise gar nicht durchführen können.

Zweitens bilden Polizisten, vor allem die in den untersten Rängen, das Fußvolk, das die Anweisungen der Bosse innerhalb und außerhalb der Behörde ausführt. Dabei gibt es klare Vorgaben zu erfüllen, und wie uns die Geschichte lehrt, hat es die hohen Tiere nicht immer interessiert, wie ihre Leute das anstellen. Die Jim-Crow-Gesetze in den Südstaaten und die diskriminierenden Gesetze im Norden und Süden stammten nicht von Polizisten. Ebenso wenig legte die Polizei fest, welche Wohnviertel für Schwarze, Latinos und Amerikaner asiatischer Herkunft inoffiziell tabu waren. Es war jedoch ihre Aufgabe, diese Politik durchzusetzen, und so ging sie brutal gegen jeden vor, der dagegen verstieß.

Als Heroin in den 1960ern und 1970ern die afroamerikanischen Viertel überschwemmte, war es nicht die Polizei, die entschied, dass schwarze Drogenabhängige keine Behandlung bekommen sollen, sondern verhaftet und eingesperrt gehören. Diese Entscheidung trafen die Politiker und das Volk, das sie gewählt hatte. Der Besitz eines Spritzbestecks genügte für eine Festnahme.

Auch der Krieg gegen die Drogen war keine Initiative der Polizei. Präsident Richard Nixon rief die Kampagne 1971 ins Leben, um von seiner Vietnampolitik und den sozialen Missständen im eigenen Land abzulenken. Wir führten seine Politik jedoch aus, und dabei gingen wir extrem voreingenommen vor. Wir nahmen Süchtige hoch, rissen Familien auseinander und zerstörten ganze Wohnviertel. Wir verhafteten Tausende Menschen und stellten massenhaft Waffen und Drogen sicher, um unseren Vorgesetzten und Amerikas Bürgern zu beweisen, dass wir unsere Pflicht erfüllten. Wir nahmen die schwarzen Viertel aufs Korn, obwohl sämtliche Statistiken zeigten, dass Kokain vor allem von weißen Amerikanern gedealt und konsumiert wurde. Und nur selten erhoben sich kritische Stimmen, wenn wir dabei zu fragwürdigen, manchmal brutalen Methoden griffen.

Senatoren und Kongressabgeordnete, Bürgermeister und Stadträte propagieren aus politischem Kalkül seit jeher eine harte Strafverfolgungspolitik, und die Leidtragenden sind fast immer die Armen und People of Color.

Kaum einer spricht von dem Druck durch die Privatwirtschaft, für die Polizeischutz ein vorrangiges Thema ist, ob es sich nun um Schnapsläden, Fußballstadien, Blumengeschäfte oder Einkaufszentren handelt. Händler und Gewerbetreibende müssen verkaufen, um zu überleben, und wenn die Kunden ausbleiben, weil die Gegend als gefährlich gilt, sagt man zu uns Polizisten: *Sorgt dafür, dass es dort sicher ist.*

Niemand verweist auf die Stadtoberen und Städteplaner, die von der Polizei verlangen, mit aller Härte gegen die Kriminalität in den Touristen- und Vergnügungsvierteln vorzugehen. Diese seien der Lebensnerv vieler amerikanischer Städte und eine ihrer wichtigsten Einnahmequellen. Also heißt es: *Sorgt dafür, dass die Leute sich dort sicher fühlen.*

Regierungspolitiker, Stadtverwaltungen, Wirtschaftsvertreter und einflussreiche lokale Interessenverbände richten ihre Anweisungen an die Polizeichefs, die geben sie weiter an die Abteilungsleiter, und von dort gelangen sie über die Captains, Lieutenants und Sergeants bis ganz nach unten zu den Streifenpolizisten, die dann auf den Straßen für mehr Sicherheit sorgen müssen.

Ich habe Dienstbesprechungen erlebt, in denen uns der Sergeant klarmachte, dass bestimmte Viertel »mehr Aufmerksamkeit« benötigen. Manchmal wurden wir auch angewiesen, murrende Einzelhändler friedlich zu stimmen oder »unerwünschte

Personen« aus dem Verkehr zu ziehen, damit es nicht wieder Beschwerden hagelte. Die Arbeit von uns Streifenpolizisten wird daran gemessen, wie viele Verhaftungen wir vornehmen und wie viele Strafzettel wir ausstellen. Und so denken wir, wenn wir im Einsatz sind, immer daran, dass wir vielleicht befördert werden, wenn wir unsere Vorgaben erfüllen.

Unser Handeln wird beeinflusst von unseren persönlichen Vorurteilen, Ressentiments und den Erwartungen der Gesellschaft. Folglich behandeln wir bei der Erfüllung unserer Aufgaben nicht alle Viertel und alle Menschen gleich. Manche Leute halten wir fast sofort für verdächtig, in anderen sehen wir rechtschaffende Bürger. Manche behandeln wir mit Respekt, andere nicht. Eigentum zählt manchmal mehr als ein Mensch, und so kommt es vor, dass jemand wegen eines gestohlenen Wagens in den Rücken geschossen wird.

Polizeimethoden, die in manchen Gegenden als unangemessen und erniedrigend erachtet werden, sind in anderen ganz alltäglich. In einem weißen Mittelschichtsviertel wäre es völlig undenkbar, dass ein paar zwölfjährige Jungs auf dem Heimweg vom Basketballspielen von drei Cops angehalten und mit vorgehaltener Waffe gezwungen werden, sich mit gespreizten Beinen und dem Gesicht nach unten auf den Gehweg zu legen, nur weil irgendjemand einen bewaffneten Mann gemeldet hat. Einer Gruppe schwarzer Jugendlicher in Rapids, Michigan ist genau das passiert. Ein Junge lag auf dem Boden und rief panisch: »Ich will nicht sterben.«

Ferguson, Missouri und der Tod von Michael Brown sind ein Paradebeispiel dafür, wie städtische Politik zu repressiven, rechtswidrigen Polizeimethoden führt. Offenbar denken viele Gemeindevertreter gar nicht über die verheerenden Konsequenzen ihrer Politik nach. Die Stadt Ferguson brauchte dringend Geld für die Sanierung der Innenstadt und andere Bauprojekte. Auf der Suche nach neuen Einnahmequellen verlegte man sich darauf, die städtische Polizei als Geldeintreiber zu missbrauchen. Dies geschah, indem die Officer massenweise Strafzettel verteilten, unberechtigte und überhöhte Bußgelder verhängten und grundlos Leute festnahmen, damit die Stadt Kautionsgelder und Gerichtsgebühren einstreichen konnte. Dabei verstießen sie mit Billigung der Stadtoberen massiv gegen die Grundrechte der Bürger.

Officer Darren Wilson, der seine Karriere bei einer Polizeibehörde begonnen hatte, die wegen unverhältnismäßiger Gewaltanwendung und Korruption aufgelöst wurde, gab den Schuss ab, der Michael Brown das Leben kostete. Die Verhältnisse, die dazu beitrugen, dass es zu diesem tragischen Ereignis kam, wurden jedoch von den Stadtverordneten und ihrer Politik geschaffen.

5. DIE VERSCHWÖRUNG

Millionen von Menschen fahren jedes Jahr auf den Interstates 70 oder 270 an Ferguson vorbei, und die meisten nehmen das Städtchen vermutlich gar nicht wahr. Und wer die Route durch den Ort nimmt, weiß kaum, ob er noch in Ferguson ist oder schon in Berkeley, Kinloch oder Dellwood. Die vier Gemeinden im dicht besiedelten St. Louis County gehen fast nahtlos ineinander über und nehmen sich für Fremde aus wie ein großer Vorort von St. Louis. Die Einheimischen aber kennen die Grenzen genau. Sie wissen, in welcher Stadt sich die Polizei für falsches Parken mit einer Verwarnung oder einem Bußgeld begnügt und wo man dafür im Gefängnis landen kann.

Die Geschichte Fergusons reicht zurück bis ins Jahr 1855. Damals überließ William B. Ferguson einen Teil seines Ackerlands der Wabash-Railroad-Eisenbahngesellschaft, die darauf ein Depot errichtete. Die Siedlung, die bald darauf entstand, trug den Namen Ferguson Station. 1878 wurde die erste Schule gebaut, und sechzehn Jahre später erhielt Ferguson den Stadtstatus. 1960 zählte die Stadt gut 20 000 Einwohner, ungefähr so viele wie heute. Die ethnische Zusammensetzung blieb bis in die 1990er nahezu konstant: 74 Prozent der Einwohner waren weiß, 25 Prozent schwarz. Zehn Jahre später stellten Afroamerikaner, die größtenteils aus dem nahe gelegenen Norden von St. Louis zugezogen waren, mit 52 Prozent die Mehrheit. 2010 waren zwei Drittel der Stadtbevölkerung Afroamerikaner.

Auf den ersten Blick ist Ferguson ein beschauliches Städtchen mit viel Grün. Im urigen Zentrum findet man einen kleinen Baumarkt, ein paar Restaurants wie die Ferguson Brewing Company, die Feuerwache und die Polizei. Die vielen backsteinernen Einfamilienhäuser heben sich wohltuend ab von der Blockbebauung in den meisten Wohnvierteln im benachbarten St. Louis. Es gibt ein paar finstere Ecken wie Park Ridge, eine Wohnsiedlung für Einkommensschwache, in der sich fast fünfzig Prozent aller Morde in Ferguson ereignen, oder die Siedlung mit den Canfield Apartments, wo Michael Brown erschossen wurde und sich bis vor Kurzem zahlreiche Dealer tummelten. Diese Gegenden liegen abseits der Hauptverkehrswege in ruhigen Seitenstraßen, zwischen dem Walmart und den Läden anderer Handelsketten.

In der Stadt herrscht ein krasses Gefälle zwischen Arm und Reich. Es gibt ein paar arme Weiße, aber der Großteil der Mittellosen sind Afroamerikaner. Das mittlere Haushaltseinkommen in Ferguson beträgt 42 000 Dollar, 8000 Dollar weniger als im Bundesstaat Missouri. 40 Prozent aller Haushalte verdienen unter 35 000 Dollar im Jahr. Das reicht im Umland von St. Louis kaum zum Überleben. Die meisten weißen Einwohner sind Hauseigentümer. Die schwarzen Einwohner wohnen nach Schätzungen der städtischen Behörden zu 80 Prozent zur Miete.

Doch Ferguson und die umliegenden Städtchen hatten ein schmutziges Geheimnis: Jahrzehntelang setzten die Stadtoberen Polizei und Justiz dazu ein, die Gemeindekassen auf Kosten der Bürger zu füllen. Die Polizei tyrannisierte die Bevölkerung mit Strafzetteln und Bußgeldern für Verstöße gegen die Bau- und Wohnungsverordnung. Dazu gehörten fehlende Mülltonnendeckel, nicht gestrichene Zäune, ungepflegte Rasenflächen und andere Bagatellen. Dadurch flossen zig Millionen Dollar in die städtischen Kassen. Wer sein Bußgeld nicht bezahlen konnte, wurde so lange eingesperrt, bis Freunde oder Verwandte die Kaution, den säumigen Geldbetrag sowie alle entstandenen Gebühren aufgetrieben hatten. Strafzettel verwandelten sich in Haftbefehle, und die Bürger landeten zuhauf hinter Gittern. Viele der Betroffenen verloren ihre Arbeit, und ganze Karrieren wurden dadurch zerstört, dass die Gemeinden ihre Gefängnisse als Schuldnerknäste missbrauchten. Auf dem Höhepunkt nahmen die 89 Gemeinden im Landkreis zusammen 52 Millionen Dollar an Buß- und Ordnungsgeldern pro Jahr ein.

Aufgrund der rücksichtslosen Geldeintreibungspolitik von Gemeinden wie Ferguson, Jennings, Berkeley, Bellefontaine Neighbors, Pine Lawn und Normandy gingen 2014 34 Prozent aller in Missouri verhängten Bußgelder und Strafgebühren auf das Konto von St. Louis County, obwohl der Landkreis nur 17 Prozent der Einwohner im Bundesstaat stellt. Vor allem die Zahl der ausgestellten Strafzettel pro Einwohner stieg erheblich an. Folglich hatte Missouri 2014 mit 36 Tickets pro hundert Einwohnern nach New Jersey die zweithöchste Strafzettelquote in den USA. In New Jersey wurden jedoch die meisten Tickets wegen Falschparkens ausgestellt.

In fast allen Gemeinden in St. Louis County lag die Strafzettelquote deutlich höher. 37 Gemeinden stellten 75 Tickets pro hundert Einwohner aus. In 24 Gemeinden gab es ein Ticket pro Einwohner, und in 17, darunter in Ferguson, waren es sogar eins Komma fünf pro Mann, Frau und Kind. Natürlich musste irgendjemand diese Massen von Strafzetteln ausstellen, und das waren auf Anweisung ihrer Vorgesetzten die Streifenpolizisten.

Edmundson, eine kleine Gemeinde am Hauptflughafen von St. Louis, liegt an einem Abschnitt der I-70, der als Radarfalle bekannt ist. 2015 forderte der Bürgermeister John Gwaltney die örtlichen Polizisten in einem Brief indirekt dazu auf, mehr Tickets auszustellen, um ihre Gehälter zu sichern. In Bellefontaine Neighbors reichte ein Polizist Klage gegen die Stadt ein, nachdem er und einige Kollegen entlassen beziehungsweise degradiert worden waren, weil sie nicht genügend Strafzettel ausgestellt hatten.

Für Stacy Owens, mit dem ich mich 2017 in Ferguson traf, ist all das nicht neu. Owens wuchs im nahe gelegenen Berkeley auf, aber mit dem Ferguson Police Department und seinen Strafzettelpraktiken ist er bestens vertraut. »Die haben mich schon kontrolliert, als ich noch ein Teenager war«, erzählte er, »und jetzt bin ich fast fünfzig.« Wir saßen zusammen mit seinem Freund Tony Rice in der Ferguson Brewing Company, einem beliebten Restaurant mit angeschlossener Brauerei in einem alten, zweigeschossigen Backsteinkomplex mitten in der Innenstadt. Zur Mittagszeit sind die Tische voll mit städtischen Angestellten und anderen Berufstätigen, und auch Cops kehren gerne dort ein. Owens hingegen kannte den Laden nur flüchtig; er sei höchstens drei Mal dort gewesen, sagte er. Wir drei waren an diesem Mittag die einzigen schwarzen Gäste im Restaurant, obwohl in der Stadt überwiegend Afroamerikaner wohnen. Ich merkte, dass Owens sich dort unwohl fühlte. Wie unwohl, erfuhr ich erst, als ich mich entschuldigte und zur Toilette ging. Ich nahm die Abkürzung vorbei am offenen Ende des u-förmigen Tresens, der den Gastraum in zwei Hälften teilt. Sowohl auf dem Hin- als auch auf dem Rückweg kam ich an der Registrierkasse vorbei. Als ich wieder Platz nahm, sahen mich Owens und sein Freund mit großen Augen an.

»Ich dachte schon, Sie wären verhaftet worden«, sagte Owens.

»Was?«, rief ich verblüfft.

»Ich dachte, die Polizei hätte Sie mitgenommen, weil Sie durch den Kassenbereich marschiert sind.«

»Mensch, das habe ich auch gedacht«, sagte sein Freund. »Ich habe den Atem angehalten. Ist es nicht merkwürdig, dass wir automatisch denselben Gedanken hatten? Wahrscheinlich liegt es daran, dass wir beide hier aufgewachsen sind.«

Owens gehört zu den wenigen Leuten, die noch nie den Arbeitgeber gewechselt haben. Mit neunzehn fing er beim Stromkonzern Ameren U. E. an, und dreißig Jahre später ist er immer noch dort. Er transportiert mit dem Sattelzug Transformatoren, große Kabelrollen und anderes schweres Gerät. Kurz nach seinem Einstieg bei Ameren kaufte er sich einen Oldsmobile Cutlass Baujahr 1978. »Gold, mit weinrotem Vinylverdeck«, erzählte er stolz. »Als junger Mann ohne Familie konnte ich es mir erlauben, mein ganzes Geld für Autos auszugeben. Aber ich wurde mit dem Wagen ständig von der Polizei angehalten. Mindestens zweimal pro Woche. Ein Ticket habe ich nie bekommen. Ich wurde so regelmäßig kontrolliert, dass ich jedes Mal, bevor ich den Motor anließ, die Fahrzeugpapiere griffbereit auf den Beifahrersitz legte. Das sparte eine Menge Zeit. Manchmal kam ich wegen einer Kontrolle zur spät zur Arbeit. Dann rief ich von unterwegs meinen Chef an. Der kannte das Spiel schon. Manchmal fuhr ich sogar extra früher von zu Hause los.

In St. Ann gab's nie Probleme, und auch in Maryland Heights ist mir nie einer blöd gekommen. In Jennings dagegen wurde man ständig angehalten, und die Polizisten dort waren als brutal verschrien, darum bin ich nie weit in den Ort reingefahren. Um Florissant habe ich einen großen Bogen gemacht. Meine Eltern hatten mich vor der Stadt gewarnt. Mein Vater wäre an die Decke gegangen, wenn er rausgefunden hätte, dass ich dort hingefahren bin.«

Nach dem Mittagessen fuhr ich weiter zu Reverend Tommie Pierson. Pierson ist Pastor in der Greater St. Mark's Family Church in St. Louis County. Die Kirche diente 2014 während der Demonstrationen in Ferguson als Versammlungspunkt. Pierson, ein rundlicher, kahlköpfiger Afroamerikaner von siebzig Jahren, bat mich in sein Esszimmer, in dem ein großes Porträt seiner Frau Jo Anne hängt. Eigentlich wollte ich mich mit ihm über die Demonstrationen unterhalten, aber wir kamen schnell auf die skandalöse Geldeintreibungspolitik in den umliegenden Gemeinden zu sprechen. Mit seinem zurückhaltenden, besonnenen Wesen ist Pierson eher ein Mensch der leisen Töne, aber er ist auch ein Mann der Tat und saß bis zu seinem Ausscheiden 2016 drei Amtszeiten lang im Repräsentantenhaus von Missouri. Sein Wohnort Bellefontaine Neighbors gehört zu den Gemeinden, in denen Afroamerikaner systematisch von der Polizei angehalten und zur Kasse gebeten werden, und seit Gründung seiner Kirche 1996 kämpft er gegen diese Machenschaften. Piersons persönliche Erfahrungen mit Polizeikontrollen reichen zurück bis ins Jahr 1962. Er war damals sechzehn und gerade aus seinem Geburtsort Ripley, Tennessee nach St. Louis gezogen. »Ich wohnte bei meiner Schwester. Sie lebte im 4200er Block der Ashland Avenue. Meine andere Schwester wohnte im 4200er Block der Lee Avenue. Ich hatte damals noch kein Auto, also ging ich jeden Tag zu Fuß von Wohnung zu Wohnung. Jeden Tag wurde ich von demselben Officer angehalten, der mich fragte, was ich in dieser Gegend zu suchen hätte und wo ich hinwolle. Jeden Tag. Immer derselbe Polizist. Das Viertel war zu etwa siebzig Prozent weiß. Wahrscheinlich war das der Grund.«

Als Pierson 1965 eine Anstellung bei General Motors bekam, suchte er sich eine eigene Wohnung und kaufte sich ein nagelneues kanariengelbes Pontiac-GTO-Cabrio mit schwarzem Verdeck, ein Auto, von dem die meisten jungen Männer damals träumten. »Ich wurde jeden Tag kontrolliert«, sagte er. »Einmal sagte ein Cop zu mir: ›Wenn wir einen Schwarzen in so einer Kutsche sehen, gehen wir davon aus, dass sie gestohlen ist.‹ Ich musste jedes Mal an den Straßenrand fahren, wenn sie mich sahen. Einmal hatte ich sieben Tickets in der Tasche.« Als er in Bellefontaine Neigbors seine erste Kirche aufmachte, waren Strafzettel für Afroamerikaner bereits Usus. »Einmal rief mich eine Frau während des Gottesdienstes von der Kanzel, weil die Polizei mehreren Leuten zum Parkplatz gefolgt war, um ihnen Tickets aufzubrummen. Ich musste nach draußen gehen und sie fortjagen.« Als Abgeordneter im Repräsentantenhaus erfuhr Pierson, dass jeder der dreiunddreißig Polizisten im Ort monatlich dreißig Tickets ausstellen musste.

Auch in Ferguson war es seit Jahren üblich, die Stadtkasse mit Bußgeldern zu füllen. 2010 kam man jedoch auf die Idee, die praktische Einnahmequelle deutlich besser auszureizen. Hauptakteur dabei war John Shaw. Shaw war 2007 zum Citymanager ernannt worden, die einflussreichste Position in der Stadt.

Bei seinem Amtsantritt erhielt der 31-jährige Shaw ein Jahresgehalt von 85 000 Dollar, bei seinem Ausscheiden acht Jahre später waren es 120 000. Shaw stellte den Finanzdirektor, den Polizeichef und die Staatsanwältin ein und sicherte sich die Unterstützung des städtischen Gerichts. Auf diese Weise schuf er sich ein loyales Team, mit bitteren Folgen für Fergusons schwarze Bevölkerung.

Als Citymanager hatte Shaw in allen städtischen Angelegenheiten das Sagen. Dennoch konnte er sich nicht einfach über die Interessen des Stadtrats hinwegsetzen. Obwohl es Bedenken gegen Shaws Pläne gab, sicherten ihm die Stadtverordneten ihre volle Unterstützung zu. Ausschlaggebende Kraft war Bürgermeister James Knowles, der nach den tödlichen Schüssen auf Michael Brown zum Gesicht der Stadt avancierte, obwohl er über kaum Macht verfügte. Knowles, hauptberuflich Leiter der örtlichen Kfz-Zulassungsstelle und ein glänzender Redner, wurde zwei Jahre nach dem Studium mit fünfundzwanzig in den Stadtrat gewählt. 2011 wurde er mit einunddreißig der jüngste Bürgermeister in der Geschichte Fergusons. Knowles hatte Politikwissenschaft und Justizwesen studiert und war politisch ausgesprochen biegsam. Er war Vorsitzender der jungen Republikaner von Missouri, später gehörte er zum Mitarbeiterstab des Demokraten Ted House, als dieser Senator im Oberhaus von Missouri war. Knowles repräsentierte die Stadt, aber die Macht gehörte Shaw.

Als Shaw 2010 beschloss, die Ticketpraxis massiv zu verschärfen, betrugen die Einnahmen durch Bußgelder und Säumniszahlungen 1,38 Millionen Dollar oder zwölf Prozent vom städtischen Etat. Als 2015 nach dem Tod Michael Browns eine Kommission des Justizministeriums in die Stadt kam, waren es mit 3,07 Millionen Dollar 24 Prozent vom Etat. Der Anteil hatte sich also mehr als verdoppelt.

Um seine Ziele zu verwirklichen, brauchte Shaw einen Richter, der seine Geldeintreibungspolitik bereitwillig unterstützte.

Er fand ihn in Ronald Brockmeyer. Brockmeyer war sieben Jahre vor Shaws Amtsantritt zum Richter am Stadtgericht ernannt worden und ist ein Paradebeispiel für den Klüngel, der im Justizsystem in St. Louis County herrschte. Neben seiner Richtertätigkeit in Ferguson hielt er in den umliegenden Gemeinden diverse Ämter inne: Er war Staatsanwalt in Dellwood, Florissant und Vinita Park, Richter in Breckenridge Hills und arbeitete im benachbarten Landkreis St. Charles County als Strafverteidiger.

In Ferguson heckte Brockmeyer mit der Staatsanwältin, dem Polizeichef und dem Citymanager gezielt neue Methoden aus, den Bürgern noch mehr Geld aus der Tasche zu ziehen. Er prahlte mit der Einführung neuer Gebühren und erhöhte die Geldstrafen für Wiederholungstäter. »Die Bußgelder sind vor allem bei Verstößen gegen die Gebäude- und Wohnungsverordnung deutlich gestiegen und werden bei nachfolgenden Verstößen nochmals angehoben«, schrieb er in einer E-Mail an die Stadtverwaltung. Geldstrafen wurden nach seinem freien Ermessen verdoppelt oder verdreifacht. Erhob jemand Einspruch gegen seinen Bußgeldbescheid, belegte ihn Brockmeyer regelmäßig mit weiteren Sanktionen.

Tatkräftige Unterstützung erhielt Brockmeyer von der Justizangestellten Mary Anne Twitty. Twitty war fast so mächtig wie ihr Boss. Sie führte nicht nur Brockmeyers Anweisungen aus, sondern handelte auch in Eigeninitiative. Unter anderem beschwerte sie sich beim Richter und beim Polizeichef über das zu lasche Vorgehen der Staatsanwältin Stephanie Karr. »Die Einnahmen dürfen auf keinen Fall sinken«, schrieb sie. Karr, die nebenbei die Stadt Ferguson in Rechtsangelegenheiten vertrat, beantragte daraufhin höhere Geldstrafen und versprach außerdem, alle Anträge auf Zahlungsaufschub abzuweisen.

Twitty wurde gefeuert, als nach den Krawallen in Ferguson herauskam, dass sie an mehrere hochrangige Polizisten und Angestellte der Stadt E-Mails mit rassistischem Inhalt geschrieben hatte. Eine E-Mail enthielt ein Foto mit einer tanzenden, barbusigen Afrikanerin. Darunter hatte sie geschrieben: »Michelle Obamas Highschool-Klassentreffen.« In einer anderen E-Mail schrieb sie, man solle schwarzen Frauen, die ihr Kind abtreiben, einen Preis für gelungene Verbrechensbekämpfung verleihen. Ein andermal verglich sie Barack Obama mit einem Schimpansen. Auf Twittys Empfängerliste stand unter anderem Sergeant William Mudd. Mudd war der Vorgesetzte des Michael-Brown-Todesschützen Darren Wilson und sagte vor der Grand Jury zu dessen Gunsten aus. Als herauskam, dass Mudd ebenfalls rassistische E-Mails verschickt hatte, verlor er wie Twitty seinen Job.

Twitty und Brockmeyer hielten die Gelddruckmaschine unermüdlich am Laufen. 2014, das Jahr, in dem Michael Brown erschossen wurde, erließ Brockmeyer 32 907 Haftbefehle, und das in einer Stadt mit gerade mal 21 000 Einwohnern. Die meisten Leute wurden festgenommen, weil sie ihre Strafzettel nicht bezahlt hatten. In keiner anderen der knapp neunzig Gemeinden in St. Louis County wurden so viele Haftbefehle erlassen. Zum Vergleich: In Florissant, das mehr als doppelt so viele Einwohner zählt, waren es im selben Jahr nur 10 059.

Eine Stadträtin, die Brockmeyers amtsmissbräuchliches Verhalten jahrelang mit angesehen hatte, wandte sich schließlich besorgt an Citymanager John Shaw. Sie berichtete ihm, dass Brockmeyer den Stellungnahmen der Beschuldigten kein Gehör schenke und weder Einblick in die Akten noch in die Vorstrafenregister der Betroffenen nehme, bevor er seine Entscheidungen fälle. Er lasse nicht einmal Zeugen zu. Sie halte es daher für ratsam, Brockmeyer seines Amtes zu entheben. Shaw tat die Bedenken der Stadträtin mit den Worten ab, das möge ja alles richtig sein, es gebe im Moment jedoch wichtigere Dinge zu tun. »Ich brauche Ihnen wohl nicht zu erklären, dass wir tüchtige Gerichte brauchen und uns sinkende Einnahmen nicht leisten können«, wies Shaw die Frau zurecht.

Sich selbst gegenüber ließ Brockmeyer mehr Milde walten.

Während er die Bürger Fergusons mit Bußgeldern drangsalierte und sogar ins Gefängnis schickte, wenn sie nicht zahlen konnten, ließ er seine eigenen Strafzettel verschwinden. Dasselbe tat er mit Hilfe von Mary Ann Twitty auch mit den Tickets von Freunden und Bekannten. Und während er die Ärmsten der Armen immer tiefer in die Schulden stürzte, hinterzog er selbst Steuern in Höhe von 170 000 Dollar.

Die Aufgabe, den Leuten immer mehr Geld aus den Taschen zu ziehen, fiel der Polizei zu. An ihrer Spitze stand Thomas Jackson, ein bulliger, weißhaariger Karriere-Cop, den Shaw 2010 zum Polizeichef von Ferguson ernannte. Jackson hatte zuvor einunddreißig Jahre lang bei der Polizei von St. Louis County gedient. 1991 waren er und ein Kollege für ihre Tapferkeit ausgezeichnet worden, weil sie einen lebensmüden Mann entwaffnet hatten. Niemand weiß, ob Jackson von Anfang an im Bilde war, worauf er sich da einließ, jedenfalls wurde ihm schnell klargemacht, worin seine Hauptaufgabe als neuer Polizeichef bestand. Nur wenige Tage nach seinem Amtsantritt teilte ihm Fergusons Finanzdirektor mit: »Wenn wir bis zum Jahresende nicht deutlich mehr Tickets ausstellen, wird es schwierig, die städtischen Einnahmen auch im nächsten Jahr zu steigern. Da wir mit erheblich geringeren Umsatzsteuereinnahmen rechnen, sind mehr Tickets umso wichtiger.«

Jackson verlangte mehr Personal, hielt die von der Stadt angepeilte Summe von 1,5 Millionen Dollar jedoch für kein Problem. Er änderte die Schichtpläne und schickte mehr Officer auf Streife, damit mehr Verkehrsverstöße geahndet werden konnten. 2011 teilte er Citymanager Shaw mit, die Polizei habe im Februar 179 000 Dollar eingenommen, so viel wie seit vier Jahren nicht mehr. Shaw war begeistert und empfahl Jackson kurz darauf, die Verkehrskontrollen auf die I-70 auszudehnen. Der Finanzdirektor entwarf einen Finanzierungsplan und berechnete die voraussichtlichen Mehreinnahmen. Fünf Officer sollten gegen Bezahlung in vierstündigen Extraschichten Verkehrskontrollen durchführen. »Die Aktion lässt sich problemlos an 1, 2, 3, 4, 5, 6 oder sogar an 7 Tagen in der Woche durchführen«, schrieb er. Captain Rick Henke, Jacksons inoffizieller Stellvertreter, war einverstanden und erklärte seinen Leuten: »Glauben Sie nicht, Sie können hier locker bezahlte Überstunden schieben. Sie sollen Strafzettel raushauen!«

Henkes Ansage war deutlich, und die Cops legten sich ins Zeug. Aus 24 000 Tickets für Verkehrsverstöße und 28 000 für andere Ordnungswidrigkeiten im Jahr 2009 wurden 52 000 bzw. 50 000 Tickets im Jahr 2014.

Henke trieb seine Leute pausenlos zu »mehr Produktivität« an. Folglich überwachten die Teamleiter die Leistungen ihrer Officer und rüffelten jeden, der nicht genug Umsatz machte. So wurde ein Sergeant kurz nach Jacksons Dienstantritt von seinem Teamleiter abgewatscht, weil er und seine Kollegen in einem Monat nur fünfundzwanzig Strafzettel ausgestellt hatten. Ein anderer wurde als Versager beschimpft, weil er in drei Tagen nur elf Tickets an sechs Leute verteilt hatte. Einmal schrieb der Teamleiter an seine Lieutenants und Sergeants: »Ich habe gerade die Zahlen für die ausgestellten Tickets bekommen. Vielleicht sollten Sie alle Ihre Officer, die an der offenen Detective-Stelle interessiert sind, noch einmal daran erinnern, dass Eigeninitiative bei der Auswahl des passenden Kandidaten eine wichtige Rolle spielt.«

Um höhere Einnahmen zu erzielen, wurden die Cops dazu gedrängt, pro Kontrolle nicht nur ein Ticket auszustellen, sondern so viele wie möglich. Staatsanwältin Stephanie Karr, die sich später vor Gericht verantworten musste, weil sie Brockmeyer dabei geholfen hatte, einen seiner Strafzettel verschwinden zu lassen, berief ein Meeting ein und erklärte den Officern, was sie zu tun hatten. »Wenn Sie einen Autofahrer wegen Trunkenheit am Steuer anhalten, sollten Sie ihn zusätzlich wegen Überschreitung der Geschwindigkeitsbegrenzung, unerlaubten Fahrspurwechsels, Fahren ohne Versicherung, Fahren ohne Si-

cherheitsgurt und Fahren mit kaputtem Rücklicht belangen.«
Die Officer führten Karrs Anweisungen eifrig aus. Sie schrieben pro Kontrolle bis zu acht und in mindestens einem Fall sogar vierzehn Strafzettel aus. Manche wetteiferten förmlich darum, wer den Autofahrern die meisten Tickets aufbrummte. Um sicherzustellen, dass auch weiterhin genügend Geld in die Stadtkasse floss, schickte Mary Ann Twitty jeden Monat eine Aufstellung mit den Ticketzahlen pro Officer und Einheit an die Teamleiter. Die Liste wurde für alle sichtbar in der Polizeiwache ausgehängt. Officer, die das vorgegebene Soll von achtundzwanzig Tickets pro Monat nicht erfüllten, erhielten eine schlechte Leistungsbeurteilung.

Der Druck auf die Polizisten war so groß, dass sie Männer, Frauen, Junge, Alte und auch Weiße mit Strafzetteln überschwemmten. Am härtesten aber traf es die schwächste Bevölkerungsgruppe, die Afroamerikaner. Nach Angaben des Ferguson Police Departments waren 85 Prozent aller Autofahrer, die von der Polizei angehalten wurden, Afroamerikaner, obwohl sie nur 67 Prozent der Bevölkerung stellten. Außerdem bekamen sie 90 Prozent aller Strafzettel, und 93 Prozent aller Bürger, die bei einer Fahrzeugkontrolle festgenommen wurden, waren schwarz.

Auch die Mehrfachticket-Methode wurde bei Schwarzen besonders häufig angewendet. In den Polizeiakten sind zwischen 2012 und 2014 73 Fälle vermerkt, in denen Afroamerikaner mit mindestens vier Strafzetteln belegt wurden. Bei der Restbevölkerung kam das nur zwei Mal vor.

Aber nicht alle Polizisten waren mit der Strafzettelmasche und dem diskriminierenden Vorgehen von Polizei und Justiz einverstanden, und manche übten sogar offen Kritik. Ihre Bedenken wurden von Vorgesetzten und Kollegen einfach weggewischt. Als ein Officer von einem Commander abgemahnt wurde, weil er zu viele Tickets ausgestellt hatte, sagte er: »Wollen Sie mir etwa verbieten, meinen Job zu machen?« Ein anderer Commander wurde wegen desselben Vorwurfs von Polizeichef Jackson persönlich zurückgepfiffen: »Gute Arbeit wird bei uns nicht bestraft.«

Mit der Zahl der Tickets stieg auch die Zahl der Fälle, die vor Gericht verhandelt wurden – von 8727 im Jahr 2009 auf 10 975 im Jahr 2014. Bis zu fünfhundert Beschuldigte mussten sich zu den wöchentlich abgehaltenen Sitzungen einfinden, und die Warteschlange reichte regelmäßig bis hinaus zum Parkplatz. Da die meisten der Vorgeladenen mehrere Tickets erhalten hatten, wurden pro abendlicher vierstündiger Sitzung zwischen tausendzweihundert und tausendfünfhundert Vergehen verhandelt.

Mit den Verkehrskontrollen und den Strafzetteln kamen die Schikanen. Afroamerikaner wurden bei Kontrollen mehr als doppelt so häufig gefilzt wie Weiße. Sie bekamen nicht nur öfter eine Vorladung, sondern wurden auch häufiger festgenommen, unabhängig davon, warum die Polizei sie angehalten hatte. In neunzig Prozent aller Fälle, in denen die Polizei Gewalt anwendete, richtete sich diese gegen Afroamerikaner. Und alle Personen, die bei einem Hundestaffeleinsatz von einem Polizeihund gebissen wurden, waren, sofern in den Berichten die Hautfarbe des Opfers dokumentiert ist, schwarz. Um den Umsatz weiter anzukurbeln, ahndete die Polizei von Ferguson immer mehr Vergehen. Eines war Widerstand gegen die Polizei. Dabei wurde es bereits als Widerstand gewertet, wenn schwarze Fußgänger und Autofahrer sich erkundigten, warum man sie angehalten hatte. Vierundneunzig Prozent aller Personen, die sich wegen »Widerstands gegen die Polizei« verantworten mussten, waren Afroamerikaner. Einer davon war Fred Watson.

6. DAS LÄSST SICH NICHT WIEDERGUTMACHEN

2012 war Fred Watson ganz oben. Der ehemalige Marinesoldat aus St. Louis arbeitete als selbstständiger Spezialist für Cyber-Sicherheit für die National Geospatial-Intelligence Agency (NGA) und verdiente eine sechsstellige Summe im Jahr. Er besaß ein eigenes Haus, hatte keine Vorstrafen und führte auch sonst ein mustergültiges Leben. Am 1. August 2012 fuhr der junge Schwarze zum Basketballspielen in den Forestwood Park. In seiner Jugend hatte er oft Verwandte in der Stadt besucht, und so kannte er sich bestens in der Gegend aus. Nachdem er eine Weile gespielt hatte, setzte sich Watson zum Abkühlen ins Auto. Er zog sich trockene Sachen an, legte die verschwitzten ordentlich auf den Rücksitz, und sah ein paar Jugendlichen beim Körbewerfen zu.

Officer Eddie Boyd fuhr an diesem Tag im Forestwood Park Streife. Es war der Monatserste, und er musste dringend etwas für sein Strafzettelkonto tun. Und da entdeckte er Watsons Wagen.

Boyd war ein übler Kerl, das war nicht nur innerhalb der Polizei bekannt. In seiner Zeit als Cop in St. Louis war zweimal intern gegen ihn ermittelt worden, weil er Jugendliche misshandelt hatte. 2006 hatte er ein zwölfjähriges Mädchen mit seiner Dienstwaffe geschlagen, ein Jahr später schlug er einen Jungen mit den Handschellen ins Gesicht. Obwohl Boyd versuchte, beide Vorfälle als »Versehen« abzutun, wurde eine zwölfmonatige Untersuchung gegen ihn eingeleitet, und man drohte ihm mit einem Disziplinarverfahren. Aus Furcht, entlassen zu werden oder sogar die Zulassung als Polizist zu verlieren, kündigte Boyd und fing bei der Polizei in Ferguson an. Dort war er genau richtig.

Boyd hielt direkt vor Watsons Wagen und ging zur Fahrertür. Watson ließ die Fensterscheibe herunter, um sich zu erkundigen, was das Problem war. Bevor er etwas sagen konnte, rief Boyd: »Legen Sie die Hände aufs Steuer!«

Watson gehorchte verblüfft.

»Wissen Sie, warum ich Sie angehalten habe?«, sagte Boyd.

Watson fehlten die Worte. Wieso angehalten? Er saß doch seit mindestens zehn Minuten ruhig in seinem Wagen. Boyd verlangte Führerschein, Fahrzeugpapiere und Watsons Sozialversicherungsausweis. Dass er die beiden erstgenannten Dokumente vorzeigen musste, war normal, aber was wollte der Cop mit seinem Sozialversicherungsausweis? Als er sich danach erkundigte, bekam er zu hören, dass er Jugendliche beim Basketballspielen beobachtet habe und möglicherweise ein Kinderschänder sei.

Watson nannte Boyd seinen Namen und die Wohnadresse und erklärte sich bereit, ihm den Führerschein zu zeigen, der auf dem Rücksitz lag. Seinen Sozialversicherungsausweis herauszugeben lehnte er hingegen ab. Boyd wurde wütend.

»Aussteigen«, befahl er.

Um jede abrupte Bewegung zu vermeiden, ließ Watson die Hände auf dem Steuer liegen und fragte den Officer nach seinem Namen und seiner Dienstnummer.

»Unnötig«, antwortete Boyd. »Steht alles auf Ihrem Strafzettel.«

»Welcher Strafzettel?«, fragte Watson. »Ich habe mir nichts zuschulden kommen lassen.«

»Ich glaube, Ihre Scheiben sind zu dunkel, und dafür ist ein Bußgeld fällig«, erwiderte der Cop.

»Natürlich, Sir«, lenkte Watson ein. Es hatte das Gefühl, dass der Cop zunehmend die Kontrolle über sich verlor, und er fühlte sich bedroht. Er griff zum Handy und erklärte Boyd, er würde die Polizei verständigen.

»Weg mit dem Telefon. Legen Sie die Hände aufs Steuer!«, herrschte Boyd ihn an.

Boyd zog die Dienstwaffe und richtete sie auf den jungen Schwarzen. Dann forderte er Verstärkung an. Die Situation wurde immer brenzliger, und Watsons Anspannung wuchs. Er legte gehorsam die Hände aufs Steuer. Boyd befahl ihm, den Zündschlüssel zu ziehen und aus dem Fenster zu werfen. Aus Angst, der Cop würde ihn erschießen, wenn er eine falsche Bewegung machte, weigerte sich Watson und rührte sich nicht.

Ein paar Minuten später trafen drei Polizeifahrzeuge samt Hundestaffel ein. Boyd ging zum Hundeführer und sagte: »Sollen wir den Hund in den Wagen lassen? Vielleicht findet er was.« Der Hundeführer antwortete: »Wie Sie wollen. Sie haben das Kommando.« Einer der Officer ging hinüber zu Watson.

»Was ist los?«, fragte er. »Warum tun Sie nicht einfach, was er sagt? Wenn Sie weiter Widerstand leisten, müssen wir den Hund loslassen und Sie festnehmen.«

Watson nannte dem Officer seinen Namen und erzählte ihm, was passiert war. Er erklärte sich bereit auszusteigen, willigte jedoch nicht in eine Fahrzeugdurchsuchung ein.

»In Ordnung«, sagte der Cop.

Watson fuhr das Fenster hoch und öffnete die Wagentür. Als er aussteigen wollte, schrie Boyd: »Ganz langsam und Hände auf den Rücken!« Boyd legte ihm Handschellen an und stieß mit dem Fuß die Wagentür zu. Dann wurde Wilson zu Boyds Streifenwagen geführt und musste von der Rückbank aus zusehen, wie die Cops ohne seine Zustimmung sein Fahrzeug durchsuchten.

Boyd öffnete die Türen, und seine Kollegen sahen sich im Wageninneren um. Dann machte sich Boyd persönlich ans Werk und durchwühlte Watsons Sachen. Er durchsuchte Handschuhfach und Mittelkonsole, inspizierte Watsons Rucksack und die zusammengelegten Kleidungsstücke auf dem Rücksitz und warf Watsons persönliche Gegenstände achtlos im Wagen umher. Bevor die Polizisten abrückten und der Abschleppwagen kam, filzte Boyd den Wagen ein zweites Mal.

Es wurde nichts Illegales gefunden. Das hatte Watson auch

nicht befürchtet. Da er in seinem Job Zugang zu streng geheimen Verschlusssachen hatte und regelmäßig einer Sicherheitsüberprüfung unterzogen wurde, durfte er sich nicht das Geringste zuschulden kommen lassen. Seine Sorge galt den zweitausend Dollar, die in der Mittelkonsole lagen. Damit wollte er die Privatschule seiner Kinder bezahlen.

Der Officer, mit dem Watson gesprochen hatte, gab ihm sein Handy zurück.

»Verhalten Sie sich ruhig und befolgen Sie die Anweisungen meines Kollegen, dann wird alles gut«, sagte er zu Watson. Gar nichts wurde gut.

Watson wurde festgenommen und zur Polizeiwache in Ferguson gebracht. Dabei hatte er doch bloß ruhig in seinem Wagen gesessen und ein paar Jugendlichen beim Basketball zugesehen. War das Amerikas Dank dafür, dass er seinem Land als Soldat gedient hatte? Auf der Wache wurde er an einen anderen Officer übergeben, der den Papierkram erledigte und seine Fingerabdrücke nahm. Watson fragte ihn nach seinem Namen.

»Officer Hayden«, gab er bereitwillig Auskunft. Daraufhin fragte Watson nach dem Namen des Officers, der ihn festgenommen hatte.

Boyd, der in der Nähe stand, ging dazwischen: »Nicht meinen Namen sagen! Der steht auf den Tickets.«

Watson fragte Hayden, ob die Dienstnummer des Officers auch auf den Tickets zu finden sei.

»Das geht Sie nichts an«, mischte sich Boyd abermals ein.

Watson wurde für die Kartei fotografiert, dann brachte man ihn in eine Zelle. Als Kaution wurden siebenhundert Dollar festgesetzt. Wie es die Strafzettelpolitik in Ferguson vorsah, stellte Boyd sieben Tickets aus:

1. Fehlendes Führerscheindokument, obwohl Watsons Führerschein im Wagen lag.
2. Fehlende Kfz-Versicherungskarte, die ebenfalls im Wagen lag.

3. Sichtbehinderung durch verdunkelnde Materialien an Windschutzscheibe und Fenstern, obwohl der Tönungsgrad von Watsons Scheiben in Florida, dem Zulassungsort des Wagens, den Vorschriften entsprach.

4. Fehlende Zulassung, obwohl die Plakette gut sichtbar am Fahrzeug angebracht war.

5. Fehlender Nachweis für die Sicherheits- und Abgasinspektion, den Watson gar nicht brauchte, da diese Inspektion in Florida nicht vorgeschrieben war.

6. Missachtung der Gurtpflicht, obwohl Watson im parkenden Auto gesessen hatte.

7. Fahren trotz Führerscheinentzugs, obwohl Watson zum Zeitpunkt der Kontrolle gar nicht gefahren war und außerdem einen gültigen Führerschein hatte.

In meiner Zeit als Streifenpolizist wurden wir stets davor gewarnt, Verstöße zu ahnden, die vor Gericht keinen Bestand haben. Diese »Stacking« genannte Methode wird meistens dann angewendet, wenn der Polizei die Argumente fehlen und es nur darum geht, Unschuldige zu schikanieren.

Watson suchte auf den Tickets nach dem Namen und der Dienstnummer des zuständigen Officers. Boyds Name war überall unleserlich. Auf fünf der sieben Tickets war die Dienstnummer nicht eingetragen, auf den anderen beiden war sie nachträglich durchgestrichen worden. Watson wusste also immer noch nicht, wer ihn festgenommen hatte.

Das erfuhr er erst, als er seinen Wagen bei der Fahrzeugverwahrstelle abholte. Auf den Formularen, die er unterschreiben musste, war Eddie Boyd als verantwortlicher Officer vermerkt. Als Watson seinen Wagen in Empfang nahm, lagen seine persönlichen Sachen und sämtliche Papiere auf Vordersitz und Fußboden. Die zweitausend Dollar Schulgeld waren verschwunden.

Laut Aussage des Mitarbeiters vom Abschleppdienst hatte nur Boyd Watsons Wagen durchsucht. Watson machte Fotos vom Wageninneren und fuhr dann zum Polizeirevier von Fer-

guson, um sich zu beschweren. Er verlangte nach dem Polizeichef. Der sei nicht zu sprechen, erklärte ihm der diensthabende
Officer. Der aufgebrachte Watson reichte schriftlich Beschwerde gegen Boyd ein. Zur Strafe beschuldigte ihn Boyd zwei weiterer Vergehen:

8. Falsche Angaben zur Identität, da Watson seinen Vornamen mit Fred angegeben hatte, auf seinem Führerschein,
   den Boyd beim Durchsuchen des Fahrzeugs gefunden
   hatte, jedoch Freddie als Vornamen eingetragen war, und
9. Widerstand gegen die Polizei, ein Tatbestand, der bereits
   als erfüllt galt, wenn der Beschuldigte Fragen stellte oder
   Einspruch gegen das Vorgehen der Polizei erhob.

Tausende Leute aus Ferguson und Umgebung hatten dasselbe
durchgemacht wie Watson. Sie wurden beschimpft, wegen erfundener Vergehen mit Strafzetteln belegt, ohne Rechtsgrund-
lage eingesperrt und zu hohen Kautionszahlungen verdon-
nert. Wer die Kaution nicht zahlen konnte, und das waren die
meisten, musste hinter Gittern schmoren, bis Angehörige oder
Freunde die nötige Summe aufgetrieben hatten. Viele verloren
in der Haftzeit ihre Arbeit. Manche wurden sogar obdachlos.
Watson besaß genug Geld und konnte sein Leben vorerst ganz
normal weiterführen. Aber das Schlimmste stand ihm noch bevor. Fergusons Justizmaschinerie arbeitete unerbittlich daran,
ihn fertigzumachen.

Als Geheimnisträger war Watson verpflichtet, seinen Arbeitgeber über jeden Konflikt mit Polizei und Justiz zu informieren.
Also berichtete er seinen Vorgesetzten bei der NGA am nächsten Tag, was passiert war, und beteuerte, dass sich die Vorwürfe
gegen ihn mit Sicherheit als nichtig erweisen würden. In meiner
Zeit als Sicherheitsbeauftragter beim ATF wurden alle Mitarbeiter und externen Dienstleister, die Zugang zu Verschlusssachen
hatten, regelmäßig den entsprechenden Sicherheitsüberprü-
fungen unterzogen. Bei sieben der Watson angelasteten Vergehen handelte es sich um normale Verkehrsverstöße. Die an-

deren beiden – falsche Angaben zur Identität und Widerstand gegen die Polizei – weckten jedoch Zweifel an seinem Charakter und seiner Integrität, und das ist für jemanden, der Zugang zu streng geheimen Informationen hat, ein ernsthaftes Problem, das ihn die Karriere kosten kann. Wäre ein ATF-Mitarbeiter in Watsons Lage gewesen, hätten ich und meine Abteilung darüber entscheiden müssen, ob er seinen Status behält oder ob er als Sicherheitsrisiko eingestuft wird und infolgedessen seinen Job verliert. Für Watson stand also eine Menge auf dem Spiel. Er war dringend darauf angewiesen, dass man ihn von allen Vorwürfen freisprach.

Watson war jedoch zuversichtlich, dass sich alles zum Guten wenden würde. Er suchte Staatsanwältin Stephanie Karr auf und bat sie, die Vorwürfe gegen ihn fallenzulassen, doch Karr lehnte ab. Daraufhin nahm er sich den Ex-Bürgermeister von St. Louis Freeman Bosley als Anwalt. Bosley legte der Staatsanwältin Watsons gültigen Führerschein, die gültige Kfz-Versicherung und die in Florida ausgestellte Zulassung vor. Karr weigerte sich weiterhin, die Anklage fallenzulassen, und war auch nicht zu einer außergerichtlichen Einigung bereit. Watson konnte weiter seiner Arbeit nachgehen, verlor jedoch aufgrund des anhängigen Verfahrens auf Weiteres den Zugang zu allen geheimen Unterlagen.

Ein paar Monate später teilte die Staatsanwaltschaft Watsons Anwalt mit, man habe die hinterlegte Kaution dafür verwendet, die Bußgelder für die ersten sieben Anklagepunkte zu bezahlen, obwohl Watson sich nicht schuldig bekannt hatte und das Verfahren noch am Laufen war.

Außerdem warf die Staatsanwaltschaft Watson vor, er habe es versäumt, wegen der beiden letzten, für ihn so wichtigen Anschuldigungen vor Gericht zu erscheinen. Am 26. Februar 2014 schickte Karr Watsons Anwalt eine Liste mit den noch ausstehenden Bußgeldzahlungen: 152 Dollar wegen Nichterscheinens vor Gericht, 542 Dollar wegen Widerstands gegen die Polizei und 327 Dollar wegen falscher Angaben zur Identität. Watson verweigerte die Zahlung, und im April 2014, kurz vor Ablauf der Frist, die man ihm zur Klärung seiner Rechtsangelegenheiten eingeräumt hatte, engagierte er mit Bevis Schock einen zweiten Anwalt. Schock erhielt von Karr dieselbe Forderungsliste.

Schock war über das Verhalten von Staatsanwaltschaft und Gericht genauso empört wie sein Kollege. Obwohl die Lebensgrundlage seines Mandanten auf dem Spiel gestanden habe, sagte er, hätten Karr und die Stadt Ferguson ihn monatelang mit falschen Informationen versorgt und seien zu keinerlei Zugeständnissen bereit gewesen.

»Die Stadt hielt uns endlos hin, was eindeutig als Weigerung zu sehen ist, über die beiden zusätzlichen Anklagepunkte zu befinden oder sie sogar fallen zu lassen«, sagte er. »Ich hatte zum Beispiel beantragt, die gesamte Rechtssache an das Bezirksgericht von St. Louis County zu verweisen. Das Gericht von Ferguson übergab jedoch nur die Strafsache wegen Nichterscheinens vor Gericht. Ich habe mich mehrfach um eine Lösung bemüht, aber alle Briefe, Telefonate und Besuche bei Ms Karr waren zwecklos.«

Zweimal sollte Watsons Fall vor dem St. Louis County Court verhandelt werden, doch Karr holte die Verhandlungen jedes Mal zurück in ihren Zuständigkeitsbereich. Das war Usus in Ferguson. Man verhandelte sogar über Gerichtssachen, für die man gar nicht zuständig war, um die Verfahrenskosten einzustreichen.

Und so verlor Watson im August 2014, zwei Jahre nach seiner Begegnung mit der Polizei von Ferguson, seinen Job bei der NGA. Ohne Klärung der Anschuldigungen bekam er seine VS-Ermächtigung nicht zurück, und ohne VS-Ermächtigung konnte er seine Arbeit nicht mehr ausüben. Watson spürte den Schmerz, die Verzweiflung und die Wut wie so viele seiner Leidensgenossen. Auf einmal stand er ohne Einkommen da. Seine Kinder besuchten eine Privatschule. Damit war jetzt Schluss.

Noch hatte er Rücklagen, um die Raten für sein Haus zu bezahlen. Aber wie sollte er für seine Familie sorgen, wenn die Ersparnisse aufgebraucht waren?

* * *

Am Samstag, den 9. August, also im selben Monat, in dem Watson seinen Job verlor, betraten der achtzehnjährige Michael Brown und sein Freund Dorian Johnson den Ferguson Market. Der eins fünfundneunzig große und hundertdreißig Kilo schwere Brown war guter Dinge an diesem Tag. Er hatte gerade seinen Highschoolabschluss gemacht und sollte am Montag eine Ausbildung zum Heizungs- und Klimatechniker beginnen. Doch aus irgendeinem Grund schubste Brown einen Verkäufer beiseite, langte über den Tresen und schnappte sich mehrere Packungen Swisher-Zigarillos, eine Marke, die besonders bei Jugendlichen beliebt ist, um Blunts, mit Marihuana gefüllte Zigarren, zu bauen. Und Brown kiffte viel. Anschließend gingen die beiden auf dem Canfield Drive in Richtung Sozialbausiedlung. Dort trafen sie auf Officer Darren Wilson.

Wilson war zu einem Einsatz ganz in der Nähe unterwegs, als über Polizeifunk der Diebstahl von Zigarillos in einem Laden um die Ecke gemeldet wurde. Tatverdächtig seien zwei junge schwarze Männer. Er wendete und fuhr zum Canfield Drive, wo er Brown und Johnson entdeckte, die mitten auf der Straße gingen. Ich bin selbst zweimal auf dem Canfield Drive gewesen, um mir ein Bild davon zu machen, wie sich die folgenden Ereignisse abgespielt haben könnten. Der Canfield Drive ist eine zweispurige, wenig befahrene Seitenstraße, die nur von den Bewohnern der umliegenden Mietshäuser genutzt wird.

Wilson ließ das Fenster herunter und forderte die beiden Jugendlichen auf, von der Straße zu gehen. Wer schon einmal dort gewesen ist, weiß, dass zwei Fußgänger auf der Straße keine Beeinträchtigung für Autofahrer darstellen. Ich jedenfalls habe in ähnlichen Situationen nie jemanden aufgefordert, auf den Gehweg zu treten. Schwarze Männer auf der Straße anzuhalten war bei der Polizei von Ferguson jedoch üblich und eine willkommene Einkommensquelle für die Stadt. »Unerlaubtes Gehen auf der Fahrbahn« heißt der Verkehrsverstoß, und die Bürger, die zwischen 2011 und 2013 deswegen mit einer Geldstrafe belegt wurden, waren zu fünfundneunzig Prozent Afroamerikaner. Johnson erklärte dem Officer, sie seien gleich zu Hause, doch Brown war in Streitlaune, was möglicherweise damit zu tun hatte, dass er unter Drogeneinfluss stand: Die THC-Menge, die bei der Obduktion in seinem Blut festgestellt wurde, lag mehr als hundert Prozent über dem für Autofahrer zulässigen Grenzwert im Bundesstaat Washington, wo das Rauchen von Marihuana legal ist. »Scheiß auf die Bullen«, sagte er.

Wilson fuhr zunächst weiter, setzte dann aber zurück. Entweder ärgerte er sich über Browns Bemerkung, oder er fand, dass sie äußerlich zur Beschreibung der beiden Ladendiebe passten. Es kam zum Streit, und Brown wurde von Wilson erschossen. Unter normalen Umständen wäre die Sache damit erledigt gewesen. Es hätte die obligatorischen Ermittlungen gegeben, und die Grand Jury hätte es aller Voraussicht nach wie so oft abgelehnt, ein Verfahren gegen Wilson einzuleiten – so wie es später auch geschah. Und selbst wenn es zu einem Prozess gekommen wäre, die Geschworenen hätten Wilson höchstwahrscheinlich freigesprochen, und Brown wäre zu einem weiteren Namen auf der langen Liste unbewaffneter schwarzer Männer geworden, die von der Polizei erschossen wurden, ohne dass ihr Tod für großes Aufsehen sorgte. Doch aus Arroganz, Gedankenlosigkeit oder schlichter Dummheit taten die Polizei und die städtischen Politiker etwas, das die Wut der seit Jahren schikanierten afroamerikanischen Bevölkerung von Ferguson zum Überkochen brachte: Sie ließen Michael Browns Leiche vier Stunden lang auf offener Straße liegen.

Während der Erschossene in einer Blutlache auf dem Asphalt lag, versammelten sich immer mehr Polizisten am Tatort. Der erste Officer traf dreiundsiebzig Sekunden nach den tödlichen Schüssen ein. Um 12.07 wurde über Funk weitere Verstärkung angefordert. Um 12.15 kamen die ersten Einsatzkräfte von der St. Louis County Police, gegen 13.00 schickte die Polizei von Ferguson zwölf Einheiten zum Tatort. Gegen 13.30 folgten die Detectives von der County Police sowie zwölf weitere Einheiten, darunter zwei Hundestaffeln.

Browns Leiche lag inzwischen seit zwei Stunden auf der Straße. Eine Anwohnerschar hatte sich um den Toten versammelt. Kinder versteckten sich ängstlich hinter ihren Müttern, und die Leute schüttelten entsetzt die Köpfe. Kaum einer war bisher auf so brutale Weise mit dem Tod konfrontiert worden. Die Leute riefen Nachbarn an, die Nachbarn sagten Freunden Bescheid, und die verständigten alle, die sie erreichen konnten. Die Menschenmenge wurde von Minute zu Minute größer, und alle fragten sich fassungslos, wann man den erschossenen Jungen endlich wegbringen würde. Warum hatte man ihn nicht einmal mit einem Tuch abgedeckt? Um 14.14 schickte die Polizei weitere zwanzig Einheiten aus acht verschiedenen Gemeinden zum Tatort. Um 14.45 trafen vier weitere Hundestaffeln ein, und um 15.20 rückte das SWAT-Team an. Michael Browns Leiche lag noch immer auf der Straße.

Um 15.30 kam endlich der Rechtsmediziner und nahm eine erste Untersuchung vor. Um 16.00 wurde Browns Leiche schließlich abtransportiert. Zu spät, um die Bürger zu beruhigen, die von der Stadt Ferguson jahrelang unaufhörlich provoziert, beleidigt, schikaniert und eingesperrt worden waren.

»Es war wie in den Zeiten der Sklaverei«, erinnerte sich Reverend Pierson. »Die Sklaven wurden zusammengetrieben und mussten zusehen, wie einer von ihnen vom Master ausgepeitscht wurde. Genauso habe ich es empfunden. Es war, als hätten sie die Leiche als Warnung dort liegengelassen, um uns zu zeigen, wer das Sagen hat.«

Noch am selben Abend eskalierte die Situation, und es kam zu tagelangen heftigen Protesten und Ausschreitungen. Aus Tagen wurden Wochen, aus Wochen Monate, und schließlich war ein ganzes Jahr um.

* * *

Fred Watson verfolgte die Ereignisse in Ferguson vom nahen St. Louis aus, aber er steckte zu sehr in Schwierigkeiten, um sich an den Demonstrationen zu beteiligen. Die Stadt und ein rachsüchtiger Cop hatten ihm alles genommen, was er sich mit Fleiß und harter Arbeit aufgebaut hatte, und er fühlte sich, als hätte Ferguson auch ihn getötet.

Watsons Fall wurde 2015 in einem Gutachten des US-Justizministeriums als Beispiel für die kriminellen Machenschaften angeführt, mit denen die Stadt Ferguson jahrelang systematisch schwarze Bürger drangsaliert und als Einkommensquelle missbraucht hatte. Nachdem der Skandal ans Licht gekommen war, glaubte Watson fest daran, dass die Stadt die Anklage gegen ihn nun endlich fallen lassen würde. Aber die Stadt dachte gar nicht daran, und Watson, der inzwischen seit über einem Jahr arbeitslos war, musste auf die Ersparnisse zurückgreifen, die er für ein geplantes Jurastudium zurückgelegt hatte, um sich und seine Familie über Wasser zu halten. Als alles Geld aufgebraucht war, verlor er sein Haus. Er musste seinen Besitz einlagern, schlief in Kellern oder im Auto und wurde depressiv.

Nachdem er zahlreiche Anwälte vergeblich um Hilfe ersucht hatte, wandte sich Watson verzweifelt an die ArchCity Defenders, eine in St. Louis ansässige Pro-bono-Kanzlei, die Obdachlose, Kinder, ehemalige Soldaten und Bedürftige in allen möglichen Rechtsangelegenheiten vertritt.

Niemand weiß so gut Bescheid über die unhaltbaren Zustände in St. Louis County wie die ArchCity Defenders. Die Kanzlei, die eng mit der gemeinnützigen Bürgerrechtsorganisation Civil

Rights Corps und der juristischen Fakultät der St. Louis University zusammenarbeitet, hat in einem Schadensersatzverfahren gegen die Stadt Jennings fast fünf Millionen Dollar für die Opfer von Polizei- und Justizschikanen erstritten. Außerdem hat ArchCity gegen die Stadt Ferguson und siebzehn weitere Gemeinden prozessiert, weil dort Bürger eingesperrt wurden, die ihre Bußgelder und Gerichtskosten nicht zahlen konnten.

Einer der Kanzleigründer ist Thomas Harvey. Harvey, ein blonder, jungenhafter Mitdreißiger, stammt aus Edwardsville, Illinois, einer Kleinstadt zwanzig Meilen östlich von Ferguson auf der anderen Seite des Mississippi.

Harvey und seine Kollegen wurden auf das menschenverachtende Vorgehen der lokalen Polizei- und Justizbehörden aufmerksam, als sie bei einem Praktikum, das sie während des Jurastudiums absolvierten, mit Obdachlosen zu tun hatten. Sie stellten entsetzt fest, dass viele Obdachlose auf der Straße schlafen mussten, weil die Wohnheime nur Leute aufnahmen, gegen die kein Haftbefehl vorlag. Die Abgewiesenen hatten zwar die Möglichkeit, freiwillig ins Gefängnis zu gehen, doch da sie weder die säumigen Bußgelder noch die Kaution bezahlen konnten, war nicht abzusehen, wann sie wieder entlassen wurden. Und so beschlossen Harvey und seine Freunde nach dem Studium, sich ganz dem Kampf gegen das ungerechte Justizsystem zu widmen.

Harvey kennt unendlich viele Geschichten darüber, wie Leute in den Gemeinden rund um St. Louis von der Aussicht eingeschüchtert wurden, im Gefängnis zu landen. Alle sind arm, und fast alle sind schwarz. Er hat erlebt, dass Firmen ihre Angestellten aus der Haft freikaufen. Von der Maternal Child Health Family Coalition, einem gemeinnützigen Verein für mittellose Schwangere, erfuhr Harvey, dass viele Frauen aus Furcht, in die Fänge von Polizei und Justiz zu geraten, die betreffenden Gemeinden kategorisch mieden. Frauen, die bereits Tickets bekommen hatten und nicht zahlen konnten, litten so unter Stress, dass es nicht selten zu Komplikationen in der Schwangerschaft kam. Am Ende erhielten die verängstigten Frauen vom Verein Geld, damit sie mit dem Taxi nach Ferguson fahren konnten. Harvey hatte schon viele Leute vor Gericht vertreten, die Job und Wohnung verloren hatten, weil sie im Gefängnis gelandet waren, und so erklärte er sich bereit, Watsons Fall zu übernehmen.

Im September 2017 kehrte Watson zurück nach Ferguson, wo Boyd weiterhin im Polizeidienst tätig war. Diesmal ließ das Gericht sämtliche Anschuldigungen gegen ihn fallen. Eine Erklärung oder eine Entschuldigung gab es nicht. Damit war das Schlimmste überstanden. Doch der jahrelange Albtraum hat tiefe Spuren in seinem Leben hinterlassen.

»Ich werde nie mehr der Alte sein«, sagte er nach seiner Entlastung. »Diese fünf Jahre kann mir niemand zurückgeben.« Und auch das Leben seiner Kinder wurde durch die Ereignisse nachhaltig beeinträchtigt.

»Was man uns angetan hat, lässt sich nicht wiedergutmachen.«

Crystal King-Smith

Commander Second District, Chicago Police Department

Als ich noch im 7. District war, kamen einmal ein paar Frauen aus der Nachbarschaft auf mich zu und sagten: »Warum werden wir von Ihren Officern wie Dreck behandelt?« Ich war damals Sergeant und wusste überhaupt nicht, wovon sie redeten. Sie erzählten, dass die Polizisten, die im Viertel Streife fuhren, sie regelmäßig als Bitch bezeichneten. »He, Bitch, ich muss mit dir reden«, sagten sie, oder »Bitch, komm her zum Wagen«. Nicht nur die weißen, auch die schwarzen Officer verhielten sich so. Bei der Dienstbesprechung am nächsten Tag ging ich zur Tafel und schrieb alle Schimpfwörter für Schwarze, Latinos, Asiaten, Weiße und Frauen auf, die mir auf die Schnelle einfielen: Nigger, Porch Monkey, Spick, Wetback, Chink, Honky, Cracker, Bitch, Ho.

Dann sagte ich: »Damit das klar ist. Alle diese Ausdrücke sind herabsetzend und strikt tabu, wenn Sie mit den Leuten reden. Was Sie im Stillen denken, ist Ihre Sache, aber behalten Sie Ihre Gedanken für sich.« Ich weiß nicht, ob es danach noch schriftliche Beschwerden gab, jedenfalls hat sich nie wieder eine Frau bei mir beklagt, dass ein Polizist sie Bitch genannt hat.

Die Öffentlichkeit glaubt, alle Polizisten wären gleich. Aber wir sind genauso verschieden wie alle Menschen, wir haben nur denselben Eid abgelegt. Wir haben unterschiedliche Hoffnungen und Ziele, tragen unsere eigenen Geschichten mit uns herum, gehören unterschiedlichen Ethnien an. Und wir sind aus den unterschiedlichsten Gründen Polizisten geworden. Manche gehen zur Polizei, um Schwarze zu verprügeln. Das ist kein Witz. Andere sehnen sich nach Macht und Autorität und genießen es, Leute zu schikanieren. Leider kommen solche Kandidaten viel zu oft durch den psychologischen Einstellungstest. Manche gehen zur

Polizei, um Verbrechen aufzuklären, andere wollen für das Gute kämpfen. Und wieder andere brauchen einfach dringend einen Job.

Es gibt unter meinen Officern einige Rassisten. Sie müssen die Ku-Klux-Klan-Kutte im Auto lassen, wenn sie zum Dienst kommen.

Als ich bei der Polizei anfing, wollten viele Officer nicht mit mir zusammenarbeiten, weil ich eine Frau bin. Zu Anfang habe ich mich sehr darüber aufgeregt. Ich dachte: »Wir haben 1991, und du musst dich mit so einem Mist herumschlagen?« Und es tat auch weh, dass die betreffenden Kollegen mich ablehnten, obwohl sie mich überhaupt nicht kannten. Aber nach einer Weile sagte ich mir: »Was soll's. Dann arbeitest du eben mit denen, die nichts gegen Frauen haben. Das ist sicherer für dich.« Frauenfeindliche Polizisten gibt es auch heute noch. Auf der anderen Seite gibt es immer mehr Officer, die sogar lieber mit einem weiblichen Partner arbeiten. Die Stimmung im Streifenwagen ist entspannter, sagen sie. Und man kann flexibler reagieren, wenn man bei einem Einsatz mit Männern und Frauen zu tun hat.

Einen Schweigekodex gibt es letztendlich in jedem Beruf. Jeder Arzt und jeder Anwalt schreckt davor zurück, einen Kollegen anzuschwärzen. Das heißt nicht, dass ich das richtig finde, aber genauso verhält es sich auch bei uns. Meistens regeln die Officer solche Angelegenheiten unter sich. Wenn man bemerkt, dass jemand Mist baut, geht man dazwischen, und damit ist die Sache erledigt. Ich habe selbst so einen Fall erlebt. Eine Schar Officer hatte einen Mann in einem gestohlenen Wagen verfolgt. Der Mann krachte in eine Böschung, und die Officer zerrten ihn aus dem Wagen und verprügelten ihn. Als mein Partner und ich an der Unfallstelle eintrafen, rannten wir zu unseren Kollegen. Fünf Officer ließen sofort von dem Mann ab, aber die übrigen droschen einfach weiter auf ihn ein. Wir riefen: »Stopp! Wir legen ihm Handschellen an und nehmen ihn mit.«

Manche Cops sind einfach dumm. Die glauben tatsächlich,

es wäre ihre Aufgabe, Leute zu verprügeln. Ich habe eingegriffen, aber gemeldet habe ich den Vorfall nicht. Ich war eine Frau und schwarz, das war schwer genug. Ich wollte nicht auch noch als Verräterin dastehen. Niemand will mit Verrätern arbeiten. Wenn du Pech hast, lassen die Kollegen dich sogar hängen, wenn du Hilfe brauchst. In meiner Anfangszeit war ich oft mit Kollegen unterwegs, die bekannt für krumme Touren waren, und ich sprach diesen Punkt immer sofort an. Das hat nichts mit Verrat zu tun. Über einen Officer erzählte man sich, er würde bei Verkehrskontrollen abkassieren. Ich wusste nicht, ob an dem Gerücht was dran war, also ging ich auf Nummer sicher und warnte ihn: »Wenn du dich bezahlen lässt, melde ich dich.«

Ich kam erst relativ spät zur Polizei, mit vierunddreißig, und ich hatte schon eine Menge Lebenserfahrung. Das unterscheidet mich von anderen Anfängern, die meistens Anfang zwanzig sind. Natürlich bekam ich denselben Spruch zu hören wie alle, die frisch von der Polizeischule kommen: »Vergiss, was du gelernt hast, auf der Straße herrschen andere Regeln.« Mit Anfang zwanzig bist du noch ein halbes Kind und hast keine Ahnung. Ob ein anständiger Cop aus dir wird, hängt ganz davon ab, in welchem Team du landest. Entweder deine Vorgesetzten bringen dir bei, wie man sich ethisch korrekt verhält, oder du lernst, wie man abkassiert. Es dauert Jahre, solche Strukturen aufzubrechen. Die Cop-Culture steckt tief in den Leuten drin, und die Älteren geben sie an die Jungen weiter.

Wir tun hier in Chicago viel, um den Erwartungen zu entsprechen, die die Gesellschaft heutzutage an die Polizei stellt. Früher sollten wir Krieger sein. Heute heißt es: Wir wollen keine Krieger, ihr sollt die Menschen unterstützen. Ein Krieger will Verbrecher festnehmen und für Recht und Ordnung sorgen. Im Zweifelsfall greift er lieber zu hart durch und überlässt es der Justiz, die Sache zu klären. In den 90ern sind wir gut damit gefahren. Das Cook-County-Gefängnis war hoffnungslos überfüllt. Natürlich nehmen wir immer noch Straftäter fest, aber die Prioritäten haben sich verschoben. Heute sollen wir mehr in die Viertel gehen und mit den Leuten reden.

Unser Polizeichef setzt ganz gezielt Leute ein, um die Behörde zu erneuern. In der North Side hat sich schon viel verändert, aber in den anderen Bezirken herrschen noch die alten Seilschaften. Ich hoffe, sein Nachfolger wird diesen Kurs fortsetzen. Auch bei mir gibt es Lieutenants und Sergeants, die noch zum alten System, dem alten Männerverein gehören. Leider kann ich mir meine Leute nicht aussuchen, weil mir die Gewerkschaft im Nacken sitzt. Es wird lange dauern, bis sich die neue Polizeikultur durchgesetzt hat.

Nach dem Tod von Laquan McDonald haben wir neue Richtlinien zur Gewaltanwendung ausgegeben. [Der siebzehnjährige Afroamerikaner Laquan McDonald wurde 2014 in Chicago von dem weißen Polizisten Jason Van Dyke erschossen. Van Dyke gab sechzehn Schüsse auf den schwarzen Jugendlichen ab, der mit einem Messer in der Hand vor ihm weglaufen wollte. Er feuerte selbst dann noch auf ihn, als McDonald wehrlos auf der Straße lag. Die mindestens neun Officer, die vor Van Dyke am Einsatzort waren, hatten keine Notwendigkeit darin gesehen, Gewalt anzuwenden.]

Wir haben die Richtlinien aufgeschrieben und verteilen sie an die Officer. Da steht zum Beispiel drin, dass man kein Feigling ist, wenn man in Deckung geht. Oder dass man nicht unbedingt schießen muss, wenn jemand ein Messer hat. Sicher, von Gesetz wegen dürften wir das, aber darum ist es noch lange nicht richtig. Das Leben eines Menschen zählt heute mehr als früher. Außerdem investieren wir mehr in Schulungsmaßnahmen. Wir haben zum Beispiel ein neues Trainingsprogramm zum Thema Schusswaffengebrauch, in dem wir alle möglichen Szenarien durchspielen. Hinterher besprechen wir, was wir richtig gemacht haben und wo wir uns falsch verhalten haben.

Das Programm läuft jetzt seit anderthalb Jahren, und ich bin begeistert. Ich lerne viel dazu und erfahre, wie ich in bestimmten

Situationen reagieren würde. In den Nachbesprechungen wird uns vor Augen geführt, dass viele der alten Methoden einfach nicht funktionieren. Den meisten Officern gefällt das Programm, wenn sie sich erst mal daran gewöhnt haben. Cops mögen nun mal keine Veränderungen. Ich weiß noch, wie sich alle aufgeregt haben, als die Festnahmeprotokolle standardisiert wurden. Und heute sagen sie: »Ich verstehe gar nicht, warum wir das nicht schon immer so gemacht haben.« Nichts bleibt so, wie es mal war, damit muss man sich abfinden. Die, die über den eigenen Tellerrand hinausblicken, verstehen das und ziehen mit. Die älteren tun sich damit schwerer. Manche reagieren richtig zynisch und sagen: »Dadurch wird die Welt auch nicht besser.«

Wichtig ist auch, dass die schwarze Community mit den Officern darüber spricht, was sie von der Polizei erwartet. Ich weiß, dass sich viele weiße Polizisten vor Schwarzen fürchten. Das Bild, das sie von schwarzen Menschen haben, stammt aus dem Fernsehen oder den Erzählungen anderer. Es gibt hier in Chicago Gegenden, in denen ausschließlich Weiße wohnen, und die meisten Leute dort haben so gut wie keinen Kontakt zu Schwarzen und Latinos. Die meisten Schwarzen, die wir im Fernsehen sehen, sind Kriminelle. Verkommene, gefühllose Gestalten ohne Bildung, Selbstachtung oder Ambitionen. Ich habe schon mit weißen Officern gearbeitet, die sehr verständnisvoll gegenüber Schwarzen waren und mehr Nachsicht gezeigt haben, als ich es getan hätte. Und dann gibt es schwarze Officer, die rassistischer sind als ihre weißen Kollegen. Trotzdem müssen viele weiße Officer erst lernen, wie man mit schwarzen Menschen umgeht.

Die Nachbarschaftsclubs können Polizisten vermitteln, wie sie besser mit den Leuten kommunizieren. Dort, wo ich wohne, haben wir auch so einen Club, und wir laden die Polizei regelmäßig zu unseren Veranstaltungen ein. Leute, die sich nicht mit anderen zusammentun, haben es schwer, und die werden meistens auch am schlechtesten behandelt. Als Gruppe ist man einfach stärker und kann Ansprüche stellen. Sich nur zu Wort zu melden, wenn die Polizei etwas tut, was einem missfällt, hat nichts mit gelungener Kommunikation zu tun.

Polizisten sind auch nur Menschen. Sie können sie ansprechen und um Hilfe bitten. Sie können jederzeit auf einen Officer zugehen oder ihn aus seinem Wagen holen. Bringen Sie ihn dazu, mit Ihnen zu reden. Wir Polizisten werden dazu angehalten, den Kontakt zu den Anwohnern zu suchen, aber wenn ich bei den Leuten immer nur auf Ablehnung stoße, gebe ich vielleicht irgendwann auf. Darum werden in manchen Vierteln so wenige Mordfälle aufgeklärt. Die Anwohner geben der Polizei einfach nicht die Informationen, die nötig sind, um den Täter zu finden. Die Detectives denken: »Die Leute bringen sich hier gegenseitig um, aber niemand will uns helfen. Was soll's, ihr Problem. Wir bekommen trotzdem unser Geld.« Natürlich sprechen sie das nicht offen aus, aber ich weiß, was in ihren Köpfen vorgeht. Auch die Community muss ihren Beitrag leisten.

Ich kann nachvollziehen, dass viele Schwarze Angst vor der Polizei haben. Als meine drei Söhne im Teenageralter waren, hatte ich auch ständig Angst, dass sie von der Polizei angehalten werden. Ich hatte ihnen extra beigebracht, wie sie sich verhalten müssen und dass die Polizei immer Recht hat. Und natürlich wurden sie angehalten. Sogar mein Vater wurde angehalten, und das nicht nur einmal, obwohl er schon über sechzig und Rentner war. Bei der x-ten Kontrolle ließ er das Fenster herunter und sagte zu dem Officer: »Officer, ich weiß, Sie wollen nur Ihre Pflicht tun, aber ich versichere Ihnen, dass ich nichts verbrochen habe.«

Ob die Polizei Racial Profiling betreibt? Natürlich. Das ist nicht gut, aber wir tun es. Einmal war mein zweitältester Sohn mit Freunden im Auto unterwegs, und sie wurden von der Polizei angehalten. Er musste sich ausweisen, und der Officer überprüfte, ob ein Haftbefehl gegen ihn vorlag. Das ist so üblich, wenn die Polizei nach Gangmitgliedern sucht. Wenn man ins Profil passt – jung, männlich, schwarz – und gegen die Verkehrsregeln verstößt, kann das passieren. Müssen wir das tun? Nein. Kommt es trotzdem vor? Aber sicher.

Einmal wurde mein ältester Sohn in Naperville von der Polizei kontrolliert. Der Officer behauptete, sein Rücklicht sei defekt. Mein Sohn antwortete: »Das kann ich mir nicht vorstellen.« Er stieg aus, die beiden sahen gemeinsam nach, und das Rücklicht brannte. Der Officer entschuldigte sich und ließ meinen Sohn weiterfahren. Natürlich hatte er ihn wegen seiner Hautfarbe angehalten. Im reichen Naperville leben nun mal kaum Schwarze.

Mein zweitältester Sohn wurde in Hodgkins angehalten, auf dem Weg zur Arbeit. Er arbeitete damals bei UPS und kam jeden Tag kam mit dem Auto aus Chicago. Das letzte Stück ging er immer zu Fuß. Er war neunzehn. Die Polizei nahm ihn mit, weil er angeblich Ähnlichkeit mit einem gesuchten Straftäter hatte. Auf der Wache erfolgte eine Gegenüberstellung. Nachdem sie ihn zweieinhalb, drei Stunden festgehalten hatten, sagten sie: »Sie sind nicht der Richtige«, und brachten ihn dorthin zurück, wo sie ihn einkassiert hatten. Ich erfuhr erst viel später davon. Als er es mir schließlich erzählte, war ich kurz vorm Ausrasten. Ich rief: »Nein! Nein! Das dürfen die nicht.« Sie hatten ihn nicht geschlagen oder ihm sonst etwas zuleide getan, und für ihn war die Sache halb so wild. Aber ich sagte: »Die dürfen dich nicht einfach zu einer Gegenüberstellung mitnehmen.« Was wäre gewesen, wenn ein Zeuge ihn irrtümlich identifiziert hätte? Ich glaube, ich hätte irgendwem Gewalt angetan. Und wahrscheinlich meinen Job verloren.

Meines Erachtens fühlen sich Cops von den Leuten bedroht, die gegen die Polizei demonstrieren. Die Polizei sagt, alle Leben zählen, und ein bisschen teile ich diese Meinung. Ich finde, Black Lives Matter schärft unser soziales Bewusstsein. Sie weisen auf Missstände hin, die Gehör finden müssen. In Ferguson war die Bewegung absolut notwendig. Ihr Anliegen betrifft aber nicht nur die Polizei. Es betrifft Gangmitglieder, Drogendealer und alle, die Schwarze erschießen. Aber Black Lives Matter war ganz bestimmt der Auslöser für den Richtungswechsel, den das Chicago Police Department eingeschlagen hat.

Erst gestern wurde hier ein dreijähriger Junge angeschossen. Ein Streifschuss am Rücken. Was tut Black Lives Matter für ihn? Wenn schwarze Leben zählen, müssen sie sich an die Gangs und Drogendealer wenden, denn die nehmen Schwarzen das Leben. Attackiert sie, so wie ihr uns attackiert, wenn ihr bei euren Demonstrationen unsere Mütter beschimpft oder zu euren Kindern sagt: »Siehst du den Polizisten da? Vielleicht erschießt er dich eines Tages.«

Für uns [die National Organisation of Black Law Enforcement Executives] war »schwarze Leben zählen« schon ein Leitspruch, als es Black Lives Matter noch gar nicht gab. Veränderungen müssen von innen heraus passieren. NOBLE trägt die Stimme der Community in die Polizeibehörden. Wir zeigen den Leuten, dass Strafverfolgung nichts mit Repression zu tun haben muss. NOBLE wurde gegründet, weil die weißen Polizeiverbände der schwarzen Bevölkerung keine Stimme gegeben haben. Ja, es geschieht noch immer Unrecht, nicht nur durch die Polizei. Noch erfährt die schwarze Community keine Gleichbehandlung. Aber seit wir das Problem offensiv angehen, sind wir auf einem guten Weg.

7. KRIMINALITÄTSKULTUR

In meiner Zeit beim ATF hatte ich mit unzähligen Polizeibehörden im ganzen Land zu tun. In Baltimore war ich mit Cops von der städtischen Polizei auf Waffen- und Drogenjagd. In Maryland arbeitete ich mit der State Police und Cops aus neununddreißig Landkreisen zusammen. In Seattle überwachte ich Polizeieinsätze in fünf verschiedenen Bundesstaaten. Als leitender Special Agent in Denver war ich für Sondereinsatzteams in Colorado, Arizona und New Mexico verantwortlich. Bei meinem letzten Posten als Chef der Newark Field Division war ich dafür zuständig, unsere Einsätze mit den einzelnen Polizeibehörden im Bundesstaat zu koordinieren. In New Jersey sind das 466, und so war ich pausenlos zwischen Newark, Jersey City, Camden, Trenton und Atlantic City unterwegs, und ab und an musste ich sogar nach New York.

Mit einer Polizeibehörde aber wollte ich in all den Jahren nichts zu tun haben, und zum Glück ging dieser Kelch an mir vorüber. Schon zu Beginn meiner Karriere waren sich die meisten Kollegen beim ATF, dem FBI und den anderen großen Strafverfolgungsbehörden darin einig, dass es in Amerika kaum eine korruptere Polizeibehörde gab als das New Orleans Police Department. Uns allen graute bei dem Gedanken, mit denen zusammenarbeiten zu müssen. Die Liste der Fälle von Machtmissbrauch und Polizeigewalt beim NOPD ist erschreckend lang und reicht zurück bis in die 1980er.

1983 wurde ein verletzter Tatverdächtiger auf der Fahrt ins Krankenhaus von einer Polizistin verprügelt. Drei Jahre zuvor hatte eine Horde Cops eine einwöchige Hetzjagd im Schwarzenviertel Algiers veranstaltet, um den Tod eines erschossenen

Kollegen zu rächen. Sie töteten vier Menschen, fünfzig weitere wurden misshandelt und zum Teil schwer verletzt. Die Stadt musste den Angehörigen der Opfer in der Folge über vier Millionen Dollar Schadensersatz zahlen.

1990 wurde ein Polizistenmörder Opfer polizeilicher Selbstjustiz. Der Mann, der bei der Festnahme angeschossen worden war, wurde auf der Fahrt ins Krankenhaus von einer Gruppe Officer brutal misshandelt. Dabei wurden sie über Funk von ihren Kollegen angefeuert. »Mach das Schwein kalt!«, riefen sie, und: »Ist er endlich tot?« Der Mann erlag später seinen schweren Verletzungen. Laut Obduktionsbericht war der Tod durch Tritte gegen den Kopf herbeigeführt worden. Keiner der beteiligten Polizisten wurde zur Rechenschaft gezogen.

Ungefähr zur selben Zeit landete der stellvertretende Leiter vom Dezernat für Drogen, Prostitution und illegales Glücksspiel wegen Raubes vor Gericht. Unter anderem hatte er bei Razzien in Bars und Striplokalen im French Quarter die Ladenkassen geplündert.

Der Leiter der Kriminalabteilung wurde entlassen, weil er nebenbei für ein Glücksspielunternehmen gearbeitet hatte. Außerdem betrieb er eine nicht zugelassene private Sicherheitsfirma, die in Verdacht stand, ein Filmteam betrogen zu haben, das zu Dreharbeiten in New Orleans weilte. Der Commander, der darüber wachte, dass sich die Officer an die Vorschriften hielten, wurde beschuldigt, bei einer Routinekontrolle einen Motorradfahrer zusammengeschlagen zu haben. Der Leiter des Raubdezernats musste sich vor Gericht verantworten, weil er auf seinen eigenen Sohn geschossen hatte. Ein anderer Officer landete wegen Mordes und Entführung auf der Anklagebank. Außerdem fand eine unabhängige Untersuchungskommission heraus, dass mehrere Officer sichergestellte gestohlene Fahrzeuge schamlos für sich behalten hatten. Die Fahrzeuge wurden an die Eigentümer zurückgegeben, von disziplinarischen Maßnahmen gegen die schuldigen Officer sah das Department hingegen ab.

Solche und ähnliche Vergehen gibt es nicht nur beim NOPD, sondern überall im Land. In einer Abteilung des Los Angeles Police Departments waren in den 1990ern über siebzig Officer in eine lange Kette von Straftaten verwickelt. Sie hatten nicht nur mehrfach grundlos zur Schusswaffe gegriffen und regelmäßig unnötig körperliche Gewalt eingesetzt, sondern auch Tatverdächtigen gefälschte Beweise untergeschoben. Dazu kamen Meineid, Drogendiebstahl und Drogenhandel sowie Bankraub. Nur vierundzwanzig Officern konnte etwas nachgewiesen werden, davon wurden zwölf unterschiedlich lange suspendiert. Sieben wurden zur Kündigung genötigt oder in den Ruhestand versetzt, und gerade einmal fünf wurden gefeuert. Infolge des Skandals wurden 106 Schuldsprüche aufgehoben. Die Stadt Los Angeles wurde mit 140 Zivilklagen überzogen und leistete Vergleichszahlungen von insgesamt 125 Millionen Dollar.

2014 wurden in meiner Heimatstadt Philadelphia sechs Polizisten wegen verschiedener Straftaten festgenommen, darunter Verschwörung, Raub, Erpressung, Entführung und Drogenhandel. Ihnen wurde vorgeworfen, Drogen, Bargeld, Rolex-Uhren, Designeranzüge und anderen Privatbesitz im Wert von einer halben Million Dollar eingesackt zu haben. Der Polizeichef sprach vom schlimmsten Korruptionsfall in seiner vierzigjährigen Karriere. Am Ende wurden alle Officer freigesprochen.

Korruption existiert in Departments jeder Größe. Bei der Polizei im kalifornischen Bakersfield, die weniger als fünfhundert Mitarbeiter zählt, wurden zwei Detectives zu Haftstrafen verurteilt, weil sie regelmäßig Schmiergelder angenommen und bei Verkehrskontrollen sichergestellte Drogen weiterverkauft hatten.

Die Stadt New Orleans ist jedoch das krasseste Beispiel für die unverantwortlichen, katastrophalen Zustände, die in vielen Polizeibehörden in den USA herrschen. Das NOPD führt uns auf abschreckende Weise vor Augen, wie tief ein Department im Sumpf von Gewalt und Korruption versinken kann.

Eines der abscheulichsten Verbrechen des Departments war der Mord an der 32-jährigen Kim Marie Groves. Groves lebte mit ihrer Mutter und ihren drei Kindern in einem überwiegend von Schwarzen bewohnten Arbeiterviertel mit hoher Drogenkriminalität im 9. Bezirk. Am Abend des 11. Oktober 1994 beobachtete die junge Frau, wie zwei Polizisten einen Jungen aus dem Viertel, den siebzehnjährigen Nathan Norwood, verprügelten. Der Vorfall ließ ihr keine Ruhe. Am nächsten Tag ging sie zur Polizei und schilderte einem Mitarbeiter von der Abteilung für Interne Ermittlungen, was sie gesehen hatte. Die Officer hätten den Jungen in den Bauch geboxt und ihn mit der Pistole auf den Kopf geschlagen; dabei hätten sie gebrüllt: »Wo hast du es versteckt?« Der Junge habe hinterher geblutet und sei benommen gewesen, sagte Groves.

Rein zufällig kannte Groves einen der beteiligten Cops: Officer Len Davis. Die beiden hatten zusammen einen Security-Lehrgang besucht. Damals arbeiteten viele Cops in New Orleans nebenbei als Türsteher oder Wachpersonal, um ihr mageres Gehalt aufzubessern.

Davis war kein unbeschriebenes Blatt. Zwischen 1987 und 1992 hatten sich zwanzig Bürger wegen gewalttätiger Übergriffe über ihn beschwert, und er war bereits sechsmal vom Dienst suspendiert worden. Bei jeder anderen Polizeibehörde hätte sich Davis vermutlich Sorgen um seinen Job machen müssen, aber nicht beim NOPD. 1993 hatte er sogar die Medal of Merit erhalten, die zweithöchste Auszeichnung, die ein Polizist in New Orleans bekommen kann.

Zweieinhalb Stunden, nachdem Groves sich über ihn beschwert hatte, wusste Davis Bescheid. Und das schmeckte ihm gar nicht. »Die wird schon sehen, was sie davon hat«, sagte er zu seinem Partner. Kurz darauf fasste er den Entschluss, Groves aus dem Weg zu räumen.

Am nächsten Abend rief Davis den Drogendealer Paul »Cool« Hardy an. In dem Gespräch, das durch Zufall vom FBI abgehört wurde, erteilte er Hardy den Auftrag, Groves zu erschießen. »Mach die Nutte fertig«, sagte er.

»Okay, bin schon unterwegs«, antwortete Hardy.

Gegen zweiundzwanzig Uhr verabschiedete sich Groves an der Kreuzung Alabo und North Villiers Street von zwei Bekannten. Von dort war es nur noch ein Block bis nach Hause, wo ihre zwölf Jahren alten Zwillinge und ihre sechzehnjährige Tochter auf sie warteten. Davis folgte ihr im Streifenwagen.

Er rief noch einmal Hardy an und gab ihm die letzten Informationen: »Schwarze Jacke, helle Jeans mit großen Bleicheflecken. Die Bitch ist hellhäutig und hat hellbraune Augen. Ich lass mein Telefon und das Funkgerät an. Fahr sofort aus der Stadt raus, wenn du sie erledigt hast, und ruf mich an.«

Um 22.50 stieg Hardy aus seinem champagnerfarbenen Nissan Maxima. Seine beiden Kumpanen blieben im Wagen. Es war ein warmer, klarer Herbstabend. Als Groves kurz vor ihrer Haustür war, trat Hardy auf sie zu, hielt ihr die Neun-Millimeter-Pistole an die linke Schläfe und drückte ab. Groves' Kinder liefen auf die Straße und fanden ihre sterbende Mutter in einer Blutlache. Ihre Augen bewegten sich noch, dann war ihr Blick plötzlich starr.

Nicht einmal achtundvierzig Stunden nach ihrem Gang zur Polizei war Kim Groves tot.

Davis reagierte auf die Todesnachricht mit einem Jubelschrei: »Yeah! Bingo!« Für dreihundert Dollar hatte ihm Hardy diesen Dienst gerne erwiesen. Die beiden waren bereits seit mindestens einem Jahr Komplizen. Davis war der Anführer einer Gruppe von korrupten Cops, die ihre Hände schützend über Hardy und seine Dealer hielten. Hardy wurde von Davis regelmäßig über alle Pläne informiert, mit denen die Polizei ihm das Handwerk legen wollte. Dadurch war er seinen Konkurrenten auf dem heiß umkämpften Drogenmarkt immer eine Nasenlänge voraus.

Das FBI wusste schon vor Groves' Ermordung, dass Davis

in Drogengeschäfte verwickelt war, und hatte ihm eine Falle gestellt. Ein paar FBI-Agenten hatten sich als Drogenhändler ausgegeben und Davis gebeten, ihr angebliches Kokainlager zu bewachen. Davis willigte ein. Als die falschen Drogenhändler eine Rund-um-die-Uhr-Bewachung für ihre knapp dreihundert Kilogramm Kokain forderten, stellte Davis ihnen neun Officer zur Verfügung. Dass die Officer es nicht einmal für nötig hielten, vor ihrem »Sondereinsatz« die Uniformen abzulegen, ist nicht nur dreist, sondern zeigt auch, wie selbstverständlich Korruption bei der Polizei von New Orleans damals war. Am Ende wurde Davis wegen Mordes zum Tode verurteilt. Er wartet im Bundesgefängnis in Terre Haute, Indiana auf seine Hinrichtung. New Orleans hatte sich noch nicht von den negativen Schlagzeilen im Fall Davis erholt, als die Stadt vom nächsten Polizeiskandal erschüttert wurde. Und diesmal kam es noch schlimmer. Gegen Antoinette Frank nahm sich Len Davis aus wie ein Waisenknabe.

Alles an Antoinette Frank sprach gegen eine Karriere bei der Polizei. Schon bei ihrer Bewerbung 1993 hatte es verschiedene Warnhinweise gegeben. Zum einen hatte sie in ihrem Lebenslauf mehrfach gelogen. So behauptete sie zum Beispiel, sie habe ihre Stellung in einem Walmart gekündigt, weil sie in eine andere Filiale versetzt worden sei. Als die Polizei ihre Angaben überprüfte, kam heraus, dass man sie rausgeschmissen hatte.

Außerdem schnitt Frank bei zwei Aufgaben im psychologischen Eignungstest so schlecht ab, dass der Prüfer ein psychiatrisches Gutachten empfahl. Der Psychiater bewertete Frank anhand von vierzehn Eigenschaften, über die ein Polizist verfügen muss. In den meisten Kategorien waren ihre Ergebnisse unterdurchschnittlich bis mangelhaft. In seinem Bericht hieß es: »Meiner Einschätzung nach ist die Bewerberin für den Polizeidienst ungeeignet.«

Entmutigt und perspektivlos spielte Frank mit dem Gedanken, sich das Leben zu nehmen. Sie schrieb einen Abschiedsbrief an ihren Vater, der sie sofort als vermisst meldete, und verschwand. Doch schon am nächsten Tag tauchte sie wieder auf.

Als Sicherheitsbeauftragter beim ATF habe ich alle unsere Polizeianwärter während des Einstellungsverfahrens gründlich durchleuchtet. Jeder Bewerber musste eine schriftliche Prüfung, einen psychologischen Eignungstest, ein Gespräch mit einer acht- bis zehnköpfigen Kommission und einen Lügendetektortest absolvieren. Dazu kam eine gründliche Leumundsprüfung. Bei den meisten Polizeibehörden in den Vereinigten Staaten muss ein Bewerber alle Prüfungsteile bestehen, um im Rennen zu bleiben. Ein Kandidat mit einem so katastrophalen Ergebnis wie Frank wäre beim ATF sofort ausgemustert worden.

Doch trotz der Lügen in ihrem Lebenslauf und der Bedenken des Psychiaters, des Abschiedsbriefs und der ominösen Vermisstenanzeige erhielt Frank nicht einmal drei Wochen später eine Zusage – was nur zeigt, dass die Polizei in New Orleans im Grunde jeden einstellte. 1993 war das NOPD chronisch unterbesetzt. Die Officer verließen das Department so zahlreich, dass man sie gar nicht schnell genug ersetzen konnte. Das hatte unter anderem mit der miesen Bezahlung zu tun, die deutlich geringer war als in anderen Großstädten. Laut einer Studie betrug das Einstiegsgehalt eines Polizisten in New Orleans im Jahr 1992 17 000 Dollar. Davon mussten auch die Uniformen und Dienstwaffen bezahlt werden. Damit rangierten die Cops im Gehaltsranking der 322 untersuchten Polizeibehörden auf dem viertletzten Platz.

Außerdem war Frank schwarz, und einige Führungskräfte im NOPD glaubten, eine größere Zahl von afroamerikanischen Polizisten würde sich positiv auf die anhaltenden Spannungen zwischen Schwarzen und Weißen in der Stadt auswirken. Am 7. Februar 1993 wurde Frank offiziell eingestellt. Obwohl sie die Polizeischule als eine der Besten abschloss, waren viele ihrer Kollegen der Ansicht, sie habe gar nicht begriffen, worin die Aufgaben eines Polizisten bestehen. Es fehle ihr an der nötigen

Entschlossenheit, um ein guter Cop zu sein, und außerdem neige sie zu irrationalem Verhalten. Nur sechs Monate nach dem Abschluss wollten ihre Vorgesetzten sie zur Nachschulung zurück auf die Polizeischule schicken.

Nach gut anderthalb Jahren im Job wurde Frank zum Tatort einer Schießerei geschickt, um Zeugen zu befragen. Opfer waren der achtzehnjährige polizeibekannte Kleindealer Rogers LaCaze und sein Freund Nemiah Miller. Laut LaCaze waren die beiden mit einem gemeinsamen Freund namens »Freaky D« unterwegs gewesen; dieser habe plötzlich eine Waffe gezogen und auf die beiden geschossen. Miller wurde tödlich getroffen, LaCaze kam mit einer Schussverletzung an der Hand davon. LaCazes Mutter Alice Chaney sagte gegenüber der Polizei, sie habe ihren Sohn vor einem Jahr zu Hause rausgeworfen, weil er mit Drogen gehandelt habe; Auslöser für die Schießerei sei mit Sicherheit ein missglückter Drogendeal gewesen.

Die vierundzwanzigjährige Frank war fasziniert vom Bad-Boy-Image des sechs Jahre jüngeren LaCaze. Nach seiner Entlassung aus dem Krankenhaus besuchte sie ihn regelmäßig zu Hause. Sie kaufte ihm neue Kleidung, einen Pager und ein Handy und mietete ihm bei einer Leihwagenfirma einen Cadillac. Die beiden wurden von Franks Arbeitskollegen mehrfach zusammen in der Öffentlichkeit gesehen. LaCaze fuhr mit Franks Privatwagen durch die Gegend, und einmal saß er sogar am Steuer ihres Streifenwagens, als sie zu einem Unfalleinsatz geschickt wurde. Ein anderes Mal begleitete er sie zu einem Einsatz wegen nächtlicher Ruhestörung; Frank stellte ihn als »Praktikanten« vor. Aber nicht ein Kollege informierte seine Vorgesetzten über die intime Beziehung zwischen einer Polizistin, die geschworen hatte, das Gesetz zu hüten, und einem aktenkundigen Drogendealer. Wen hätte das in einer durch und durch korrupten Polizeibehörde wie dem NOPD auch interessiert? Nach einiger Zeit verlegten sich die beiden Turteltauben darauf, mit Franks Streifenwagen Autofahrer anzuhalten und auszurauben.

Am 4. März 1995 wurde Richard Pennington, der neue Polizeichef von New Orleans, nachts um halb drei vom Telefon aus dem Schlaf gerissen. Im Kim Anh, einem vietnamesischen Restaurant im Osten der Stadt, war es zu einer Bluttat gekommen. Die Täter hatten das Restaurant überfallen und dabei den siebzehnjährigen Sohn und die vierundzwanzigjährige Tochter des Wirtsehepaares erschossen. Auch ein Cop vom NOPD, der im Restaurant als Wachmann sein Gehalt aufbesserte, war den Räubern zum Opfer gefallen. Pennington, noch keine sechs Monate im Amt, musste sich schon mit den Skandalen um Len Davis und andere kriminelle Cops herumschlagen. Und jetzt war auch noch einer von seinen eigenen Leuten erschossen worden. Er musste sofort zum Tatort.

Pennington zog schnell die Uniform an, und ein Streifenwagen fuhr ihn zum Kim Anh. Als er dort eintraf, waren Spurensicherung und Ermittler schon bei der Arbeit. Auf dem Parkplatz drängten sich die Polizeifahrzeuge, und überall liefen Officer und Kriminaltechniker umher. Sergeant Eddie Rantz leitete die Ermittlungen. Er stand drinnen vor der großen Glasfront und befragte Zeugen. Darunter war auch Antoinette Frank. Sie gab an, sie sei in der Küche gewesen, um sich etwas zu trinken zu holen, als sie die Schüsse gehört habe. Daraufhin habe sie versucht, die Angestellten durch die Hintertür in Sicherheit zu bringen. Der Sohn des Wirts und seine Schwester hätten sich jedoch geweigert, das Restaurant zu verlassen. Dann sei sie zur Wache im 7. Bezirk gefahren, um den Überfall zu melden, und anschließend zum Restaurant zurückgekehrt – deshalb sei sie auch vor den anderen Polizisten am Tatort gewesen.

Franks Geschichte wies eine Menge Ungereimtheiten auf. Sie hatte sowohl Handy als auch Funkgerät dabei. Warum hatte sie dann nicht einfach bei der Wache angerufen? Warum hatte sie einen schwerverletzten Polizisten und die anderen Leute allein am Tatort zurückgelassen? Das alles ergab keinen Sinn. Doch dann erlangte Chau Vu, eine der Töchter des Inhabers, die vor Angst zunächst kein englisches Wort herausgebracht hatte, ihre Fassung wieder. Mit Tränen in den Augen erzählte sie Rantz, was sie gesehen hatte. Und dann war alles klar. Frank war keine Zeugin, sie war die Mörderin.

Rantz war speiübel. Er ging hinaus auf den Parkplatz und sagte zu Pennington: »Wir kriegen das Miststück wegen dreifachen Mordes dran.«

Rantz hatte den Tathergang bereits rekonstruiert. Kurz nach Mitternacht waren Frank und LaCaze zum Kim Anh gefahren, um es auszurauben. Die Polizistin kannte das Restaurant und die Betreiber gut, weil sie dort in ihrer Freizeit oft als Wachfrau arbeitete. Ihr Kollege Ronald Williams hatte ihr den Job vermittelt. Williams hatte an diesem Abend Dienst. Frank wusste, dass er im Restaurant sein würde.

Chau Vu war im Gastraum, um Williams zu bezahlen, als sie Frank und LaCaze auf das bereits geschlossene Restaurant zukommen sah. Die beiden waren an diesem Abend schon zweimal dort gewesen, um sich etwas zu essen zu holen. Nach dem zweiten Besuch hatte Chau die Tür manuell verriegeln müssen, weil der Schlüssel verschwunden war. Als Frank und LaCaze nun zum dritten Mal auftauchten, ahnte sie, dass die beiden nichts Gutes im Schilde führten. Sie lief in die Küche und versteckte das Bargeld in der Mikrowelle. Frank schloss mit dem gestohlenen Schlüssel die Tür auf, stürmte an Williams vorbei und trieb Chau, ihren Bruder Quoc und eine Restaurantangestellte in den Küchenvorraum.

Williams folgte ihr, doch LaCaze schlich sich von hinten an ihn heran und schoss ihm in den Kopf. Die Kugel durchtrennte das Rückenmark, und Williams brach sofort zusammen. Als Frank in den Gastraum zurückging, um nachzusehen, wer geschossen hatte, versteckten sich Chau, ihr Bruder und die Angestellte im Kühlhaus, von wo sie Teile der Küche und des Gastraums sehen konnten. Sie machten das Licht aus und bangten um ihre Geschwister Ha und Cuong, die den Gastraum ge-

fegt hatten, als Frank und ihr Komplize ins Restaurant einge-
drungen waren.

Durch die Glastür des Kühlhauses sah Chau, wie Frank die
die Küche nach Bargeld absuchte. Als sie nichts fand, forderten
die beiden Killer Ha und Cuong lautstark auf, die Kohle rauszu-
rücken. Als der siebzehnjährige Cuong zögerte, verpasste ihm
Frank einen Schlag mit der Pistole. Schließlich entdeckte sie
das Geld in der Mikrowelle. Sie ging zurück in den Gastraum
und tötete die vierundzwanzigjährige Ha, die auf den Knien um
ihr Leben bettelte, mit drei Schüssen. Anschließend feuerte sie
sechsmal auf Cuong.

Als die Täter weg waren, verließ Quoc das Versteck und lief
durch die Hintertür zum nahegelegenen Haus eines Freundes.
Dort rief er die Polizei an. Frank setzte LaCaze, der Williams'
Waffe mitgenommen hatte, vor seiner Wohnung ab. Über ihr
mobiles Funkgerät hörte sie die Meldung, dass im Kim Anh ein
Polizist erschossen worden war. Sie wusste, dass sie keine Zeit
zu verlieren hatte. Sie fuhr zur Wache, holte sich einen Streifenwagen und raste zurück zum Tatort, um Chau und Quoc zu erschießen, bevor die Polizei eintraf.

Frank parkte hinter dem Haus, betrat das Kim Anh durch die
Hintertür und ging durch die Küche in den Gastraum, wo Chau
auf Hilfe wartete. In diesem Moment trafen die ersten Streifenwagen ein, und Chau ließ die Officer ins Restaurant. Nachdem
sie sich ein wenig beruhigt hatte, erzählte sie Sergeant Rantz,
dass Frank ihre beiden Geschwister erschossen und das Geld
gestohlen hatte. LaCaze wurde kurze Zeit später in seiner Wohnung festgenommen. Er und Frank wurden später wegen Mordes zum Tode verurteilt.

In den folgenden zehn Jahren blieb das NOPD weitestge-
hend von Skandalen verschont. Doch dann kam Hurrikan Katrina und mit ihm der spektakulärste und brutalste Fall von Polizeikorruption in der Geschichte der Stadt.

Am 4. September 2005, sechs Tage, nachdem der Hurrikan

die Stadt verwüstet hatte, fuhren fünf in Zivil gekleidete Officer vom NOPD in einem Leihtransporter zur Danziger Bridge, einer siebenspurigen Hubbrücke, die jeden Tag von vielen Tausend Pkws und Lkws überquert wird. An diesem Tag jedoch war die Danziger Bridge wie fast alle Brücken in der Stadt wegen Hurrikan Katrina gesperrt.

Leonard Bartholomew und seine Frau Susan waren mit ihrer halbwüchsigen Tochter, Bartholomews Neffen James Brissette und einem Bekannten im Supermarkt gewesen, um Lebensmittel einzukaufen. Nun saß die fünfköpfige Gruppe wieder in ihrem Unterschlupf hinter einer Betonschutzwand. Wie Zehntausende andere Bewohner von New Orleans hatten sie durch den Hurrikan ihr Zuhause verloren. Plötzlich tauchten die Polizisten auf. Sie postierten sich mit ihren Sturmgewehren wie ein Erschießungskommando vor der Brücke und eröffneten ohne Vorwarnung das Feuer.

Der siebzehnjährige James Brissette war sofort tot, die vier anderen überlebten schwer verletzt. Susan Bartholomews Arm wurde von einer Kugel zerfetzt und musste später amputiert werden. Ihr Mann wurde in Rücken, Kopf und Fuß getroffen, Tochter Lesha wurde von vier Kugeln verletzt. Jose Holmes Jr., ein Freund Brissettes, erlitt Schusswunden in Bauch, Hand und Unterkiefer.

Als die Brüder Ronald und Lance Madison, die den Vorfall beobachtet hatten, auf die Brücke flohen, wurden sie von den Polizisten im Transporter verfolgt. Ein Polizist schoss vom Rücksitz auf die beiden Männer. Der geistig behinderte Ronald Madison wurde siebenmal getroffen. Bevor er starb, trat ihn einer der Officer mit voller Wucht auf den Rücken, in dem bereits fünf Kugeln steckten.

Leitender Ermittler in dem Fall war Detective Arthur Kaufman vom Morddezernat. Anstatt seine Pflicht zu erfüllen, forderte er die beteiligten Polizisten auf, alle belastenden Beweismittel zu vernichten und die Tat so aussehen zu lassen, als hätten sie aus Notwehr gehandelt. Außerdem machte er in seinen Berichten bewusst falsche Angaben, um die Tat zu vertuschen. Sein Kollege Lieutenant Michael Lohman animierte die Täter, sich auf eine erfundene Version des Tathergangs zu einigen und am Tatort eine Waffe zu deponieren.

Es dauerte fast anderthalb Jahre, bis herauskam, was wirklich auf der Danziger Bridge passiert war. Am 2. Januar 2007 wurden die Täter verhaftet und wegen Mordes angeklagt, doch im August 2008 ließ der Bezirksrichter sämtliche Anklagen fallen, weil die Staatsanwaltschaft angeblich die Geschworenen beeinflusst hatte. Zwei Wochen später übernahmen das FBI und die Abteilung für Bürgerrechte des amerikanischen Verteidigungsministeriums die Ermittlungen. Die fünf Täter bekannten sich schließlich schuldig und wurden zu Haftstrafen verurteilt. Die Stadt einigte sich mit den Anwälten der Hinterbliebenen auf Schadensersatzzahlungen in Höhe von dreizehn Millionen Dollar.

Auch der einunddreißigjährige Afroamerikaner Henry Glover wurde in den Chaostagen nach Katrina von einem Polizisten getötet. Man fand seine verkohlte Leiche in einem ausgebrannten Chevrolet. Der Täter, David Warren, wurde unter anderem wegen Totschlags zu drei Jahren Haft verurteilt. Officer Greg McRae, der das Fahrzeug mit der Leiche angezündet hatte, musste siebzehn Jahre ins Gefängnis, also deutlich länger als der Todesschütze. Sechs Jahre später räumte sein Vorgesetzter Captain Jeffrey Winn vor Gericht ein, McRae den Befehl erteilt zu haben, Glovers Leiche zu verbrennen, damit die Tat nicht mit seinen Leuten in Verbindung gebracht werden konnte. Winn wurde gefeuert. Mehrere andere Officer wurden versetzt, weil sie im Fall Glover Tatsachen verschleiert und Beweise zurückgehalten hatten.

Das waren längst nicht die einzigen Fälle von polizeilichem Fehlverhalten zu dieser Zeit. Insgesamt wurden einundneunzig Polizisten in den Ruhestand versetzt oder zur Kündigung genötigt, weil sie während des Hurrikans ihre Posten verlassen hatten. Gegen 228 weitere Officer wurde ermittelt.

Die Häufung von Fällen tödlicher Polizeigewalt und die zahlreichen anderen von Polizisten verübten Straftaten führten schließlich dazu, dass das US-Justizministerium 2011 eine zehnmonatige Untersuchung gegen das NOPD einleitete. Das Ergebnis war erschreckend. Der Abschlussbericht sprach von systematischen Verstößen gegen die Rechtsstaatlichkeit, hemmungslosen Gewaltexzessen sowie unbegründeten Verkehrskontrollen und Leibesvisitationen. Außerdem wurde festgestellt, dass Bürger regelmäßig aufgrund ihrer Hautfarbe, ihrer ethnischen Herkunft oder ihrer sexuellen Orientierung diskriminiert wurden. Infolge dieser verheerenden Zustände wurde das NOPD unter die Aufsicht eines Bundesrichters gestellt und vertraglich verpflichtet, das umfangreichste polizeiinterne Reformprogramm in der Geschichte Amerikas durchzuführen.

8. KULTUR KONTRA STRATEGIE

In New Orleans haben ehrgeizige Bürgermeister und wackere Polizeichefs immer wieder vergeblich versucht, dem gesetzwidrigen, hemmungslosen Treiben ihrer Polizisten einen Riegel vorzuschieben. Ihr Scheitern verdeutlicht, wie schwierig es ist, Polizeibehörden zu reformieren, vor allem, wenn im Department ein kranker Korpsgeist regiert und die Cops sich gegenseitig decken wie in New Orleans. Die Skandale beim NOPD stoßen uns auf das aberrante Verhalten zahlreicher Cops und die schlechte Polizeiarbeit, die in viel zu vielen Departments geleistet wird. Und sie weisen uns nachdrücklich darauf hin, dass sich schleunigst eine Menge ändern muss.

Wenn Polizeichefs und Stadtregierungen ihre Polizeibehörden grundlegend erneuern wollen, müssen sie ihr Augenmerk vor allem auf die armen, heruntergekommenen Viertel mit hoher Kriminalität richten, deren Bewohner am meisten Polizeischutz benötigen, in der Realität aber am häufigsten Opfer polizeilicher Willkür werden. Die Probleme, unter denen diese Viertel leiden, haben mit den Aufgaben der Polizei zunächst einmal nur sehr wenig zu tun. Es fehlt an Arbeit, guten Schulen und einem funktionierenden öffentlichen Verkehrsnetz, es gibt zu wenig anständigen Wohnraum, zu wenig Parks und Freizeitmöglichkeiten. Wenn es an allem fehlt, was für ein menschenwürdiges Leben notwendig ist, steigt die Kriminalität, und es gibt mehr Gewalt. Aus Geldnot und fehlenden Zukunftsperspektiven entsteht eine kriminelle Schattenwirtschaft, und die Verzweifelten geraten auf die schiefe Bahn: Sie beklauen Anwohner, schließen sich Gangs an, dealen mit Drogen, verüben Einbrüche oder bewaffnete Raubüberfälle. Die Starken beuten die Schwachen aus.

Armut und Existenzangst führen zu Hoffnungslosigkeit, seelische Zermürbung und mangelndes Selbstwertgefühl führen zu Aggression, Misshandlung, Gewalt und Mord. Man muss sich nur umsehen. In wohlhabenden Gegenden gibt es keine Drive-by-Shootings; dort wird auch nicht auf offener Straße mit Drogen gedealt, und die Mordraten sind niedrig. Die Armen und Bedürftigen trifft es immer am härtesten.

New Orleans ist da keine Ausnahme. Trotz French Quarter, Mardi Gras, dem Essence Festival, der reichen Musikkultur, des legendären Nachtlebens und des einzigartigen Lebensgefühls, in »The Big Easy« werden viel zu viele Menschen von Armut erdrückt. Und das sind in überwältigender Mehrheit Afroamerikaner. Fast vierzig Prozent aller Kinder in der Stadt leben in Armut. Das sind siebzehn Prozentpunkte mehr als im Landesdurchschnitt, und das, obwohl zweiundachtzig Prozent von ihnen in einem Haushalt leben, in dem mindestens eine Person erwerbstätig ist. Ihre Eltern haben Arbeit, aber sie schuften zu Hungerlöhnen. In den zehn Jahren seit Katrina ist das durchschnittliche Haushaltseinkommen afroamerikanischer Familien so dramatisch gesunken, dass es inzwischen keine nennenswerte schwarze Mittelschicht mehr gibt. Das Medianeinkommen von weißen Familien beträgt 60 553 Dollar, bei schwarzen Familien sind es nur 25 102 Dollar. Das ist ein Unterschied von 35 451 Dollar, also mehr, als die meisten schwarzen Familien verdienen. Aufgrund dieses riesigen Einkommensgefälles verzeichnen New Orleans und Städte wie Baltimore, St. Louis, Kansas City, Memphis, Milwaukee, Atlanta und Detroit eine inakzeptabel hohe Zahl an Fällen von Körperverletzung, Raubüberfällen, Vergewaltigung und Mord.

Der Erste, der ernsthaft versucht hat, die Polizei von New Orleans zu reformieren, war Police Superintendent Richard Pennington. Pennington, eine beeindruckende Gestalt von fast zwei Metern Körpergröße, war der ideale Kandidat für diese Aufgabe. Mit achtzehn ging er zur U.S. Air Force und kämpfte in

Vietnam. 1968 fing er als Streifenpolizist beim Metropolitan Police Department in Washington, D.C. an. Sein erster Partner war Donald Graham, der spätere Herausgeber der *Washington Post*. Pennington erklomm in Windeseile die Karriereleiter. Nebenbei studierte er noch Strafrechtspflege an der American University und erwarb an der University of the District of Columbia seinen Master in Psychologie.

Er hatte es in Washington bis zum stellvertretenden Polizeichef gebracht, als die Stadt New Orleans ihm die Leitung ihres schwer angeschlagenen Departments anbot. Pennington packte seine Siebensachen und zog nach New Orleans. Ausgerechnet an dem Tag, als der damalige Bürgermeister Marc Morial Pennington der Öffentlichkeit stolz als Retter des NOPD präsentierte, gab der Polizist Len Davis den Mord an Kim Groves in Auftrag.

Als Pennington sein Amt antrat, wetteiferte New Orleans um den zweifelhaften Titel der Mordhauptstadt Amerikas. Innerhalb der Behörde grassierte die Korruption, und Bürger schreckten aus Angst, so zu enden wie Groves, davor zurück, kriminelle Cops anzuzeigen.

Der erste Punkt auf Penningtons Agenda war, möglichst viele korrupte Cops loszuwerden. Das war ein wichtiger Schritt in Richtung Erneuerung. Fünf Jahre später hatten 458 von 1630 Polizisten das Department verlassen. Fünfundachtzig saßen im Gefängnis, hundert hatte man gefeuert, und zweihundert waren strafversetzt worden. Die übrigen waren freiwillig in den Ruhestand gegangen.

Um das Vertrauen der Öffentlichkeit zurückzugewinnen, löste Pennington die Abteilung für Interne Ermittlungen auf und gründete das Public Integrity Bureau. Er besetzte die Abteilung völlig neu. Eines der neuen Gesichter war Michael Harrison, ein junger, aufstrebender Polizist, der zwanzig Jahre später selbst die Leitung des Departments übernehmen sollte. Dass Pennington auch zwei ehemalige FBI-Agenten ins Team holte, war ein deutliches Signal an alle Officer, dass man im NOPD nicht mehr auf alte Seilschaften bauen konnte, wenn man sich etwas zuschulden kommen ließ. Das neue Public Integrity Bureau befand sich außerhalb des Präsidiums, um den Bürgern, die sich beschweren wollten, die Schwellenangst zu nehmen. Die Abteilung führte außerdem verdeckte Ermittlungen und Überwachungsaktionen gegen Polizisten durch. Als sich herumsprach, dass man der Polizei – zumindest teilweise – vertrauen konnte, wuchs auch die Bereitschaft der Bürger, Verstöße durch Officer zu melden.

Um der Klüngelei, die Fehlverhalten und Kriminalität begünstigt, ein Ende zu bereiten, versetzte Pennington alle zweihundertfünfzig Detectives – auch die aus den Raub- und Morddezernaten – vom Präsidium in die acht Polizeibezirke und unterstellte sie den District Commandern. Er verschaffte sich einen Überblick, in welchen Problemvierteln die meisten Verbrechen verübt wurden, und richtete in den drei Sozialbausiedlungen mit der höchsten Kriminalitätsrate neue Dienststellen mit insgesamt fünfzig Officern ein.

Die Kriminalität sank. 1994, im Jahr von Penningtons Amtsantritt, hatte New Orleans die Rekordzahl von 425 Morden zu verzeichnen. Fünf Jahre später waren es nur noch 162, ein Rückgang von 62 Prozent.

Pennington kümmerte sich auch um den Nachwuchs. Bei seinem ersten Besuch auf der Polizeischule stellte er fest, dass zwölf der siebzehn Polizeianwärter vorbestraft waren und zum Teil sogar im Gefängnis gesessen hatten. Die Vergehen reichten von Trunkenheit am Steuer bis hin zu Vergewaltigung. Um das zu ändern, erließ Pennington neue Vorschriften. Wer vorbestraft war, seinen Unterhaltspflichten nicht nachkam, unehrenhaft aus der Armee entlassen worden war, zu viele Einträge in der Verkehrssünderdatei hatte, hoch verschuldet war oder Kontakte zu kriminellen Kreisen unterhielt, wurde in New Orleans nicht mehr zum Polizeidienst zugelassen.

Die neuen Vorschriften galten nicht nur für Neulinge, sondern auch für ältere Kollegen, mit dem Ergebnis, dass haufenweise zwielichtige und kriminelle Cops aus dem Dienst ausschieden.

Um besseres Personal zu bekommen und es auch zu halten, erhöhte Pennington die Gehälter. Das Anfangsgehalt eines Officers wurde von 17 000 Dollar im Jahr auf 26 000 Dollar angehoben und stieg nach zwölf Monaten auf 30 000 Dollar. Wenn man Menschen eine Waffe gibt, aber nicht genügend Geld, besorgen sie sich Letzeres auf anderem Wege. Viele Polizeibehörden, die von Korruption durchsetzt sind, zahlen schlecht, und die Officer bessern ihr mageres Einkommen auf, indem sie Schmiergelder oder Provisionen kassieren. Außerdem durften seine Polizisten nur noch zwanzig Stunden pro Woche einer Nebentätigkeit nachgehen. Sinn dieser Maßnahme war, Officer davon abzuhalten, in Nachtclubs und anderen Orten zu arbeiten, die potenziell kriminelle Energien wecken. Pennington hatte die Korruption innerhalb des NOPD so gut wie beseitigt, als er 2002 nach erfolgloser Kandidatur für das Bürgermeisteramt Polizeichef in Atlanta wurde. Leider kehrten mit der Zeit die alten Sitten wieder ein.

Heute kämpft Polizeichef Michael Harrison gegen die Korruption im New Orleans Police Department. Harrison war erst drei Jahre beim NOPD, als Pennington zum Polizeichef ernannt wurde. Er erinnert sich noch gut an diese Zeit: Die Veränderungen, die Pennington nach der Festnahme von Officer Davis einführte, sagte er in unserem Gespräch, hätten im Department einen mittelschweren Tsunami ausgelöst.

»Als ich mein Amt antrat, war die Stimmung auf dem Tiefpunkt. Zum Glück habe ich mir bei Pennington einiges abgeguckt. Unter anderem habe ich von ihm gelernt, dass man sich gerade in schwierigen, konfliktbeladenen Zeiten nicht davor scheuen darf, unbequeme Entscheidungen zu treffen.«

Rückendeckung bekommt Harrison vom US-amerikanischen Justizministerium. In seinem Untersuchungsbericht stellte das Ministerium 2012 fest, dass beim NOPD systematisch gegen die Grundrechte von Bürgern verstoßen werde. Zahlreiche Officer würden regelmäßig auf Tatverdächtige und sogar auf Festgenommene in Handschellen einprügeln. Mehrfach sei es zu unnötiger körperlicher Gewalt gegenüber psychisch Kranken gekommen. Fälle, in denen Menschen durch Polizeikugeln oder in polizeilichem Gewahrsam starben, würden entweder unzureichend oder überhaupt nicht untersucht. Generell werde bei Ermittlungen so oft geschlampt, dass man, so das Gutachten, von Vorsatz ausgehen müsse.

Ich lernte Harrison im Sommer 2017 kennen, als wir bei einer Diskussion zum Thema »Tödlicher Schusswaffengebrauch bei der Polizei« gemeinsam auf dem Podium saßen. Harrison, ein kluger, herzlicher Mann, der einem sofort sympathisch ist, wurde im 9. Bezirk geboren. Nach der Trennung seiner Eltern lebte er abwechselnd in seinem alten Viertel und in New Orleans East. Die beiden Gegenden unterscheiden sich wie Tag und Nacht. Der 9. Bezirk ist New Orleans in Reinkultur – Cajun-Küche, winzige Häuser, der Duft nach selbstgemachtem Nusskrokant, Schießereien, Messerstechereien und Bewohner, die das Leben trotz allem ausgelassen feiern. New Orleans East war dagegen bis zu seinem Niedergang in den 1980ern eine beschauliche Wohngegend mit vorstädtischen Einfamilienhäusern. Nach der Highschool ging Harrison zur Air National Guard, heiratete und landete nach verschiedenen Jobs bei der Polizei. Damals zog er mit seiner Familie nach Algiers, der ältesten Gemeinde von New Orleans und der einzige Stadtteil am Westufer des Mississippi. Das Viertel steht seit jeher für Armut und hohe Kriminalität, die sich vor allem auf die Sozialbausiedlungen Fischer Projects, DeGaulle Manor und Christopher Homes konzentriert. Aber Algiers hat wie alles in New Orleans auch eine andere Seite. Das Viertel ist berühmt für den Super Sunday, ein großer Mardi-Gras-Umzug, der schon in Harrisons Kinderzeit abgehalten wurde. Seit 1970 säumen an jedem dritten Märzsonntag Hunderte von Anwohnern die Whitney und die Newton Street und schauen den schwarzen Männern und Frauen zu, die in farbenprächtigen Indianerkostümen und Federschmuck singend und tanzend durch die Straßen ziehen.

1991, vier Jahre nach dem Highschoolabschluss, fing Harrison beim NOPD an und legte einen rasanten Aufstieg hin. 1995 wurde er Detective, 1999 Sergeant, und 2000 folgte die Beförderung zum Leiter des Public Integrity Bureaus. Neun Jahre später wurde er stellvertretender Leiter vom Siebten Polizeibezirk, und von 2011 bis 2012 leitete er das Dezernat für Sonderermittlungen. 2014 wurde er schließlich zum Polizeichef ernannt.

Harrison sagt, sein Wissensdurst habe seine Karriere vermutlich beschleunigt. Nach dem Bachelorabschluss in Strafrechtspflege hat er noch seinen Master an der Loyola University gemacht. Dazu hat er am National Executive Institute des FBI und bei diversen anderen Fortbildungseinrichtungen Schulungen für Führungskräfte absolviert. Der tief religiöse Harrison ist Ältester seiner Kirchengemeinde, der City of Love Church.

Dass Harrison in der Behörde, die er umkrempeln soll, groß geworden ist, macht ihm die Arbeit nicht gerade leichter. Seit nunmehr sechsundzwanzig Jahren schlägt er sich mit polizeilichem Fehlverhalten und gesetzlosen Zuständen herum und weiß aus eigener Erfahrung, wie schwierig es für einen guten Cop ist, in diesem Sumpf aus Korruption eine weiße Weste zu behalten. Im Gegensatz zu Pennington war er kein Außenseiter, als er seinen Job als Polizeichef antrat. Er kam mit dem Filz, der unter seinen Kollegen herrschte, von dem Tag an in Berührung, als er als Frischling im Department anfing.

»Ich habe das NOPD in seiner finstersten Zeit erlebt. Ich habe Dinge gesehen, die nie hätten passieren dürfen. Es war verrückt. Officer verstießen gegen das Gesetz, und wenn ihre Kollegen sie deswegen meldeten, wurden sie dafür geächtet und bestraft. Die korrekten Officer wurden kaltgestellt, und die schlechten wurden befördert. Das führte natürlich dazu, dass viele gute Cops irgendwann auf die dunkle Seite wechselten.«

Harrison setzt auf klare Richtlinien und Vorschriften, um das angeschlagene NOPD auf den richtigen Weg zurückzuführen. Als ich mich nach den wichtigsten Reformen erkundigte, sagte er:»Wir müssen für die Öffentlichkeit transparent sein. Deshalb haben wir für acht Millionen Dollar achthundert Bodycams angeschafft. Jeder Streifenpolizist hat eine und muss sie einschalten, sobald er in Kontakt mit den Bürgern tritt. Alle Kameraaufzeichnungen müssen, nachdem sie intern gesichtet wurden, innerhalb von neun Tagen der Öffentlichkeit zugänglich gemacht werden.«

Das Department hat außerdem eine Website eingerichtet, die Anwohner und andere Leute mit einer Fülle von Informationen versorgt. Dazu gehören eine Liste aller Notrufe und Polizeieinsätze in den letzten vierundzwanzig Stunden, eine Karte, in der verzeichnet ist, in welchem Viertel welche Verbrechen verübt worden sind, die jährliche Kriminalstatistik, das polizeiinterne Protokoll, in dem tagesaktuell alle schweren Straftaten dokumentiert werden, die sich in New Orleans ereignen, sämtliche Pressemitteilungen sowie der Anerkenntnisvertrag, mit dem sich das NOPD zur Umsetzung der vom Justizministerium auferlegten Reformen verpflichtet hat.

Ein wichtiger Punkt auf Harrisons Agenda ist die Erhöhung der Bürgerbeteiligung. Um die Anwohner davon zu überzeugen, sich mehr einzubringen, müsse man ihnen jedoch besser zuhören. »Ich bin als Polizeichef nicht nur für meine Leute verantwortlich, sondern auch für die Menschen«, sagt er. Folglich werden Officer aller Dienstgrade dazu angehalten, sich regelmäßig mit Anwohnergremien zusammenzusetzen und sich ihre Sorgen anzuhören, ob es nun um leer stehende Häuser, fehlende Freizeitangebote für Kinder, Drogendealer oder Rowdys in der Nachbarschaft geht.

Um die Kommunikation mit der Bevölkerung zu verbessern,

hat das Department seine Website nutzerfreundlicher gestaltet. Die Bürger können sich jetzt über Hilfsangebote für Verbrechensopfer informieren, online Beschwerde gegen Polizisten einreichen, nachprüfen, ob in ihrer Umgebung registrierte Sexualstraftäter wohnen oder sich für Veranstaltungen der Citizens Police Academy anmelden, um mehr über die Aufgaben und Pflichten von Polizei und Strafjustiz zu erfahren.

Doch generell gilt: Jede Veränderungsstrategie ist zum Scheitern verurteilt, wenn man dabei die Kultur außer Acht lässt, die im Unternehmen herrscht: Wie nehmen die Mitarbeiter ihren Job und ihre Pflichten wahr? Wie steht es um ihre Motivation, und wie erledigen sie ihre Arbeit? Welche Verhaltensmuster haben sich eingeschliffen, und wie groß ist der Loyalitätszwang innerhalb der Belegschaft? Bei der Polizei gilt das mehr als anderswo, erst recht bei einem Department mit einer Vergangenheit wie das NOPD.

Harrison setzt alles daran, den Officern beizubringen, dass die Menschen immer an erster Stelle stehen. »Ein negatives Ergebnis muss nicht unbedingt eine negative Erfahrung sein«, lautet seine Parole. Wenn jemand einen Strafzettel bekommt oder wegen einer begangenen Straftat festgenommen wird, ist das für die Person ein negatives Ergebnis. Dieser Aspekt der Polizeiarbeit lässt sich nicht ändern. Ob das negative Ergebnis auch zu einer negativen Erfahrung wird, hängt jedoch davon ab, wie sich die Polizisten dem Betroffenen gegenüber verhalten. Gehen sie anständig mit ihm um? Geben sie ihm klare, verständliche Anweisungen? Führt das Eingreifen der Polizei zur Entspannung oder zur Verschärfung der Situation? Hören die Officer den Opfern von Verbrechen zu? Behandeln sie die Menschen, von deren Steuergeldern ihre Gehälter bezahlt werden, mit Respekt?

Als Präsident Donald Trump kurz nach seinem Amtsantritt in einer Rede in Brentwood, New York die anwesenden Polizisten zu einem härteren, aggressiveren Umgang mit Verdächtigen aufrief, bezog Harrison klar Stellung. »Die Worte des Präsidenten stehen in krassem Widerspruch zu dem Vorsatz meiner Behörde, gesetzeskonforme Polizeiarbeit zu leisten und unsere Pflicht gegenüber den Bürgern zu erfüllen«, sagte er in einer öffentlichen Stellungnahme. »In einer Zeit, in der wir mehr denn je auf die Unterstützung der Bevölkerung angewiesen sind, untergräbt jeder unbegründete oder unnötige Einsatz von Gewalt das Vertrauen der Bürger in die Polizei.«

Ich fragte Harrison, warum es ihm so wichtig gewesen sei, den Präsidenten öffentlich anzugreifen. Er hätte doch auch schweigen können, zumal es aus den Reihen der Polizei, unter anderem vom Verband amerikanischer Polizeichefs (IACP), schon reichlich Kritik an Trumps gewaltverherrlichender Rede gegeben habe. Das sei ihm nicht genug gewesen, sagte Harrison. Er habe mit seinen Worten verschiedene Personengruppen erreichen wollen. »Das war eine Botschaft an den Präsidenten, an meine Behörde, meine Polizeichefkollegen im ganzen Land, an jeden Mann und jede Frau, die sich beim New Orleans Police Department bewerben wollen, und vor allem an die Männer und Frauen, die im Dienst der Polizei von New Orleans stehen und wissen sollen, dass wir für eine ethisch korrekte Polizeiarbeit stehen. Ich wollte den Bewohnern dieser Stadt zeigen, dass sich etwas verändert und dass wir es ernst meinen. Wir werden mit aller Härte gegen das Verbrechen vorgehen und gleichzeitig gut zu unseren Bürgern sein.«

Eine Veränderung der Polizeikultur zu fordern, ist eine Sache, die Forderungen in die Tat umzusetzen, ist eine andere. Harrison hat rasch Maßnahmen ergriffen, um den Schweigekodex zu brechen, der unter Cops als heilig gilt und die Verantwortlichen daran hindert, Verfehlungen aufzudecken und den Polizeiapparat von korrupten Cops zu befreien. Nicht einmal ein Jahr nach seinem Amtsantritt ging Harrison hart gegen vier Streifenpolizisten vor. Auslöser waren die Bilder einer Bodycam, auf denen zu sehen war, wie einer der Polizisten mehrmals auf einen betrunkenen, in Handschellen gelegten Mann einschlug. Der Vorfall, der sich auf der Wache in New Orleans' berühmtem French Quarter ereignete, kam bei der täglichen Sichtung der Kameraaufzeichnungen ans Licht. Der Täter wurde gefeuert und mit ihm die beiden Cops, die ihre Beteiligung an der Tat geleugnet hatten. Der vierte Officer, der zugegeben hatte, bei dem Übergriff dabei gewesen zu sein, wurde vom Dienst suspendiert, weil er gegen die Vorschriften verstoßen und den Vorfall nicht sofort gemeldet hatte.

»Wenn Officer, die die Vergehen ihrer Kollegen decken, genauso hart, oder noch härter, bestraft werden, verändert sich etwas in der Kultur«, sagte Harrison. »Aber dafür sind Entscheidungen von ganz oben nötig. Wir haben zum Beispiel veranlasst, dass Sergeants [die direkten Vorgesetzten der Streifenpolizisten] für ihre Officer geradestehen müssen. Glauben Sie mir, wenn die Officer mitbekommen, dass ihre Sergeants wegen ihnen degradiert oder sogar entlassen werden, reißen sie sich am Riemen. Wir brauchen strenge disziplinarische Maßnahmen. Gleichzeitig müssen wir Beförderungsanreize schaffen. Wir müssen unseren Leuten klar vermitteln: Fehlverhalten wird bestraft, und vorbildliche Arbeit wird belohnt.

Das ist gar nicht so einfach, denn unter den Officern bestehen natürlich enge Bindungen. Sie sind Kameraden. Einer ist der Patenonkel vom Kind seines Kollegen. Ein anderer leiht einem befreundeten Cop Geld, damit er die Raten fürs Haus bezahlen kann. Aber jeder Einzelne muss begreifen, dass sein Handeln uns alle betrifft, die Polizei und die Bürger. Das Verhalten jedes Einzelnen hat einen Einfluss darauf, wie die Polizei von der Öffentlichkeit wahrgenommen wird.«

Um konsequent gegen gesetzeswidriges Verhalten vorzugehen, hat Harrison das Interventionsprogramm Ethical Policing is Courageous (EPIC) ins Leben gerufen. Das Programm soll die Officer motivieren, sich bei Einsätzen gegenseitig zu überwachen. Sie sollen einschreiten, bevor ein Kollege die Kontrolle über sich verliert und etwas tut, das er später bereut. »Als ich noch im Streifendienst war, habe ich schlimme Dinge gesehen, und ich habe sie nicht gemeldet«, sagte er. »Das muss ein Ende haben. Wenn meine Officer merken, dass ein Kollege vom rechten Weg abkommt oder im Begriff ist, etwas zu tun, das uns allen schadet, müssen sie eingreifen und ihn zur Räson rufen. ›Seht nicht tatenlos zu. Geht dazwischen‹, lautet unser Motto, und wir führen jedes Jahr eine verbindliche, achtstündige Schulung zu diesem Thema durch.«

Drei Tage nachdem er vom New Orleanser Bürgermeister Mitch Landrieu zum neuen Polizeichef ernannt worden war, setzte Harrison eine neue Führungsriege ein. Er wechselte den Chef vom Investigation and Support Bureau aus, das alle kriminalpolizeilichen Ermittlungen in den Bereichen Mord, Sexualverbrechen und Bandenkriminalität leitet und die Aufsicht über die Spurensicherung und das Kriminallabor führt. Außerdem degradierte er zwei hochrangige Führungskräfte und holte sich einen neuen Leiter für die Compliance-Abteilung, die unter anderem die Arbeit der Officer und den vorschriftsmäßigen Einsatz der Bodycams überwacht. Gegenüber der Presse bezeichnete Harrison seine Personalentscheidungen als »wichtigen Schritt auf unserem Weg, das Department zu erneuern«.

»Der Personalwechsel hatte für mich oberste Priorität«, sagte Harrison in unserem Gespräch. »Wenn Sie etwas verändern wollen, müssen Sie das richtige Team um sich scharen. Wir alle sind beim NOPD groß geworden. Ich brauchte Leute, die den Spott von langjährigen Kollegen ertragen können. Das gehört mit zu den schwierigsten Aufgaben, wenn man eine Behörde von Grund auf reformieren will.«

Rückenwind bekam Harrison durch eine von der Stadt beschlossene Lockerung der Personalvorschriften im öffentlichen Dienst, die ihm mehr Freiheiten bei der Einstellung, Evaluierung und Belohnung von Mitarbeitern einräumte. Innerhalb von zwei Jahren beförderte er einundvierzig Officer zum Sergeant, siebenunddreißig Sergeants zum Lieutenant und nahm auch bei den höheren Diensträngen zahlreiche Veränderungen vor.

Dank Harrisons Maßnahmen ist die Kriminalität in New Orleans deutlich zurückgegangen. Das unabhängige Gremium, das die Umsetzung der im Anerkenntnisvertrag festgehaltenen Reformauflagen überwacht, hat kürzlich zwei Umfragen durchgeführt. In der ersten wurden die Bürger zu ihrer Meinung über das NOPD befragt, in der zweiten sollten die Officer Auskunft darüber geben, wie zufrieden sie mit der Leitung und der Neuausrichtung des Departments sind. Siebenundsechzig Prozent der befragten Bürger gaben an, das Department würde bessere Arbeit leisten als vor einem Jahr. In der Vorjahresumfrage waren es nur fünfzig Prozent gewesen. Es kommt noch besser: Neunundsiebzig Prozent der Officer äußerten sich positiv über die Führung des Departments und waren der Meinung, das NOPD sei auf dem richtigen Weg.

Ich fragte Harrison, woran ein Polizeichef erkennt, dass seine Reformen greifen. »An verschiedenen Dingen«, sagte er. »Zunächst einmal sinkt die Kriminalität. Und wenn die Kriminalität sinkt, wächst die Zufriedenheit der Bürger. Wachsende Bürgerzufriedenheit bedeutet, dass die Polizei bessere Arbeit leistet. Wir müssen beweisen, dass wir ohne staatliche Aufsicht auskommen und aus dem Anerkenntnisvertrag entlassen werden können. Und wir müssen alles dafür tun, dass wir auch weiterhin positive Beurteilungen von den Bürgern erhalten. Wir müssen dringend neue Leute einstellen, damit wir wieder auf die alte Zahl von tausendfünfhundert Officern kommen. Derzeit sind es nur 1165. Wir wollen sicherstellen, dass spätestens sieben Minuten nach jedem Notruf ein Streifenwagen am Einsatzort ist. Und wir bringen unsere Ausrüstung kontinuierlich auf den neusten Stand, damit unsere Officer ihre Arbeit erledigen können.

Aber die Stadt darf die Aufgabe, die Kriminalität zu senken, nicht allein auf die Polizei abwälzen. Jeder weiß, dass Arbeitslosigkeit, schlechte Schulen, schlechte Erziehungsbedingungen, zu wenig Freizeitmöglichkeiten und das Fehlen von kulturellen und kirchlichen Einrichtungen die Kriminalität fördern. Und diese Probleme lassen sich nicht durch Polizeipräsenz beheben. Ich glaube aber, dass wir die Kommunikation mit unseren Politikern so verbessert haben, dass die meisten einsehen, dass nicht nur wir, sondern auch sie ihren Beitrag leisten müssen.«

Harrisons Erfolge zeigen, dass Amerikas Polizeibehörden ihre Auffassung von unserem Beruf ändern müssen. Wir müssen Konzepte sinnvoller Polizeiarbeit entwickeln, die weit über das traditionelle Berufsverständnis hinausgehen.

Welche Frühwarnsysteme existieren zum Beispiel in Polizeibehörden, um skrupellose Officer rechtzeitig zu identifizieren? Soll man alle fünf Jahre überprüfen, ob die Officer ihrer Arbeit psychisch noch gewachsen sind? Bisher müssen sich Polizisten nur ein einziges Mal einem psychologischen Test unterziehen, nämlich bei ihrer Einstellung. Der tägliche Umgang mit Schwerverbrechern und Kriminellen kann jedoch seelisch sehr belastend sein, und manche Cops leiden mehr darunter als andere. Laut Statistik ist die Selbstmordrate unter Polizisten doppelt so hoch wie im Bevölkerungsdurchschnitt. Was können wir tun, um unsere Gesetzeshüter und die Communitys, denen sie dienen, besser zu unterstützen?

Brauchen wir landesweit einheitliche Einstellungskriterien? Ein einheitliches Mindestalter für Polizeianwärter? In manchen Bundesstaaten kann man mit einundzwanzig Polizist werden, in anderen erst mit fünfundzwanzig. Manche Departments verlangen von den Bewerbern ein abgeschlossenes Bachelor-Studium, andere begnügen sich mit einem Highschoolabschluss. Das sind nur ein paar der wichtigen Fragen, die wir uns stellen müssen, wenn wir darüber nachdenken, wie gute Polizeiarbeit im 21. Jahrhundert aussieht.

Chris Magnus

Polizeichef, Tucson Police Department

Zu Beginn meiner Karriere habe ich mein Schwulsein geheim gehalten. Ich glaube, ich hätte es als schwuler Mann bei der Polizei nicht weit gebracht. Nicht bei dem Klima, das dort damals herrschte. Ich hörte ja die homophoben Sprüche und wusste, wie die meisten Cops über Schwule dachten. Daran hat sich bis heute nicht viel geändert. Wer vom traditionellen Bild des Cops abweicht, hat es schwer bei der Polizei.

Wenn ich daran denke, wie ich früher bei Festnahmen mit den Leuten umgesprungen bin, zucke ich innerlich zusammen. Ich habe mich nicht so verhalten, wie ich es heute von meinen Officern erwarte. Ich habe oft Gewalt angewendet, wenn es gar nicht nötig war. Damals nahm ich jeden fest, der mich schief ansah, das hatte ich so gelernt. Ich fuhr einen harten Kurs. Ich habe zu oft zugeschlagen, viel zu viele Leute festgenommen. In Lansing, Michigan gab es eine Menge Ordnungswidrigkeiten, für die man Leute festnehmen konnte, und das ließ uns Cops viel Ermessensspielraum. Wenn Leute unsere Weisungen nicht befolgten, polizeiliche Ermittlungen behinderten oder falsche Angaben machten, war das eine Ordnungswidrigkeit. Wir nutzten solche Sachen oft als Vorwand, um Leute zu filzen. Man findet immer einen Grund, um jemanden festzunehmen. Damals wusste ich es nicht besser. Ich dachte, so sieht richtige Polizeiarbeit aus.

Es gibt zwei Sorten von Polizeichefs. Die einen sehen sich als Krisenmanager. Sie halten die Stellung und sorgen dafür, dass die Züge weiter pünktlich fahren. Ich kenne viele von dieser Sorte. Das sind alles fähige Leute. Ihr Ansatz ist konservativ. Sie sehen es als ihre Aufgabe, die bestehenden Zustände in ihrer Behörde zu wahren.

Die anderen wollen etwas verändern. Solche Erneuerer haben es oft schwer, sich durchzusetzen. Ihre Verbesserungsvorschläge stoßen auf Widerstand, und man versucht sie auszubremsen. Viele Officer reagieren auf Veränderungen ängstlich oder verärgert, und unterschwellige Aggression macht sich breit. Polizeichefs, die etwas verändern wollen, müssen sich Verbündete suchen. Und das ist gar nicht so einfach. Die Officer wissen nämlich, dass ein Polizeichef höchstens ein paar Jahre im Department bleibt, und wenn sie sich seinem Erneuerungskurs anschließen, treten sie möglicherweise Leuten auf den Schlips, mit denen sie noch bis zu ihrem Ruhestand zusammenarbeiten müssen.

Letzten Endes denken Cops pragmatisch. Wenn die Chefs sie davon überzeugen können, dass die Neuerungen einfach besser funktionieren und ihnen das Leben erleichtern, lassen sie sich auch darauf ein. Die Chefs müssen ihren Leuten klarmachen, dass die neuen Richtlinien zur Gewaltvermeidung sie vor strafrechtlichen Konsequenzen schützen und ihnen Ärger mit ihren Vorgesetzten ersparen. Dem Durchschnittscop ist es viel wichtiger, was sein Sergeant von seiner Arbeit hält, als was ich als Polizeichef sage. Polizeichefs müssen ihre Sergeants auf ihre Seite ziehen, damit sie den Officern vermitteln: »Wenn du bei uns Erfolg haben willst, musst du ein bürgernaher Polizist sein.« Wir müssen höhere Ansprüche an unsere Officer stellen und deutlich machen, welches Verhalten gefördert und belohnt wird.

Es gibt ein Foto von mir mit einem Black-Lives-Matter-Plakat. Nach Lansing und Fargo, wo fast nur Weiße leben, ging ich als Polizeichef nach Richmond in Kalifornien, wo die Bevölkerung zu fünfundachtzig Prozent aus People of Color besteht. Die Einkommen sind niedrig, die Gewaltkriminalität ist hoch, und als ich 2006 dort anfing, herrschte großes Misstrauen gegenüber der Polizei. Im Laufe der Jahre gelang es uns, ein gutes Verhältnis zur Community und zu verschiedenen Anwohnergruppen aufzubauen. Nach den tödlichen Schüssen auf Michael Brown kam es in

Oakland und Berkeley zu tagelangen Protesten mit teils schweren Ausschreitungen.

Als wir mitbekamen, dass auch in Richmond ein Protestmarsch stattfinden sollte, bereiteten wir uns auf alle Eventualitäten vor. Doch am Ende zogen meine gesamte Führungsriege und ich einfach los und unterhielten uns mit den Demonstranten. Unter uns gesagt, kannten wir die meisten Leute. Wenn ich jemanden nicht persönlich kannte, dann mein Stellvertreter oder einer der Captains. Es ist schwieriger, sich feindselig gegenüber der Polizei zu verhalten, wenn man sich seit Jahren kennt und gute Kontakte pflegt. Unsere Strategie, Brücken zu bauen und für eine offene Kommunikation zu sorgen, hatte sich also ausgezahlt.

Irgendwann sagte einer meiner Captains: »Chief, die Leute sind schon lange auf den Beinen, und sie haben Hunger.« Also bestellten wir Pizza und verteilten sie an die Demonstranten. Viele hatten ihre Kinder dabei. Natürlich ernteten wir ein paar hasserfüllte Blicke, aber dafür gab es auch Leute, die sich mit uns fotografieren ließen. Eine Frau bat mich um ein Selfie. Sie hielt ihr Plakat hoch, und dann machten wir ein Foto. Ich hätte nie im Leben damit gerechnet, dass dieses Foto für solchen Wirbel sorgt. Es ist doch selbstverständlich, dass schwarze Leben zählen.

Leider gibt es immer noch Stimmen, die »schwarze Leben zählen« und »Polizistenleben zählen« als zwei Seiten derselben Medaille darstellen. Aber das stimmt nicht. Das eine lässt sich mit dem anderen überhaupt nicht vergleichen. Wenn Leute sich Sorgen um die Zukunft von People of Color machen und uns damit konfrontieren, dass wir in der Vergangenheit viele schreckliche Dinge getan haben und dass es bei uns nach wie vor viel Intoleranz und Vorurteile gibt, hat das nichts mit Polizeifeindlichkeit zu tun.

Und wenn wir unsere Fehler einräumen, heißt das nicht, dass die Arbeit der Polizei nichts wert ist oder dass die Leben von Polizisten nicht zählen. Die große Mehrheit der schwarzen Community wünscht sich ein gutes Verhältnis zur Polizei. Sie haben großen Respekt vor unserer Arbeit. Gibt es Schwarze, deren Verhalten und Wortwahl nicht gerade zuträglich sind? Ja, gibt es. Aber die meisten sind weder polizeifeindlich noch gegen die Verfolgung von Straftaten.

Früher haben wir in Richmond im Schnitt zwei Schusswaffen pro Tag aus dem Verkehr gezogen. In vielen Städten sind Waffen Bestandteil des Alltags. Hier in Tucson sagen die Leute, dass Waffen nun mal zu ihrem Lebensstil gehören. Ich würde fast sagen, dass man in Richmond kaum auf eine Waffe verzichten konnte, denn die Bandenkriminalität war hoch, und viele Leute fühlten sich bedroht. Viele Menschen leben in einer kleinen, sehr gefährlichen Welt. Das Tragen einer Waffe ist für sie vor allem eine Möglichkeit zur Selbstverteidigung. Als ich nach Richmond kam, gab es dort sehr, sehr viel Gewalt; viele Schießereien und viele Morde. [Bei Magnus' Jobantritt gab es in Richmond mit seinen 115 000 Einwohnern achtunddreißig Morde und knapp tausendeinhundert Gewaltverbrechen pro Jahr. Damit zählte Richmond zu den zehn kriminellsten Städten der USA und galt als Mordhauptstadt der San Francisco Bay Area.]

Wir hätten jeden Tag Leute erschießen können, aber wir wollten eine neue Kultur im Department schaffen. Wir wollten den Officern vermitteln: »Ihr seid professionelle Polizisten, und das Leben muss euch heilig sein. Die Person, die ihr vielleicht gerade festnehmen wollt, ist der Sohn oder die Tochter von Anwohnern aus dem Viertel. Nehmt ein bisschen Rücksicht. Überlegt euch genau, ob es wirklich nötig ist, Gewalt anzuwenden.« Die Officer sollten lernen, dass es noch andere Mittel und Wege gibt, als zu schießen, um mit gefährlichen Personen fertigzuwerden. Zu diesem Zweck haben wir mit den unterschiedlichsten Übungsszenarien gearbeitet und die Officer zum Deeskalationstraining geschickt.

Meine Officer haben jeden Tag zu Fuß Bewaffnete verfolgt. Ich würde meine Leute nie ermutigen, sich in Gefahr zu begeben, aber es gibt verschiedene Methoden, einen Verdächtigen zu verfolgen. Man kann Leute einkesseln. Man kann eine Situation bewusst entschleunigen, sodass man nicht in Panik gerät und kopflos handelt. All das kann man lernen. Als Polizist braucht man eine fundierte Grundausbildung und regelmäßig Schulungen, damit das Gelernte nicht wieder verloren geht.

Meine Sichtweise als schwuler Mann kommt mir in mancher Hinsicht zugute. Ich weiß, was es heißt, diskriminiert und mies behandelt zu werden, auf Intoleranz und Hass zu stoßen. Ich behaupte nicht, zu wissen, wie es ist, schwarz oder Hispanic zu sein, aber als schwuler Mann kann ich mich einfach besser in die Erfahrungen von Minderheiten hineinversetzen.

9. MORD IN CHICAGO

Am Tag, als ich nach Chicago flog, erfreuten sich weite Teile der Ostküste eines ungewöhnlich milden Herbstwetters. Zu Hause in Philadelphia zeigte das Thermometer noch fünfzehn Grad. Chicago aber wurde seinem Ruf vollauf gerecht. Es war kalt, nass und ein kräftiger Wind blies mir ins Gesicht. Für den nächsten Tag war Schnee angesagt. Seit meiner Zeit als ATF-Agent hatte es mich nur selten in die Stadt verschlagen. Jetzt aber gab es einen konkreten Anlass. In Chicago hatten sich im Vorjahr mehr Morde ereignet als in den beiden größten Metropolen des Landes – New York und Los Angeles – zusammen, und ich wollte vor Ort mehr über den Zusammenhang von Polizeigewalt und Hautfarbe in Erfahrung bringen. Ich wollte mich mit Chicagos Polizeichef Eddie Johnson unterhalten, mit dem Aktivisten Father Michael Pfleger, der seit vierzig Jahren gegen die Gewalt in der Stadt kämpft, und mit Arne Duncan, dem ehemaligen Leiter der Chicagoer Schulbehörde und Ex-Bildungsminister im Kabinett Obama. Und natürlich war ich auch wegen Laquan McDonald hier.

Kein anderer mir bekannter Fall von tödlichen Schüssen auf Afroamerikaner erzählt so viel über rassistisch motiviertes Fehlverhalten bei der Polizei wie der Fall McDonald. Er zeigt, zu welchen Mitteln Polizisten greifen, um sich gegenseitig zu decken, und das mit stillem Einverständnis der städtischen Politiker. McDonald, ein psychisch labiler siebzehnjähriger Schwarzer, wurde nur zwei Monate nach der Tötung von Michael Brown in Ferguson von dem weißen Polizisten Jason Van Dyke erschossen. Der Schütze feuerte sechzehn Kugeln auf ihn ab, neun trafen ihn in den Rücken. Fast alle Schüsse wurden abgegeben, als McDonald wehrlos und mindestens drei Meter von den Officern entfernt am Boden lag.

Mehrere Polizisten beteiligten sich mit Wissen der Polizeiführung und der Stadt an einer Vertuschungsaktion, um den Tathergang zu verschleiern. Als die Wahrheit ein Jahr später ans Licht kam, wurde der Todesschütze wegen Mordes angeklagt. Drei weitere Officer wurden wegen Beteiligung an einer Verschwörung vor Gericht gestellt, und der Polizeichef musste seinen Hut nehmen. Die politischen Folgen dieses Skandals hängen Chicagos damaligem Bürgermeister Rahm Emanuel bis heute nach.

Trotz der vielen Schlagzeilen über die hohe Kriminalität ist Chicago nicht die gefährlichste Stadt in den USA. Um diese zweifelhafte Ehre wetteifern jedes Jahr aufs Neue St. Louis, Memphis und Baltimore, dicht gefolgt von Detroit und Newark. Sogar in der Hauptstadt gibt es mehr Verbrechen. Als ich dieses Buch schrieb, rangierte Chicago nicht einmal in den Top Ten.

Chicago mag nicht so gefährlich sein wie andere Städte, aber es wirkt gefährlich. Nicht weil ganze Häuserzeilen leer stehen und verfallen wie in Teilen von Baltimore oder St. Louis. Chicago hat eine der schönsten Skylines des Landes. Es gibt viele einladende Parks und Grünanlagen, dazu ein herrliches Seeufer mit öffentlichen Stränden und kilometerlangen Fahrrad- und Wanderwegen. Eines fiel mir jedoch auf. Die Chicagoer erwecken bewusst oder unbewusst den Eindruck, als lebten sie in einem Dschungel der Gewalt und müssten ständig auf der Hut sein. Das Thema Kriminalität taucht in den belanglosesten Gesprächen auf, ob man nun darauf hingewiesen wird, welche Viertel man besser meiden sollte, oder ermahnt wird, im Umgang mit Fremden vorsichtig zu sein.

Meine erste Begegnung mit den eigenwilligen Gesprächskonventionen der Chicagoer hatte ich gleich nach meiner Ankunft. Am Flughafen bestellte ich mir wie immer per App ein Taxi, das mich zum Hotel bringen sollte. Meine Fahrerin hieß

Cynthia, eine nette Afroamerikanerin Mitte dreißig. Cynthia war hauptberuflich Lehrerin an einer staatlichen Mittelschule. Strahlendes Lächeln, schicke Kleidung, freundliche Art. Während wir uns in ihrem Toyota Prius durch den Verkehr Richtung Stadt schoben, begannen wir mit dem üblichen Smalltalk, um das peinliche Schweigen zu umgehen. Sie erkundigte sich, was mich nach Chicago getrieben hätte. Ich erklärte ihr den Anlass meines Besuchs, und sofort schilderte sie mir ihre persönlichen Erfahrungen mit der Kriminalität in der Stadt. Ähnliche Geschichten sollte ich den nächsten Tagen noch oft zu hören bekommen.

»An der Straßenecke gab es eine Schießerei«, sagte Cynthia. »*Peng, peng, peng!* Ich ging sofort in Deckung und hörte, wie die Kugeln in die Hauswand einschlugen. Die Einschusslöcher erinnern mich jeden Tag daran, vorsichtig zu sein. So ist das in vielen Teilen der Stadt. Alle in meiner Familie kennen das. Wenn man Schüsse hört, nichts wie runter auf den Boden.«

»Wäre es nicht besser, Sie ziehen um?«

»Nichts da«, sagte Cynthia. »Genau das wollen die doch. Das ist Teil des Problems. Die wollen, dass wir wegziehen. Wir sollen unsere Häuser billig an Weiße verkaufen. Sowie die Weißen in der Mehrheit sind, verändert sich das Viertel, und alles wird besser. Und plötzlich sieht man überall weiße Joggerinnen mit Buggy und einem Labradoodle an der Leine. Nein, ich verkaufe nicht. Ich steh das durch.«

Ein paar Stunden später, ich kam von einem Termin in der South Side und wollte zurück ins Zentrum, stieg ich zu Martin ins Taxi. Martin war ein Afroamerikaner Mitte vierzig mit dichtem Vollbart, Brille und einer schwarzen Wollmütze, die er sich zum Schutz vor der Kälte bis unter die Ohren gezogen hatte. Wir fuhren auf dem Dan Ryan Expressway Richtung Norden, und kurz bevor wir auf den Stevenson Expressway bogen, der zum berühmten Lakeshore Drive führt, wurde Martin gesprächig. Ich erfuhr, dass Taxifahren nur sein Nebenjob war. Eigentlich war er Busfahrer bei den Chicagoer Verkehrsbetrieben. Beide Jobs brachten ihn mit den Gefahren der Stadt in Berührung. Wenn er seine Fahrgäste im Taxi herumkutschiere, höre er oft Schüsse, erzählte er. Das sei unangenehm, aber nicht groß beängstigend. Richtig Angst habe er nur, wenn er am Steuer seines Busses sitze.

»Als Busfahrer weißt du nie, was dich erwartet«, sagte er. »Im Bus sitzen alle möglichen Leute – Kinder, Alte, Gangmitglieder, Berufstätige, Gauner. Da wird geschimpft, gepöbelt und rumgeschrien. Leider haben wir keine Metalldetektoren. Das heißt, jeder Fahrgast könnte eine Waffe dabeihaben. Klar kann ich mir die Leute ansehen und mir einreden, dass ich sie einschätzen kann, aber das funktioniert nicht. Also muss ich auf der Hut sein.

Ich muss auf die Straße achten und gleichzeitig den Bus im Auge behalten. Im Moment ist es wirklich schlimm. Viele Leute steigen einfach ein, ohne zu bezahlen. Wenn ich sie auffordere, sie sollen das Fahrgeld einwerfen, und sie weigern sich, lasse ich sie trotzdem durch. Ich meine, man kann nie wissen, wie die Leute drauf sind, und ich will nicht erschossen werden.«

Hector, mein nächster Taxifahrer, fuhr mich abends in die 87th Street. Er war in den Vierzigern, und mit seinem schütterem Haar und der Brille sah er aus wie ein Professor. Doch er arbeitete hauptberuflich beim Jugendamt. Er zählte mir die größten Probleme von armen Kindern in Chicago auf: überforderte Eltern ohne anständige Jobs, eine schlechte Gesundheitsversorgung, kaum vorhandene psychosoziale Betreuung, häusliche Gewalt und Vernachlässigung, Verwahrlosung, Heimunterbringung, mangelnde Bildung, eine hohe Schulabbrecherquote, Jugendkriminalität, Drogen, Gangs.

Hector fuhr mich zur Rink Fitness Factory, der legendären Rollerskatingbahn in der South Side, die von den Einheimischen nur »The Rink« genannt wird. Ich wollte dorthin, weil meine Freundin Saletta mir die Bahn als einzigartiges Chicago-Erlebnis angepriesen hatte und weil ich mit ein paar alteingesessenen Anwohnern sprechen wollte. Saletta war irgendwann aus Südkalifornien nach Chicago gezogen und hatte dort die Konkurrenz-Bahn in der 76th Street geleitet. Doch nach drei Jahren hielt sie es in der Stadt nicht mehr aus.

»Im Juli wurde meine Tochter geboren, und im Mai drauf zog ich weg, weil es immer öfter Schießereien gab. Das wollte ich mir nicht länger antun«, erzählte sie, als ich sie aus Chicago anrief.»In so einer Stadt kann man kein Kind großziehen. Das ist einfach zu heftig. Ich will nicht ständig darüber nachdenken, ob ich dies oder jenes tun kann. Ein Freund aus Chicago hat mir erzählt, dass er im Sommer auf dem Fußboden schläft, weil in der Seitenstraße hinter seiner Wohnung ständig geschossen wird. Er hat Angst, dass eine Kugel durchs Fenster fliegt. Also hat er seine Matratze auf den Boden gelegt, damit ihm nichts passiert.«

Eine ganz ähnliche Geschichte hatte ich schon vor meinem Trip nach Chicago gehört. Während der Reisevorbereitungen hatte ich Dimitri Roberts kontaktiert, der früher Cop in Chicago war und heute als Polizeiexperte für CNN arbeitete. Wir waren uns nie persönlich begegnet, aber ich dachte, er könnte mir vielleicht ein paar Tipps geben, was ich mir in seiner Heimatstadt unbedingt ansehen und mit welchen Leuten ich mich unterhalten sollte. Roberts erzählte mir, was ihn aus Chicago fortgetrieben hatte.

»Sie kennen das ja, als Cop lebt man gefährlich, und man ist an vieles gewöhnt. Man hat es mit Armut, Drogen, Verrückten, Lebensmüden und geistig Verwirrten zu tun, und man lernt, in bedrohlichen Situationen die Ruhe zu bewahren. Aber dann kam dieser eine Abend. Wir hatten gerade gegessen, und ich spülte das schmutzige Geschirr ab. Meine Tochter, ich glaube, sie war damals acht, half mir. Wir wohnten in Bronzeville. Während wir uns unterhielten, hörte ich in der Ferne plötzlich Schüsse. *Peng ... peng, peng, peng, peng.* Ich drehte mich um, und meine Tochter lag auf dem Boden. Ihre Freundinnen hatten ihr beigebracht, dass man sofort in Deckung gehen muss, wenn irgendwo geschossen wird. An diesem Abend beschloss ich, aus Chicago wegzuziehen.«

Saletta hatte mir nicht zu viel versprochen. The Rink war unglaublich. Es war Adult Skate Night, und mehrere Hundert schwarze Frauen und Männer zwischen vierzig und Mitte siebzig liefen auf Rollerskates ausgelassen zu R&B und Funk aus mehreren Jahrzehnten: James Brown, Boyz II Men, Little Anthony and the Imperials, Michael Jackson, Diana Ross and the Supremes. Vom Geschäftsführer erfuhr ich, dass sich sogar an Werktagen schon morgens um zehn dreihundert Leute auf der Bahn tummeln und ihre Kunststücke vorführen. Zum Publikum gehören Postangestellte, die direkt von der Nachtschicht kommen, Bus- und U-Bahn-Fahrer, Lehrer, Collegeprofessoren, Schwestern, Pfleger und anderes Krankenhauspersonal und sogar Ermittler von der amerikanischen Drogenbehörde.

Tim ist Stammgast auf der Bahn. Er arbeitet als Flugzeugmechaniker bei einer großen Airline und hat alles, was man sich wünschen kann – Familie, eigenes Haus, schickes Auto. Sein Jahreseinkommen ist doppelt so hoch wie das der meisten Bürger von Chicago. In seiner Kindheit verbrachten er und seine Freunde fast jedes Wochenende auf der Bahn. The Rink war ihr Zufluchtsort, ein Schutz vor den Gefahren, die auf schwarze Jungs in den Straßen von Chicago lauern. Nach wie vor ist das Rollerskaten eine beliebte Freizeitbeschäftigung in der afroamerikanischen Community. Auf den Straßen würden noch dieselben Probleme herrschen, vor denen er als Jugendlicher geflohen sei, sagte Tim, und in gewisser Weise laufe er heute noch davor weg. Erst kürzlich haben seine Freundin und er ihre dreizehnjährige Tochter zu Verwandten nach Florida geschickt. Sie soll keine zweite Hadiya Pendleton werden.

Hadiya Pendleton war Schülerin an der Dr. Martin Luther King Jr. College Preparatory Highschool. Sie spielte im schuleigenen Volleyballteam und war Tambourmajorin in der Marching Band.

Am 29. Januar 2013 traf sie sich mit ein paar Freunden in einem Park unweit von ihrer Schule. Hadiya war erst vor einer Woche aus Washington zurückgekehrt, wo sie mit ihrer Marching Band bei der Parade zur zweiten Amtseinführung ihres großen Idols Barack Obama aufgetreten war. Das kluge, ehrgeizige, begabte Mädchen mit den Spitzennoten hatte eine aussichtsreiche Zukunft vor sich.

Als es zu regnen anfing, stellte sich die Gruppe unter. Während sie sich unterhielten, lachten und Scherze machten, hielt plötzlich ein Auto vor dem Unterstand. Ein junger Mann sprang mit gezogener Waffe heraus, schoss wahllos in die Gruppe und fuhr davon. Zwei Wochen später, am Tag von Hadiyas Beerdigung, verhaftete die Polizei Michael Ward (18) und Kenneth Williams (20), als diese auf dem Weg zu einer Geburtstagsfeier in einen Stripclub waren. Die Täter sagten aus, es habe sich um ein Versehen gehandelt. Sie hätten Pendleton und ihre Freunde für Mitglieder einer rivalisierenden Gang gehalten. Pendleton wurde in den Rücken getroffen und starb noch am Tatort. Sie war erst fünfzehn Jahre alt. Er wolle nicht, dass seiner Tochter dasselbe widerfahre, sagte Tim.

Es war saukalt, als ich aus dem Rink kam, bestimmt minus sieben Grad. Carlos, der Fahrer, der mich zurück ins Hotel bringen sollte, wartete schon auf mich. Ich machte es mir auf dem Rücksitz bequem und genoss die wohlige Wärme. Eine Weile herrschte Stille im Wagen. Kein Smalltalk, keine Musik, nur das leise Surren der Reifen auf dem Asphalt.

»Sie sehen gar nicht aus wie ein Skater«, sagte Carlos schließlich, obwohl ich auf der Bahn sicher keine schlechte Figur abgegeben hätte.

»Nein, ich schreibe an einem Buch und spreche mit Leuten über die Polizei und die Kriminalität in Chicago«, sagte ich.

Er antwortete nicht. Ich war erleichtert. Es war kurz vor Mitternacht, ich hatte einen anstrengenden Tag hinter mir und keine Lust mehr zu reden. Es herrschte wieder Schweigen.

Ein paar Kilometer weiter sagte Carlos plötzlich: »Es ist schlimm hier, richtig schlimm.« Im Spiegel sah ich den ernsten Ausdruck in seinen Augen. »Manchmal höre ich auf meinen Touren, dass irgendwo geschossen wird. Du hörst Schüsse, aber du weißt nicht, wo sie herkommen. Das ist ziemlich unheimlich. Viele Fahrer machen deswegen einen Bogen um bestimmte Viertel. Ich nicht, aber manche lehnen solche Touren ab.«

»Warum denn? Befürchten sie, ausgeraubt zu werden?«, fragte ich. »Ihr Fahrer habt doch gar kein Bargeld im Wagen. Was sollten Räuber euch stehlen?«

»Das ist es nicht«, sagte Carlos. »Sie haben Angst, dass sie aus Versehen erschossen werden. Die Leute hier sind so extrem drauf, da weiß man nie.«

Ich wollte nicht gefühllos erscheinen, aber ich hatte an diesem Tag genug von Ängsten und Gewalt gehört. Ich ging nicht darauf ein, und er ließ es zum Glück dabei bewenden. Es kehrte wieder Stille ein. Ich lehnte mich zurück und machte die Augen zu.

☆ ☆ ☆

In kaum einer anderen amerikanischen Stadt treten die Widersprüche und Spannungen im Verhältnis zwischen der Polizei und People of Color so deutlich zu Tage wie in Chicago. Paradoxerweise schrecken besonders schwarze Bewohner aus armen Vierteln davor zurück, die Polizei zu rufen, obwohl sie ihre Hilfe am meisten brauchen. Grund dafür ist die bange Ungewissheit, welche Sorte Polizist bei ihnen auftaucht und wie diese »Hilfe« aussieht.

Bekommen sie die Officer, die einem neunjährigen Mädchen, das einen Spielzeuglaster verschluckt hatte, mit dem Heimlich-Griff das Leben retteten? Oder bekommen sie die Officer, die bei einem Einsatz nicht nur einen psychisch kranken neunzehnjährigen Studenten von der Northern Illinois Univer-

sity erschossen, sondern »aus Versehen« auch die fünfundfünf-
zigjährige Nachbarin? Bekommen sie die beiden Officer, die bei
einer Schießerei im berüchtigten Stadtbezirk West Englewood
acht Menschenleben retteten? Oder steht Officer Jason Van
Dyke, der Mörder von Laquan McDonald, vor ihrer Wohnungstür?

Die beiden Parteien – die Polizei und People of Color – begegnen einander mit Misstrauen und Abschottung, dabei
kämpfen beide gegen ein und dasselbe Problem – die erschreckend hohe Gewaltkriminalität, die vor allem in den ärmeren
Vierteln der Stadt wütet.

Seit Jahren wird Chicago von Gewaltverbrechen überschwemmt. Ein Viertel, in dem es immer wieder zu Massen-
schießereien zwischen rivalisierenden Gangs kommt, wird von
den Chicagoern nur noch Terror Town genannt. 2016 erreichte
die Gewaltkriminalität ihren höchsten Stand seit neunzehn
Jahren. Es wurden 762 Morde verübt, fünfzig Prozent mehr
als im Jahr davor. Dazu kamen 3550 Schießereien, bei denen
4331 Menschen verletzt oder getötet wurden.

Gut die Hälfte der Schießereien entfallen auf rivalisierende
Gangs, doch jeder in der Stadt weiß, dass der wahre Grund für
diese erschreckenden Zahlen in der erdrückenden Armut und
der Chancenlosigkeit zu suchen ist. Die Polizisten, städtischen
Politiker und Anwohner, mit denen ich gesprochen habe, sind
sich einig darüber, wer die wahren Schuldigen sind: Die hohe
Arbeitslosigkeit, die vielen schlecht bezahlten Jobs, die kaputten Familien, deren Kinder auf der Suche nach Gemeinschaft
und Orientierung ins Gangmilieu schlittern, und ein versagen-
des Bildungssystem, das massenweise Schulabbrecher und
funktionale Analphabeten auswirft.

All diese Faktoren fördern eine illegale Schattenwirtschaft,
in der sich Menschen ihren Lebensunterhalt mit Raub und Drogenhandel finanzieren. Dazu kommt das ausgedehnte Banden-
wesen. Die Gangs sind so zahlreich und allgegenwärtig, dass

niemand vor ihnen sicher ist, und sie bekämpfen einander so brutal, dass sie aus Rache sogar kaltblütig Kinder töten. Die hohe Kriminalität führt dazu, dass die Zahl der verrammelten, leer stehenden Häuser kontinuierlich steigt. Immer mehr Viertel sind von Armut und Verödung gezeichnet. In den wenigen noch verbliebenen Läden verschanzen die Inhaber sich und ihre Ware hinter Plexiglas, weil sie Angst haben, dass ihre verzweifelten Kunden mit ein paar Tüten Chips, einer Flasche Spüli oder einem Glas Erdnussbutter das Weite suchen.

Der unmittelbare Zusammenhang zwischen Armut und Kriminalität wird in Chicago auf erbarmungslose Weise sichtbar. In anderen Städten, beispielsweise in Atlanta, täuschen scheinbar ruhige, üppig begrünte Wohnviertel über die stille Verzweiflung und die daraus entstehende Kriminalität hinweg. In Los Angeles lassen das warme Klima und die vielen Palmen leicht vergessen, dass die Anwohner aus lauter Angst, jemand könnte ihre Wohnung ausräumen, während sie ihren schlecht bezahlten Jobs nachgehen, sämtliche Türen und Fenster sichern. Los Angeles verbindet man mit Sonne, Strand und Ferien, nicht mit Kriminalität.

In Chicago ist das anders.

Nehmen wir die beiden Bezirke Washington Park und Hyde Park. Beide grenzen an den Washington Park in Chicagos South Side. Hyde Park liegt im Osten und ist ein ethnisch gemischtes, wirtschaftlich pulsierendes Viertel. Die University of Chicago befindet sich dort und auch das Museum of Science and Industry. Es gibt jede Menge Geschäfte. In der 53th Street findet man trendige Restaurants wie das Nando's, das Chipotle und das Roti. Dazu kommen ein Starbucks, eine Craft-Beer-Brauerei, ein Baskin-Robbins-Eiscafé und eine Filiale des Kaufhauses Target. Das Target liegt im Erdgeschoss eines neuen zwanzigstöckigen Wohnhauses. Ein weiteres neues Hochhaus befindet sich einen Block weiter in der 52th Street. Ein Stück weiter auf dem Hyde Park Boulevard gibt es einen Bioladen, ein Geschäft für Künstler-

und Bastelbedarf und einen Marshalls-Discounter. In der 55th Street sind das Medici und andere schicke Restaurants. Und in der 57th Street gibt es schon wieder einen Starbucks.

Das durchschnittliche Pro-Kopf-Einkommen der 25 700 Bewohner beträgt 39 243 Dollar pro Jahr; das sind rund 12 000 Dollar mehr als im städtischen Durchschnitt. Fünfundneunzig Prozent der Bewohner haben einen Highschoolabschluss, die Arbeitslosenquote beträgt knapp sieben Prozent, und etwa fünfzehn Prozent der Bewohner leben unterhalb der Armutsgrenze, leicht mehr als im Landesdurchschnitt. In den letzten zehn Jahren hat es in Hyde Park sechzehn Morde gegeben.

Westlich des Parks liegt das gleichnamige Washington Park, ein knapp vier Quadratkilometer großes tristes Viertel mit leer stehenden Häusern, kaum Gewerbe und einer hohen Kriminalität. Es gibt ein großes Einkaufszentrum, das Grand Boulevard Plaza. Darin befinden sich unter anderem ein Kosmetikshop und ein MK-Schmuckladen. In der Nähe findet man Wayne's Bar-B-Q and Cajun, einen Friseur, einen Handyladen und ein Nagelstudio, Fastfoodläden und Imbisse, einen Finanzdienstleister, ein Billigschuhgeschäft, einen Sonderpostenmarkt, einen Cricket-Mobilfunkshop und einen Liberty Tax Service, wo Leute ihre Steuererklärungen machen lassen können. Nobel sieht anders aus.

Das durchschnittliche Pro-Kopf-Einkommen der 11 717 Bewohner beträgt 13 087 Dollar, nicht einmal die Hälfte des Durchschnittseinkommens in Chicago. Die Arbeitslosigkeit liegt bei dreiundzwanzig Prozent, zwei von fünf Bewohnern leben unterhalb der Armutsgrenze, und ein Drittel hat keinen Schulabschluss. In Washington Park hat es in den letzten zehn Jahren einundsiebzig Morde gegeben, obwohl dort nur halb so viele Leute leben wie in Hyde Park.

Dass Armut und Kriminalität einander bedingen, ist in allen rauen Gegenden der Stadt nicht zu übersehen. Südwestlich von Washington Park liegt das Problemviertel Englewood. Dort beträgt das durchschnittliche Pro-Kopf-Einkommen 11 993 Dollar. Zweiundvierzig Prozent der Bewohner leben in Armut, einundzwanzig Prozent sind arbeitslos. In den vergangenen zehn Jahren gab es über hundertneunzig Morde. Im nördlich angrenzenden Fuller Park beträgt das Durchschnittseinkommen sogar nur 9016 Dollar. Sechsundfünfzig Prozent der Bewohner leben in Armut, vierzig Prozent haben keinen Job, vierunddreißig Prozent haben keine abgeschlossene Schulbildung. Englewood hat eine der höchsten Mordraten der USA.

Chicagos Stadtobere kennen all diese Statistiken. Und sie wissen auch um den Zusammenhang zwischen Armut und Verbrechen. Wie die meisten amerikanischen Polizeichefs wird Chicagos Superintendent Eddie Johnson sagen, dass soziale Ungleichheit Kriminalität und Gewalt fördert. Dass es der Gesellschaft nicht gelingt, Kernprobleme wie die hohe Arbeitslosigkeit und die Mängel im Bildungssystem in den Griff zu kriegen, macht ihm seine Arbeit unglaublich schwer.

»Solche Probleme lassen sich nicht mit Polizeiarbeit lösen«, sagte Johnson in unserem Gespräch. »Wir müssen Geld in die verarmten Viertel stecken und den Menschen Hoffnung geben. Sie sollen die Möglichkeit haben, für sich und ihre Familien zu sorgen. Wir haben bei uns im Department ein Programm, das sich gezielt an junge Männer richtet, die gefährdet sind, zu Mördern oder zu Opfern eines Gewaltverbrechens zu werden. Wir besorgen ihnen Ausbildungen, Wohnungen und bieten ihnen auf vielen Ebenen Unterstützung an. Vierzig Prozent der Leute, die wir ansprechen, nehmen unsere Angebote an. Es ist wunderbar, wenn man jemandem, der in Konflikt mit dem Gesetz geraten ist, eine echte Chance bieten kann und dazu beiträgt, dass er einen regulär bezahlten Job bekommt. Das erfüllt einen mit Stolz. Ich habe es selbst erlebt. Die meisten dieser Jungs wollen aussteigen. Sie nehmen unsere Hilfe an, damit sie ihr kriminelles Leben hinter sich lassen können.«

Der katholische Priester Michael Pfleger teilt diese Einschätzung. Pfleger, der von den Bewohnern der South Side nur Father Mike genannt wird, ist Pfarrer in der St. Sabina Church und setzt sich für die Belange seiner Gemeinde ein. Seine Kirche liegt in Auburn Gresham, einem einkommensschwachen Viertel in der South Side, das fast ausschließlich von Schwarzen bewohnt wird. Seit über vierzig Jahren kämpft Father Mike in seiner Geburtsstadt gegen Kriminalität, Gewalt, Obdachlosigkeit und die ungerechte Strafjustiz und macht sich stark für bessere Schulen, eine bessere Gesundheitsfürsorge und mehr finanzielle Unterstützung für die Armen. Er geht gegen den Verkauf von Drogenutensilien auf die Straße, führt Kampagnen gegen Alkohol- und Tabakwerbung, die sich an Kinder in schwarzen Vierteln richtet, und protestiert gegen gewaltverherrlichende, frauenverachtende Musik und den leichten Zugang zu Schusswaffen.

Seine Methoden sind ausgesprochen unkonventionell. Einmal ging er mit Mitgliedern seiner Gemeinde auf den Straßenstrich und gab den Prostituierten Geld, um sich mit ihnen über Ausstiegsmöglichkeiten aus dem Gewerbe zu unterhalten. Er hat zwei schwarze Jungen adoptiert, um ihnen ein besseres Leben zu ermöglichen. 1997 übernahm er die Pflegschaft für einen weiteren schwarzen Jungen, Jarvis Franklin. Nur ein Jahr später wurde Franklin ganz in der Nähe von Pflegers Kirche von einer Kugel getroffen, als ein Gangmitglied wahllos in die Menge schoss. Pfleger hatte gerade eine Trauung vollzogen, als er von der Tat erfuhr. Er hielt den Kopf des schwer verletzten Jungen in seinem Schoß und betete für ihn. Jarvis starb zwei Tage später im Krankenhaus.

Rein zufällig begegnete ich Pfleger schon einige Tage vor unserem verabredeten Treffen. An meinem ersten Abend in Chicago besuchte ich eine Podiumsdiskussion, zu der die führenden Unternehmer Chicagos geladen waren. Thema der Veranstaltung waren sinnvolle Maßnahmen gegen die hohen Mordraten in der Stadt. Pfleger und die anderen Podiumsgäste wollten die Unternehmer dazu bewegen, gezielt Leute einzustellen und auszubilden, die aus den härtesten Vierteln Chicagos kommen und fast alle eine kriminelle Vergangenheit haben.

»Helfen Sie uns, diesen jungen Menschen Türen zu öffnen, damit auch sie eine Chance im Leben haben«, appellierte Pfleger an die hundert Gäste im Publikum. »Sie brauchen eine regelmäßige Arbeit. Sie fühlen sich wie Dreck, weil ihnen genau das vermittelt wird. Ganze Bevölkerungsgruppen in dieser Stadt leiden nicht bloß unter posttraumatischen Belastungsstörungen. Sie werden jeden Tag aufs Neue traumatisiert, weil in ihren Vierteln Armut, Gewalt und Hoffnungslosigkeit herrschen. In all diesen Vierteln liegt die Arbeitslosigkeit im zweistelligen Prozentbereich, die Schulen sind schlecht, und es fehlt an Subventionen ...

Die Zukunftsaussichten für junge Menschen sind katastrophal. Unsere jungen Männer – ich meine die Altersgruppe von siebzehn bis achtundzwanzig – fühlen sich abgeschoben, weil wir sie behandeln, als wären sie in unserer Gesellschaft überflüssig. Wenn man das Gefühl hat, niemand schätzt einen wert, hält man sich irgendwann selbst für wertlos und wirft sein Leben weg. Einer unserer afroamerikanischen Brüder hatte einen Sommerjob, und als das Programm vorbei war, sah ich ihn an einer Straßenecke Drogen verkaufen. ›Was machst du da?‹, fragte ich ihn. Er antwortete: ›Das sehen Sie doch. Ich muss für mein Kind und meine Großmutter sorgen. Wenn ich Arbeit finden würde, würde ich noch heute damit aufhören.‹ Wenn wir zweitausend Unternehmen dazu bewegen könnten, jeweils einen dieser jungen Männer einzustellen, könnten wir eine Menge bewirken.«

Seit Jahren hören städtische Politiker und Unternehmer die Appelle von Aktivisten und den Bewohnern dieser armen Viertel. Reagiert haben sie mit minimaler finanzieller Hilfe oder dem Versprechen, die drängendsten Probleme irgendwann in der Zukunft zu lösen. Die Kriminalität aber findet jetzt statt.

Der Tod von Laquan McDonald symbolisiert auf tragische

Weise, dass Chicago und ganz Amerika die schwächsten Glieder der Gesellschaft vernachlässigen und ihnen die finanzielle Unterstützung verweigern, die sie brauchen, um der Hoffnungslosigkeit zu entfliehen. Wie so viele junge Afroamerikaner und Latinos wurde Laquan McDonald in eine Welt hineingeboren, die geprägt ist von Armut, Zerrüttung und Verwahrlosung. In den ersten fünf Jahren seines Lebens wechselte er fünfmal das Zuhause. Er wurde regelmäßig körperlich misshandelt und so massiv vernachlässigt, dass er schon mit elf täglich Marihuana rauchte, um seine Sorgen zu vergessen. Das Kiffen würde ihm helfen, seine Wut zu unterdrücken. Er fühle sich dann nicht mehr so allein und würde »immer lächeln«, erzählte er einer Psychologin von der Jugendgerichtshilfe. Mit dreizehn hatte er wegen einer posttraumatischen Belastungsstörung und anderer schwerwiegender psychischer Probleme bereits drei Psychiatrieaufenthalte hinter sich. Er fühlte sich vom Leben überfordert, nahm die verschriebenen Medikamente nicht und suchte immer wieder Zuflucht in den Drogen. »Ich bin gerne high. Dann ist alles so lustig«, erzählte er einem Therapeuten.

Laquan wurde im September 1997 geboren. Seine alleinstehende Mutter, die bei der Geburt erst fünfzehn war, war erst wenige Monate zuvor vom Jugendamt in einem Heim untergebracht worden, weil ihr Vormund Drogen nahm. McDonald stand also in zweiter Generation unter Betreuung des Staates. Kurz vor Weihnachten 2000 entzog das Jugendamt der Mutter das Sorgerecht für den Dreijährigen, weil sie aufgrund ihres Drogenkonsums ihre Aufsichtspflichten vernachlässigt hatte. Mitarbeiter vom Jugendamt hatten bei Laquan und seiner fünf Jahre älteren Schwester Brandwunden festgestellt, die von einem Heizkörper stammten. Die Geschwister wurden bei ihrer Urgroßmutter untergebracht. Die war früher Arbeiterin gewesen und hatte nur sieben Jahre lang eine Schule besucht. Sie wohnte in einem Haus für sozial schwache Mieter in Austin, einem Viertel in der West Side von Chicago mit hoher Kriminalität.

Die verwitwete Rentnerin war die Matriarchin der Familie. Sie hatte zwölf teils eigene, teils fremde Kinder großgezogen, darunter auch Laquans Mutter. Zwei Jahre später erhielt seine Mutter das Sorgerecht zurück. Es stellte sich jedoch schnell heraus, dass Laquan dort nicht gut aufgehoben war. In einem Bericht des Jugendamts vom März 2003 ist vermerkt: »Fügt sich selbst Schläge ins Gesicht zu.« Drei Monate später kam er erneut in die Obhut des Jugendamtes. Sein Körper wies zahlreiche Striemen und Blutergüsse auf, weil der Freund seiner Mutter ihn mit einem Gürtel verprügelt hatte. Laquan erzählte den Fürsorgemitarbeitern, dass der Freund auch seine Mutter schlagen würde. Danach kam er in zwei verschiedenen Pflegefamilien unter. In der ersten habe man ihn misshandelt und sexuell missbraucht, in der zweiten sei er mit einem Verlängerungskabel geschlagen worden und habe kaum etwas zu essen bekommen, sagte er. Mit sechs kam er zurück zu seiner Urgroßmutter und blieb dort bis zu ihrem Tod im August 2013.

Der verstörte, oft aggressive Junge geriet zum ersten Mal in Schwierigkeiten, als er in der vierten Klasse einen Stuhl nach seiner Lehrerin warf und ihr drohte, sie umzubringen. Mit vierzehn war er bereits zehn Mal vom Unterricht suspendiert worden und dealte mit Marihuana, um seinen eigenen Konsum zu finanzieren. Außerdem schloss er sich zwei Gangs an – den New Breeds und den Four Corner Hustlers. »Das war eben so in dem Viertel, in dem ich wohnte«, erzählte er zwei Jahre vor seinem Tod einem Therapeuten. Seine Freunde von früher seien auch alle Gangs beigetreten, und die schienen »echt Spaß« zu haben. Er sei bei einigen Schlägereien mit anderen Gangs dabei gewesen, aber sie hätten nur mit Stöcken und Flaschen gekämpft, nie mit Messern oder Schusswaffen, sagte er dem Therapeuten. Er war damals erst zehn, und es war offensichtlich, dass seine Urgroßmutter keinen Einfluss mehr auf ihn hatte. Und so dauerte es nicht lange, bis er ins Visier der Polizei geriet.

Seine Urgroßmutter sagte vor dem Jugendgericht, er sei ungefähr zwei- bis dreimal pro Woche auf dem Revier gelandet. Sie habe aber nicht den Eindruck gehabt, dass es dabei um Schikane ging. Die Polizisten hätten ihn sogar mehrmals mit einer Verwarnung laufen lassen. Zwischen 2012 und 2014 musste er sich sieben Mal vor dem Jugendgericht verantworten, fast immer ging es um Drogenbesitz in geringen Mengen. Mehrmals wurde er zu Bewährungsstrafen mit strengen Auflagen verurteilt. Er trug zeitweise eine elektronische Fußfessel, hatte Schulanwesenheitspflicht, musste gemeinnützige Arbeit leisten, einen Therapeuten aufsuchen und sich einer medikamentösen Behandlung unterziehen. Bei seiner letzten Festnahme wegen Drogenbesitzes wurde er zu einer viermonatigen Jugendstrafe verurteilt. Im Mai 2014 wurde er aus der Haft entlassen. Nur wenige Tage nach seinem siebzehnten Geburtstag und einen Monat vor seinem Tod ergriff er die Initiative und besuchte die Sullivan House High School, eine Schule für gefährdete Jugendliche und Schulabbrecher zwischen sechzehn und einundzwanzig. Seine Lehrer sagten, er habe offenbar beschlossen, sein Leben zu ändern. Er habe viel gelächelt, oft seine Lehrer umarmt und fast nur gute bis sehr gute Noten geschrieben. Vor allem aber sei er seitdem nicht mehr straffällig geworden. Am 24. Oktober sollte er zu einer Anhörung vor Gericht erscheinen, und mit seinem Zeugnis standen die Chancen gut, dass man ihm die restliche Bewährungszeit erlassen würde.

Aber dazu kam es nicht mehr. Am 20. Oktober 2014 kurz vor zweiundzwanzig Uhr ging in der Polizeizentrale ein Notruf ein. Der Anrufer meldete, ein Mann habe auf einem Pkw-Parkplatz mehrere Fahrzeuge aufgebrochen und laufe jetzt mit einem Messer in der Hand auf der South Polanski Road herum. Als die Officer am Einsatzort eintrafen, konfrontierten sie Laquan McDonald mit den Anschuldigungen. Die Polizisten sagten später aus, er habe daraufhin mit einem Taschenmesser den Reifen eines Streifenwagens aufgeschlitzt und die Windschutzscheibe beschädigt. Obwohl sie ihn mehrfach aufgefordert hätten, die

Stichwaffe fallen zu lassen, sei er einfach weitergegangen. Laut Funkaufzeichnungen forderten die Officer in diesem Moment Taser-Verstärkung an. Vielleicht ahnten sie bereits, was später bei der Obduktion bestätigt wurde: McDonald war auf PCP, eine Droge mit stark halluzinogener Wirkung.

Der Konsum von PCP kann unter anderem zu Euphorie, Rastlosigkeit, Benommenheit und Enthemmung führen. Bei höheren Dosen kommt es zu Taubheitsgefühlen in den Extremitäten sowie Sprach- und Koordinationsstörungen; das Schmerzempfinden lässt nach, und der User hat das Gefühl, unbezwingbar zu sein. Ein leerer Blick, unkontrolliertes Augenrollen und ein taumelnder, schleppender Gang gehören zu den auffälligsten Nebenwirkungen. Akustische Halluzinationen, eine verzerrte Wahrnehmung, extreme Stimmungsschwankungen und Amnesie können ebenfalls auftreten. Bei manchen Usern treten akute Angstzustände und tiefe Verzweiflung auf. Andere verfallen in Paranoia und werden aggressiv und gewalttätig. Bei wieder anderen löst die Droge Rauschzustände aus, die einer schizophrenen Episode ähneln. Viele Experten halten PCP für die gefährlichste Droge überhaupt.

Eines kann ich Ihnen versichern: PCP ist der schlimmste Albtraum eines jeden Polizisten. Ich hatte unendlich oft mit Verdächtigen zu tun, die unter PCP-Einfluss standen. Diese Leute verspüren keinen Schmerz und besitzen kolossale Körperkräfte. Sie sind gefährlich, und man hält sich am besten von ihnen fern, bis genügend Verstärkung eingetroffen ist. Die Officer taten gut daran, sicheren Abstand zu McDonald zu wahren.

Als Jason Van Dyke und sein Partner Joseph Walsh am Einsatzort ankamen, waren bereits mehrere Streifenwagen dort. Bis jetzt hatte keiner der anwesenden Officer die Waffe gezogen. Keiner hatte Angst um sein Leben. Walsh und Van Dyke stiegen mit gezogenen Waffen aus dem Wagen, und nur zehn Sekunden später eröffnete Van Dyke das Feuer auf den jungen Schwarzen. Laquan McDonald befand sich mindestens zweieinhalb Meter von ihm entfernt. Die erste Kugel warf ihn zu Boden, und er blieb reglos liegen. Dann feuerte Van Dyke innerhalb von fünfzehn Sekunden fünfzehn weitere Schüsse ab, bis das Magazin seiner Selbstladepistole leer war.

Hinterher sagte der Officer, der zuerst am Einsatzort gewesen war, er habe keine Veranlassung gesehen, zur Waffe zu greifen. Auch die anderen Officer hatten nicht geschossen. Nur Walsh und Van Dyke hatten ihre Waffen gezogen. McDonald wurde ins Mount Sinai Hospital gebracht, und um 22.42 wurde er für tot erklärt. Das tragische Ende eines kurzen, kummervollen Lebens sollte für die Stadt Chicago zu einer Lehrstunde werden, die der Bevölkerung vor Augen führte, mit welchen Machenschaften Polizei, Staatsanwaltschaft und Politiker versuchten, die wahren Hintergründe von Laquan McDonalds Tod zu verschleiern.

10. DIE VERTUSCHUNG

Anfangs sorgte der Tod Laquan McDonalds kaum für Aufsehen. Warum auch? Das Chicago Police Department war seit Jahrzehnten ein Synonym für Rassismus, gewalttätige Übergriffe und Korruption, und nur wenige Chicagoer konnten sich an Zeiten erinnern, in denen die Polizei nicht in einen Skandal verwickelt gewesen war. Schon in den 1950ern hatten die Officer vom CPD Bestechungsgelder von Autofahrern und Fußgängern kassiert und sich zur Weihnachtszeit großzügig von Einzelhändlern »beschenken« lassen. Die Leute wussten also, was von der Polizei in Chicago zu erwarten war. Ein Freund, der Ende der 1960er an der Northwestern University studiert hatte, erzählte mir, es sei damals völlig normal gewesen, bei jeder Fahrt in die Stadt einen gefalteten Zwanzigdollarschein parat zu haben, um die Officer im Falle einer Fahrzeugkontrolle zu schmieren.

Doch als 1960 der sogenannte Summerdale-Skandal die Schlagzeilen füllte, hielten sogar die Chicagoer den Atem an. Acht Officer vom CPD hatten dem Einbrecher Richard Morrison dabei geholfen, die Häuser von reichen North-Side-Bewohnern auszuräumen. Sie standen Schmiere, während Morrison in die Häuser einstieg, und schafften das Diebesgut in ihren Streifenwagen weg. Pikanterweise kam die Idee, gemeinsame Sache zu machen, von den Cops. Im Prozess sagte Morrison aus, die Polizisten seien mit den Worten an ihn herangetreten: »Auch wir mögen schöne Sachen.«

Der Summerdale-Skandal war nichts gegen die unfassbare Serie von Verbrechen, die zwölf Jahre später ihren Anfang nahm. Zwischen 1972 und 1991 folterten der Chicagoer Detective Jon

Burge und seine Helfershelfer Hunderte von tatverdächtigen Afroamerikanern und Latinos, um sie zu Geständnissen zu zwingen. Sie misshandelten die Männer mit Schlagstöcken und glühenden Zigaretten, versetzten ihnen mit elektrischen Viehtreibern Stromstöße in die Hoden, führten Scheinhinrichtungen durch und spielten mit ihnen russisches Roulette. Viele Opfer landeten unschuldig im Gefängnis, mindestens vier wurden zum Tode verurteilt. Als der Folterskandal im Jahr 2000 publik wurde, ließ der Gouverneur von Illinois George Ryan alle Hinrichtungen im Bundesstaat aussetzen, um zu klären, ob die Geständnisse der Todestraktinsassen unter Folter zustande gekommen waren. 2003 begnadigte Ryan vier von Burges Opfern wegen erwiesener Unschuld und wandelte die Todesurteile aller 167 Häftlinge, die auf ihre Hinrichtung warteten, in lebenslange Freiheitsstrafen um.

Städtische Politiker, Polizei und Justiz wussten seit Jahren Bescheid über Burges Foltermethoden, aber man ließ ihn gewähren, bis er 1993 wegen Misshandlung eines Mordverdächtigen gefeuert wurde. Burge und seine Folterknechte mussten sich für ihre Verbrechen nie verantworten. Als er 2010 vor Gericht gestellt wurde, waren die Taten bereits verjährt. Er wurde lediglich wegen Behinderung der Justiz und Meineids angeklagt und am 21. Januar 2011 zu einer Freiheitsstrafe von viereinhalb Jahren verurteilt. Am 3. Oktober 2014 wurde er vorzeitig aus der Haft entlassen.

Der Fall Andrew Wilson ist nur ein Beispiel für die Grausamkeiten von Burge und seinen Leuten. Wilson wurde an einem Februarmorgen 1982 wegen des mutmaßlichen Mordes an zwei Polizisten verhaftet. Am Abend desselben Tages wurde er von der Polizei in die Notaufnahme des Mercy Hospital gebracht. Bei der Untersuchung wurden zahlreiche Verletzungen am ganzen Körper festgestellt, die Wilson nach eigenen Aussagen in Polizeigewahrsam zugefügt worden waren. Der behandelnde Arzt wandte sich umgehend an Richard M. Daley, den leitenden

Staatsanwalt von Chicago und Cook County, und forderte ihn auf, in dem Fall zu ermitteln.

»Ich habe Mr. Andrew Wilson am 15. und 16. Februar 1982 untersucht«, schrieb er. »Gesicht und Kopf wiesen zahlreiche Hämatome, Schwellungen und Schürfwunden auf. Das rechte Auge war stark geschwollen, an der Augenbraue befand sich eine kleine Platzwunde. Am rechten Oberschenkel, der rechten Wange und auf der Brust zeigten sich etliche linienförmig angeordnete Brandblasen, die auf Verbrennungen durch einen Heizkörper hindeuten. Der Patient gab an, man habe ihn mit Handschellen an die Heizung gefesselt und dann gegen die heißen Rippen gedrückt. Außerdem habe man ihm Stromstöße an Gaumen, Lippen und Genitalien verabreicht. Alle Verletzungen seien ihm vor dem Transport ins Gefängnis zugefügt worden. Dieser mutmaßliche Fall von Polizeigewalt muss gründlich untersucht werden.«

Daley, der sieben Jahre später zum Bürgermeister von Chicago gewählt wurde und länger im Amt blieb als alle seine Vorgänger, schenkte dem Arztbericht keine Beachtung. Stattdessen klagte er Wilson und seinen Bruder Jackie wegen Doppelmordes an, und Wilson wurde von einem Geschworenengericht zum Tode verurteilt. Fünf Jahre später entschied das Oberste Gericht von Illinois, Wilsons Geständnis sei unter Folter erzwungen worden, und hob das Todesurteil auf. Aus einem internen Polizeibericht, der jahrelang unter Verschluss gehalten worden war, ging hervor, dass Burges Vorgesetzte spätestens seit Mitte der 1970er von seinen Folterpraktiken gewusst hatten.

In den nächsten Jahren meldeten sich haufenweise Folteropfer und berichteten von den Qualen, die ihnen Burge und andere Polizisten zugefügt hatten. 1991 verklagte der Geschädigte Gregory Banks das Chicago Police Department und die Stadt Chicago auf sechzehn Millionen Dollar Schadensersatz. Er sagte aus, 1983 ein falsches Geständnis abgelegt zu haben, nachdem die Polizisten ihm unter anderem eine Plastiktüte über den Kopf gestülpt und eine Pistole in den Mund gesteckt hätten. Während der Folter habe er gesehen, wie elf weitere Tatverdächtige mit Schlägen, glühenden Zigaretten und Elektroschockern misshandelt wurden. Ein weiterer Kläger war Marcus Wiggins, der als Dreizehnjähriger von einem von Burges Leuten mit Elektroschocks gefoltert worden war. Dreiundzwanzig Schwarze und Latinos, die zwischen 1972 und 1985 misshandelt worden waren, schlossen sich einer Sammelklage an. Insgesamt klagten über hundertfünfzig Häftlinge gegen die Stadt Chicago, weil Burge sie unter Folter zu falschen Geständnissen genötigt hatte.

Die Rechtsstreitigkeiten um den Burge-Skandal zogen sich bis ins Jahr 2015. Am Ende zahlte die Stadt über siebenundfünfzig Millionen Dollar Entschädigung an die Opfer und weitere fünfzig Millionen für die Anwaltskosten der beschuldigten Officer.

In den 1990ern kam es regelmäßig zu Fällen von Polizeikorruption. 1996 wurden sieben Officer aus dem Bezirk Austin in Chicagos West Side zu Haftstrafen verurteilt, weil sie Dealern Geld und Drogen abgenommen und den Stoff anschließend weiterverkauft hatten. Ein Jahr später mussten sich drei Cops aus Auburn Gresham wegen eines ähnlichen Delikts vor Gericht verantworten. Im selben Jahr musste Polizeichef Matt Rodriguez seinen Hut nehmen, nachdem herausgekommen war, dass er eine enge Freundschaft mit einem vorbestraften Kriminellen und Steuerbetrüger unterhielt.

1998 legte ein abscheuliches Gewaltverbrechen den unterschwelligen Rassismus bloß, der in der Stadt regierte. Anfang August wurden zwei sieben und acht Jahre alte afroamerikanische Jungen wegen Vergewaltigung und Mordes an der elfjährigen Ryan Harris verhaftet. Laut Polizeibericht hatten die beiden Jungen gestanden, das Mädchen mit einem Stein auf den Kopf geschlagen und mit einem rohrförmigen Gegenstand vergewaltigt zu haben. Anschließend hätten sie dem Opfer seine Unterhose in den Mund gestopft, um es zum Schweigen zu bringen.

Staatsanwaltschaft, Polizei und städtische Politiker diffamierten die Jungen als »Monster« und beschimpften die Eltern und die mehrheitlich schwarze Bevölkerung der South Side als »verkommen«. Einen Monat nach der Festnahme fand man auf der Unterwäsche des getöteten Mädchens Spermaspuren. Da Jungen dieses Alters noch nicht zeugungsfähig sind, schieden sie als Täter aus. Der wahre Mörder war der neunundzwanzigjährige Floyd Durr, der in Verdacht stand, bereits drei andere Mädchen in Englewood vergewaltigt zu haben. Durr bekannte sich schuldig und wurde zu lebenslanger Haft plus dreißig Jahren verurteilt. Aufgrund der stark verminderten Intelligenz des Täters sah der Staatsanwalt davon ab, die Todesstrafe zu beantragen.

Im Jahr darauf erschoss die Polizei innerhalb von vierundzwanzig Stunden zwei unbewaffnete Schwarze. Nichts Besonderes, ungewöhnlich war nur, dass es sich bei den Opfern um gebildete Afroamerikaner mit glänzenden Zukunftsaussichten handelte. Der zweiundzwanzigjährige Robert Russ war Student an der renommierten Northwestern University und Star des Footballteams, die sechsundzwanzigjährige La Tanya Haggerty arbeitete als IT-Spezialistin bei einem Lexikonverlag. Russ stand zwei Wochen vor dem Examen, als er aus dem Leben gerissen wurde. Er hatte sich nach einer Verfolgungsjagd mit der Polizei ergeben und saß in seinem Wagen, als er von einem Officer erschossen wurde. Das Gericht befand, dass der Todesschütze vorsätzlich gehandelt hatte, und sprach dem vierjährigen Sohn des Opfers eine Entschädigung von 9,6 Millionen Dollar zu.

Auch Haggerty verlor ihr Leben nach einer Verfolgungsfahrt. Die junge Frau, die nur als Beifahrerin im Wagen saß, wurde von einer Polizistin erschossen, die später aussagte, sie habe im Fahrzeug einen Gegenstand gesehen, der wie eine Waffe aussah. Bei der vermeintlichen Waffe handelte es sich um Haggertys Mobiltelefon. Laut Ermittlungsbericht der Polizei hatten die Officer sich über den Befehl ihres Sergeants hinweggesetzt, die Verfolgung sofort einzustellen. Außerdem hatten sie es unterlassen, sofort einen Krankenwagen für Haggerty zu rufen. Die drei beteiligten Officer hatten grundlos geschossen und im Rahmen der Ermittlungen falsche Angaben über den Tathergang gemacht. Haggertys Familie erhielt von der Stadt Chicago achtzehn Millionen Dollar.

2001 mussten sich erneut mehrere Chicagoer Cops wegen Korruption und anderer Straftaten vor Gericht verantworten. Im April wurde der Polizist Joseph Miedzianowski angeklagt, weil er Schutzgelder von Drogendealern kassiert, mehrere Chicagoer Gangs mit Waffen beliefert und einen eigenen Drogenring unterhalten hatte. Er wurde später zu einer lebenslangen Freiheitsstrafe ohne Chance auf Bewährung verurteilt. Miedzianowski missbrauchte über viele Jahre seine Stellung als Leiter des Dezernats für Bandenkriminalität. Er schloss sich mit vier Gangs im Bezirk Humboldt Park zusammen und dealte im großen Stil mit Crack. Außerdem nahm er rivalisierende Drogendealer aus und half den Gangs, indem er verdeckt ermittelnde Polizisten enttarnte. Außer ihm wurden vierundzwanzig weitere Personen schuldig gesprochen, darunter die vier Gangbosse, seine Geliebte und sein ehemaliger Polizeipartner.

Sechs Monate nach Miedzianowskis Verurteilung bekannte sich William Hanhardt, Chef der Kriminalpolizei und einer der ranghöchsten Polizisten von Chicago, schuldig, der Anführer einer landesweit operierende Juwelenräuberbande zu sein. Innerhalb von zwanzig Jahren hatten er und seine Kumpane Diamanten und andere Edelsteine im Wert von über fünf Millionen Dollar erbeutet. Hanhardt, der seit dreiunddreißig Jahren beim Chicago Police Department war, wurde zu zwölf Jahren Haft verurteilt. Nur zwei Monate später wurde der Sergeant Eddie Hicks angeklagt, Anführer einer Bande zu sein, zu der unter anderem ein weiterer Sergeant sowie zwei nicht im Polizeidienst tätige Mitarbeiter vom CPD gehörten. Sie führten illegale Razzien in bekannten Drogenhäusern durch und sackten Geld und

Ware ein. Das Geld behielten sie, den Stoff verkauften sie an andere Dealer.

Für ihre Raubzüge benutzten Hicks und seine Komplizen gefälschte Dienstmarken, fingierte Durchsuchungsbeschlüsse und Zivilfahrzeuge mit falschen Nummernschildern. Nach jeder Tour fuhren sie zurück zum Revier und teilten die Beute unter sich auf. Hicks türmte vor Prozessbeginn aus der Stadt und tauchte unter. 2017 wurde er nach vierzehnjähriger Flucht in Detroit festgenommen und wartet auf seinen Prozess.

2007 wurde das Chicago Police Department erneut in einen Skandal verwickelt. Der Polizist Anthony Abbate hatte in einer Bar brutal auf die Tresenfrau Karolina Obrycka eingeschlagen, nachdem sich diese geweigert hatte, den betrunkenen Cop, der an diesem Abend außer Dienst war, zu bedienen. Die Tat wurde von einer Überwachungskamera aufgezeichnet. Obrycka verklagte Abbate wegen Körperverletzung und das CPD wegen versuchter Tatverschleierung. Obryckas Anwalt warf der Polizei vor, sie hätte weder das Überwachungsvideo gesichtet noch im Ermittlungsbericht erwähnt, dass Abbate Polizist war. Außerdem legte er dem Gericht zahlreiche Beweise vor, darunter eine Liste mit über hundert unmittelbar nach der Tat geführten Telefongesprächen, in denen Abbate und seine Kollegen sich darauf geeinigt hatten, die Sache zu vertuschen. Abbate wurde schließlich wegen schwerer Körperverletzung verurteilt und verlor seinen Job. Er bekam zwei Jahre auf Bewährung und musste sich einem Antiaggressionstraining unterziehen. 2012 gab eine Grand Jury Obryckas Vertuschungsvorwürfen recht und sprach ihr 850 000 Dollar Schmerzensgeld zu.

Im jüngsten Polizeiskandal hob die Staatsanwaltschaft von Cook County im November 2017 die Urteile gegen fünfzehn afroamerikanische Männer auf. Das war die erste Massenfreilassung unschuldig Inhaftierter in der Geschichte Chicagos. Mehrere in Drogengeschäfte verstrickte Cops hatten den Männern vorsätzlich eine Fülle von erfundenen Straftaten angehängt. Der

Anführer der Drogendealer-Cops, Sergeant Ronald Watts, stand bei den schwarzen Bewohnern der South Side seit langem in Verruf. Bereits am Vortag hatte die Staatsanwaltschaft fünf andere Fehlurteile aufgehoben. Insgesamt wurden also zwanzig zu Unrecht verurteilte Schwarze freigesprochen. Zwei hatten wegen Mordes siebenundzwanzig Jahre lang im Gefängnis gesessen.

Watts hatte im Bezirk South Chicago jahrelang Schutzgelder von Drogendealern und Bewohnern erpresst. Wer nicht zahlen wollte, wurde einer fiktiven Straftat bezichtigt und landete im Gefängnis. Die Anwohner beschwerten sich bei Polizei und Justiz, aber die Richter, Staatsanwälte und die Abteilung für Interne Ermittlung glaubten den Aussagen von Watts und seinen korrupten Kollegen. Watts flog schließlich auf, als er versuchte, einen als Drogenkurier getarnten FBI-Agenten auszurauben. Das Strafmaß für den Cop, der jahrelang unschuldige Menschen aufgrund erfundener Straftaten hinter Gitter gebracht hatte, fiel mit zweiundzwanzig Monaten ausgesprochen milde aus. Als seine Opfer 2017 entlastet wurden, war er schon seit Jahren wieder auf freiem Fuß. Nach Anwaltsschätzungen könnte Watson für fünfhundert Fehlurteile verantwortlich sein. Skandalöserweise waren sieben von Watts mutmaßlichen Komplizen zum Zeitpunkt der Urteilsaufhebungen noch im Polizeidienst.

Korruption und Rassismus hatten beim CPD eine lange Tradition, doch der Fall Laquan McDonald sorgte am Ende selbst bei den hartgesottensten Bürgern der Stadt für Fassungslosigkeit. Zunächst bestand kein Grund zu der Annahme, dass McDonalds Tod mehr Staub aufwirbeln würde als andere Fälle. Die Polizei von Chicago war dafür bekannt, Menschen zu erschießen. Zwischen 2010 und 2014 starben über siebzig Menschen durch Polizeikugeln, so viele wie in keiner anderen amerikanischen Stadt. Insgesamt machte die Polizei in diesem Zeitraum 242 Mal Gebrauch von der Schusswaffe, also im Schnitt fast einmal pro Woche. Angesicht der herrschenden Sitten im CPD glaubte so gut wie niemand daran, dass man die beteiligten Officer im Fall McDonald vor Gericht stellen würde. Die Independent Police Review Authority, die 2007 gegründet worden war, um polizeiliches Fehlverhalten und Waffenmissbrauch strenger zu ahnden, hatte bis 2015 vierhundert Fälle überprüft, in denen Menschen von der Polizei erschossen oder durch Schüsse verletzt worden waren. Mit zwei Ausnahmen wurde der Einsatz der Schusswaffe von der IPRA in allen Fällen als begründet eingestuft. Auch im Fall Calvin Cross.

Am Abend des 31. Mai 2011 waren der neunzehnjährige Cross und sein zwei Jahre jüngerer Freund Ryan Cornell auf dem Weg von Cross' Wohnung in West Pullman zur Bushaltestelle, als ein Streifenwagen neben ihnen hielt. Cross hatte im Süden von Illinois eine Ausbildung zum Maurer gemacht und war erst kürzlich nach Chicago zurückgekehrt. Nach Aussage seiner Mutter hatte er sich für das staatlich finanzierte Ausbildungsprogramm angemeldet, weil seine Freundin schwanger war und er einen anständigen Beruf erlernen wollte, um für sie und das Kind zu sorgen. Die drei Officer im Streifenwagen – Mohammed Ali, Macario Chavez und Matilde Ocampo – gehörten zur schnellen Eingreiftruppe und hatten die Aufgabe, in Vierteln mit hoher Kriminalität Drogen und Waffen sicherzustellen.

In ihrem direkt nach dem Vorfall verfassten Bericht gaben die drei Polizisten an, sie hätten Cross angehalten, weil »seine Körper- und Handbewegungen darauf hindeuteten, dass er bewaffnet war«. Sie forderten Cross und Cornell auf, ihre Hände zu zeigen. Cornell, der schon oft von der Polizei kontrolliert worden war, folgte dem Befehl. Cross beschleunigte hingegen seinen Schritt und floh dann über eine Wiese. In ihrem Abschlussbericht gaben zwei der Officer an, Cross habe während der Flucht dreimal auf sie geschossen. »Ich sah, wie er die Waffe auf uns richtete«, sagte einer, »und dann sah ich das Mündungsfeuer. Er hat mindestens drei Schüsse abgegeben.« Das war unmöglich, denn Cross trug keine Waffe bei sich. Und auch aus dem Smith-&-Wesson-Revolver, der etwa zwanzig Meter entfernt von der Leiche gefunden wurde, war nicht geschossen worden. Es steckten noch alle sechs Patronen in der Trommel. Cross hätte sowieso nicht damit schießen können. Die kriminaltechnische Untersuchung ergab, dass der fast hundert Jahre alte, völlig verdreckte Revolver nicht mehr funktionierte. Außerdem befanden sich auf der Waffe keine Fingerabdrücke, und Cross' Hände wiesen keine Schmauchspuren auf. Die einzigen Patronenhülsen, die am Tatort gefunden wurden, stammten aus den Waffen der Polizisten.

Als Cross die Flucht ergriff, eröffnete Chavez mit dem Sturmgewehr, das er vor der Brust trug, das Feuer. Ocampo und Ali schossen mit ihren Dienstpistolen. Ab dem Moment war klar, dass das Leben des schwarzen Cross für sie nicht zählte.

Dabei gab es überhaupt keinen Anlass, auf den jungen Schwarzen zu schießen. Cross lief vor den Officern weg und stellte somit keine Bedrohung für sie dar. Sein Freund, der seine Familie kannte und wusste, wo er wohnte, befand sich bereits in Gewahrsam. Sie hätten Cross also problemlos später am Abend oder am nächsten Morgen fassen können. Die Officer scherten sich auch nicht um die Leben anderer Schwarzer, denn sie schossen achtlos durch die Gegend, und es war reines Glück, dass kein Unbeteiligter getroffen wurde.

Cross' Mutter hörte die Schüsse in ihrer Wohnung und wunderte sich, was da draußen los war. Sie hatte keine Ahnung, dass ihr Sohn gerade von der Polizei getötet wurde. Als die Officer den Flüchtigen aus den Augen verloren, stellten sie das Feuer ein und suchten nach ihm. Sie fanden ihn auf einem unbebauten Grundstück verletzt im Gebüsch. Er bewegte sich noch, doch als er dem Befehl, die Hände zu zeigen, nicht nachkam, gab Chavez die Schüsse sechsundzwanzig, siebenundzwanzig und achtundzwanzig ab. Als das Magazin seines Sturmgewehrs leer war, griff er zu seiner Beretta und feuerte drei weitere Male

auf den wehrlosen Cross. Insgesamt gaben die Officer fünfundvierzig Schüsse ab. Todesursache war laut Obduktionsbefund
ein Schuss in die Stirn. Nach gründlicher Überprüfung des Vorfalls gelangte die IPRA zu dem Ergebnis, die Officer hätten zu
Recht um ihr Leben gefürchtet; es sei daher gerechtfertigt gewesen, Cross zu erschießen.

Es stand also nicht zu erwarten, dass der Tod Laquan McDonalds andere Konsequenzen nach sich ziehen würde als die
tödlichen Schüsse auf Cross. Doch der Fall hatte von Anfang an
etwas Undurchsichtiges. In der offiziellen Version, die von der
Polizeigewerkschaft veröffentlicht und später durch diverse
Berichte und Stellungnahmen des Departments bestätigt wurde, hieß es, Van Dyke habe erst geschossen, als McDonald sich
mit dem Messer auf ihn stürzen wollte. Er habe also eindeutig
in Notwehr gehandelt. Laut internem Ermittlungsbericht schilderte Van Dyke die Ereignisse so: »McDonald fuchtelte wild und
aggressiv mit dem Messer herum. Ich forderte ihn mehrfach auf,
das Messer fallen zu lassen, aber er reagierte nicht auf meine
Anweisungen und bewegte sich auf mich zu. Als er noch etwa
fünf Meter entfernt war, sah er mich an. Dann hob er den Arm
und richtete das Messer auf mich.«
    Im Ermittlungsbericht ist weiterhin zu lesen: »Van Dyke
glaubte, McDonald wolle sich mit dem Messer auf ihn stürzen
und ihn töten. Um sein Leben zu retten, wich er zurück und
schoss auf McDonald. McDonald ging zu Boden. Er blieb jedoch nicht ruhig liegen und hatte immer noch das Messer in der
Hand, das die ganze Zeit auf Van Dyke gerichtet war. Da McDonald offenbar versuchte aufzustehen, schoss Van Dyke auf ihn,
bis der Verschluss seiner Pistole einrastete. Er wechselte das
Magazin und schätzte dann die Situation ein. McDonald rührte
sich nicht, und es ging keine Gefahr mehr von ihm aus.«
    Van Dykes Partner Joseph Walsh tischte den Ermittlern die-
selbe Geschichte auf. »Als McDonald bis auf vier oder fünf Me-

ter an die Officer herangekommen war«, sagte er, »fuchtelte er aggressiv mit dem Messer herum ... Van Dyke schoss weiter auf McDonald. McDonald bewegte sich und versuchte aufzustehen. Er hatte immer noch das Messer in der Hand.« Die beiden Officer Daphne Sebastian und Janet Mondragon bestätigten diese Version. Officer Arturo Becerra sagte aus:»Als ich am Einsatzort eintraf, stand ein männlicher Schwarzer, der später als Laquan McDonald identifiziert wurde, mitten auf der Straße und schlug mit den Armen um sich.«

Officer Dora Fontaine sagte:»McDonald hörte nicht auf die Befehle. Er hob den rechten Arm, als wollte er Officer Van Dyke angreifen.« Officer Ricardo Viramontes sagte:»Ich habe gehört, dass Officer Jason Van Dyke McDonald wiederholt aufforderte: ›Lassen Sie das Messer fallen!‹ McDonald hörte nicht darauf und ging direkt auf Van Dyke und seinen Partner Officer Joseph Walsh zu. In diesem Moment gab Van Dyke mehrere Schüsse aus seiner Dienstpistole ab. McDonald fiel zu Boden, aber er versuchte, mit dem Messer in der Hand wieder aufzustehen. Van Dyke schoss, bis McDonald sich nicht mehr rührte.« Alle Officer gaben an, Van Dyke habe sieben, höchstens acht Mal geschossen. Laut offiziellem Polizeibericht wurde McDonald lediglich von einem Schuss in die Brust getroffen.

Warum aber bot die Stadt McDonalds Mutter und seiner fünfzehnjährigen Schwester nur sechs Monate nach seinem Tod fünf Millionen Dollar an, wenn die Polizisten die Wahrheit gesagt hatten? Diese Frage stellten sich viele. Ja, es war in Chicago üblich, solche Angelegenheiten mit außergerichtlichen Vergleichen zu regeln. Seit 2004 hatte die Stadt über fünfhundert Millionen Dollar an die Opfer von Polizeigewalt und die Hinterbliebenen von Getöteten bezahlt, obwohl das CPD das Handeln der Officer fast immer als gerechtfertigt eingestuft hatte. Diesmal aber kam die Staatsanwaltschaft mit einem Zahlungsangebot, noch bevor der Anwalt der McDonalds Klage eingereicht hatte. Und warum wurde das Angebot von den siebenundvierzig Stadtratsmitgliedern und Bürgermeister Rahm Emanuel diskussionslos abgenickt?

Ganz einfach: Weil Stadtrat, Polizei und eine Handvoll weiterer Amtspersonen die Wahrheit kannten. Sie wussten, dass auf den Aufnahmen von Van Dykes Dashcam zu sehen war, was sich wirklich an diesem Abend abgespielt hatte. Ob sie das Video nun mit eigenen Augen gesehen hatten oder ob sie, wie Bürgermeister Emanuel behauptete, nur gebrieft worden waren, spielte keine Rolle: Jeder wusste vor der Abstimmung, dass alle offiziellen Berichte über den Tod McDonalds erstunken und erlogen waren. Also hielten sie still und machten sich mit ihrer Zustimmung, McDonalds Angehörigen Schweigegeld zu zahlen, zu Mittätern einer groß angelegten Vertuschungsaktion. Doch die Geschichte, die sich die Polizei feinsäuberlich zurechtgesponnen hatte, bekam schon gut zwei Wochen nach McDonalds Tod die ersten Risse.

Am 7. November 2014 beauftragte McDonalds Mutter Tina Hunter die beiden Anwälte Jeffrey J. Neslund und Michael D. Robbins, Nachforschungen über den Tod ihres Sohnes anzustellen. Neslund und Robbins vertraten bereits drei afroamerikanische Geschwister, die am Neujahrstag von einem Chicagoer Cop angeschossen worden waren, als dieser elfmal blind durch die offene Küchentür in ihr Zuhause gefeuert hatte. Robbins behauptete später, Hunter sei durch Mundpropaganda auf seine Kanzlei aufmerksam geworden. Wahrscheinlicher ist jedoch, dass ein Mitarbeiter von dem Fall gehört und Hunter kontaktiert hatte. Jedenfalls unterschrieb Hunter einen Vertrag, der den Anwälten vierzig Prozent der erstrittenen Summe zusicherte.

Robbins gab später zu, er sei anfangs skeptisch gewesen: »Ich hielt die Sache für aussichtslos, falls er tatsächlich auf einen Polizisten losgegangen war.« Dennoch habe sein Kollege die Herausgabe aller Videoaufnahmen, Gutachten, Berichte und Funkaufzeichnungen in Zusammenhang mit McDonalds

Tod beantragt. »Als die ersten Dokumente eintrafen«, sagte Robbins, »war uns sofort klar, dass an der offiziellen Geschichte irgendetwas faul war.« Zuerst nahmen sich die beiden Anwälte den Obduktionsbericht vor: McDonald hatte nicht nur eine der sieben oder acht Kugeln abbekommen, die Van Dyke laut Aussage seiner Kollegen abgefeuert hatte. Er war von sechzehn Kugeln durchsiebt worden. Die Leiche zeigte Einschüsse an der linken Halsseite, in der linken und rechten Brust, im linken und rechten Handgelenk, an der vorderen rechten Hüfte, in der hinteren linken Schulter, in der rechten Schulter, im rechten Handgelenk, im rechten Handrücken, in der rechten Gesäßhälfte und auf der Rückseite des rechten Oberschenkels. Dazu kamen je zwei Einschüsse im rechten Oberarm und im linken Ellbogen sowie ein Streifschuss am Kopf.

Im Dezember wurde in den Medien erstmals über die Existenz eines Dashcam-Videos spekuliert. Chicagoer Cops sind laut Vorschrift dazu verpflichtet, bei solchen Einsätzen die Kameras in ihren Streifenwagen einzuschalten. Im selben Monat wurde Bürgermeister und Stadtrat klar, dass die tödlichen Schüsse auf McDonald zu einem ernsthaften Problem werden könnten. Anfang 2015 sickerten erste Gerüchte über den Inhalt der Polizeiberichte und des Dashcam-Videos an die Öffentlichkeit. Ein anonymer Mitarbeiter des Chicago Police Departments rief den Jura-Professor und Experten für Polizeirecht Craig Futterman an und erzählte ihm von dem Video. Laut Futterman sagte der Informant: »Es ist entsetzlich. Im Department erzählt man sich, so was hätte es noch nie gegeben, manche sprechen sogar von einer Hinrichtung. Es gibt ein Video von dem Vorfall – es wurde von einer Kamera in einem der Streifenwagen aufgenommen, und darauf ist die Wahrheit zu sehen. Danach hatten die Officer die Situation im Griff, und es bestand für niemanden unmittelbare Lebensgefahr. Doch dann stieg ein Officer aus seinem Wagen, und als Laquan zu einem Bauzaun kam und nirgendwo hinkonnte, schoss der Polizist auf ihn.

Laquan ging zu Boden, und der Officer feuerte sein gesamtes Magazin auf ihn ab.«

Im Februar 2015 widersprach auch der Journalist und Menschenrechtsaktivist Jamie Kalven den offiziellen Darstellungen der Polizei. Kalven hatte eine Kopie des Obduktionsberichts erhalten und bestätigte in einem Artikel für das Online-Magazin *Slate*, dass McDonald von sechzehn Kugeln getroffen worden war. Derweil versuchten Noland und Robbins hinter den Kulissen einen Vergleich auszuhandeln. Am 3. März forderten sie erneut sämtliche Videoaufzeichnungen und weitere Polizeidokumente an – mit der Zusicherung, das Material bis zur Einigung vertraulich zu behandeln. Die beiden Anwälte wollte die Sache möglichst schnell über die Bühne bringen. Nach allem, was sie in Erfahrung gebracht hatten, war jederzeit mit einer Anklage gegen Van Dyke zu rechnen, und ein Strafprozess würde eine gütliche Einigung mit der Familie möglicherweise um Jahre hinauszögern.

Drei Tage später drängten die beiden Anwälte die Stadtregierung schriftlich zur Zahlung. In ihrem Schreiben machten sie deutlich, dass sie Bescheid wussten, was Stadt und Polizei verheimlichten. »Dieser schreckliche und erschütternde Vorfall wurde nicht nur von Polizisten, sondern auch von mehreren Bürgern beobachtet. Darüber hinaus wurden die Ereignisse von einer Dashcam in einem der Einsatzfahrzeuge aufgezeichnet [...] Entgegen den falschen Behauptungen, mit denen der Sprecher der Polizeigewerkschaft mit Billigung der Stadt die Medien beeinflussen wollte, ist auf dem Video eindeutig zu erkennen, dass Mr McDonald nicht auf die Polizei ›losging‹. Dieser Fall wird gewiss landesweit für Furore sorgen, und man wird die Aufmerksamkeit nicht nur auf die Tat richten, sondern auch auf den sonderbaren Umstand, dass die Tötung von Afroamerikanern durch die Polizei in der Stadt Chicago routinemäßig als gerechtfertigt abgesegnet wird. In dem vorliegenden Fall muss man zweifellos von einer willkürlichen Hinrichtung und einem

Hassverbrechen sprechen.« Ein öffentliches Gerichtsverfahren, fuhren die Anwälte fort, würde außerdem ans Licht bringen, dass bei der Polizei von Chicago ein Schweigekodex herrsche und polizeiliches Fehlverhalten konsequent vertuscht werde. Zum Abschluss präsentierten Neslund und Robbins ihrer Forderung: Sechzehn Millionen Dollar für die Hinterbliebenen – eine Million für jede Kugel in McDonalds Körper. Sie setzten der Stadt eine Frist von sieben Tagen.

Zehn Tage später trafen sie sich mit Staatsanwalt Thomas Platt und dem Syndikus der Stadt Stephen Patton. Bei den Verhandlungen beriefen sich Neslund und Robbins auf Schadensersatzzahlungen, die die Stadt in vergleichbaren Fällen geleistet hatte. Darunter war auch der Fall Flint Farmer. Der neunundzwanzigjährige Farmer war 2011 von dem Polizisten Gildardo Sierra erschossen worden. Die Tat wurde teilweise auf Video festgehalten. Es war bereits das dritte Mal innerhalb eines halben Jahres, dass Sierra auf einen Menschen geschossen hatte – das zweite Mal mit tödlichem Ausgang. Er gab insgesamt sechzehn Schüsse ab; Farmer wurde sieben Mal getroffen, davon drei Mal in den Rücken. Obwohl auf dem Video eindeutig zu sehen war, dass Farmer auf dem Boden lag, als Sierra auf ihn feuerte, verzichtete die leitende Staatsanwältin Anita Alvarez darauf, Anklage zu erheben. Es sei durchaus nachvollziehbar, dass Sierra das Handy in Farmers Hand in der Dunkelheit für eine Waffe gehalten habe; ein unangemessener Gebrauch der Schusswaffe sei daher nicht nachzuweisen, so ihre Begründung. Sierra zu dem Vorfall zu befragen hielt Alvarez für überflüssig. Alvarez war auch für den Todesfall McDonald zuständig, und obwohl sie das Video mit dem Tathergang gesehen hatte, erhob sie keine Anklage. Farmers Familie reichte Klage gegen die Stadt ein und erhielt über vier Millionen Dollar.

Neslund und Robbins verwiesen auch auf den Fall Rekia Boyd. Die zweiundzwanzigjährige Boyd amüsierte sich mit Freunden im Douglas Park, als der Polizist Dante Servin wütend auf die Gruppe zukam und sich über den Lärm beschwerte. Servin, der an diesem Tag nicht im Dienst war, geriet mit einem von Boyds Freunden in heftigen Streit, worauf er seine Dienstpistole zog und blind in die Menge schoss. Nach der Tat behauptete er, jemand aus der Gruppe habe ihn mit einer Waffe bedroht. Alle jungen Leute waren unbewaffnet. Boyd erlitt einen tödlichen Kopfschuss. Das Gericht sprach Servin vom Vorwurf der fahrlässigen Tötung frei. Die Stadt zahlte 4,5 Millionen Dollar an Boyds Familie.

Einige Tage nach dem Meeting verfassten Neslund und Robbins einen zweiten Brief. Darin schrieben sie: »Anders als in den besprochenen Fällen existiert in diesem Fall ein Video, das grausam dokumentiert, wie mehrfach auf einen wehrlos am Boden liegenden Siebzehnjährigen geschossen wird.«

In einem Brief an Platt vom 23. März 2015 beschuldigte Robbins die Stadt, gemeinsam mit der Polizei Informationen zurückzuhalten, und warf dem CPD vor, Zeugenaussagen frisiert zu haben. »Ein Zeuge, der laut Polizeibericht bei der Tat nicht zugegen war, schilderte mehreren Polizisten, was er beobachtet hatte, und sprach von einer Hinrichtung.« Und weiter: »Mehrere Bürger, die Zeugen der Ereignisse waren, berichteten uns, sie seien anschließend stundenlang gegen ihren Willen festgehalten und von den Ermittlern intensiv befragt worden. Dabei habe man sie massiv unter Druck gesetzt, ihre Aussagen zu ändern. Als sie sich weigerten, hätten die Ermittler ihre Aussagen einfach umgeschrieben.« Zum Schluss drohte Robbins mit Klage, sollte die Stadt sich nicht zügig auf einen Vergleich einlassen.

Im April standen die Parteien kurz vor einer Einigung. Die Vertragsentwürfe wurden getauscht, und Robbins monierte die Auflage der Stadt, das Dashcam-Video bis zur möglichen Anklageerhebung unter Verschluss zu halten. Platt nahm den Passus aus dem Vertrag, dafür sicherten Robbins und Neslund der Stadt mündlich zu, das Video nicht publik zu machen. Am 8. April einigten sich die Stadt und McDonalds Mutter schließlich auf eine Zahlung von fünf Millionen Dollar. Fünf Tage später drängte Patton den Finanzausschuss der Stadt Chicago, die Zahlung zu genehmigen. »Die Anwälte der Gegenseite werden anführen, dass McDonald weder das Leben von Officer A bedrohte noch eine unmittelbare Gefahr für ihn darstellte. Sie werden argumentieren, dass er sich von den Polizisten entfernte, als der erste Schuss fiel, und, dass das Video ihre Version des Tathergangs bestätigen wird«, sagt er. »Erschwerend kommt hinzu, dass die beiden Officer, die zuerst am Einsatzort waren und McDonald mehrere Minuten lang verfolgten, keinerlei Veranlassung sahen, von der Schusswaffe Gebrauch zu machen.«

Zwei Tage später wurde die Zahlung vom Stadtrat einstimmig genehmigt. McDonalds Mutter Tina Hunter sollte 2,25 Millionen Dollar und seine Schwester 2,75 Millionen Dollar erhalten. Von den Anteilen gingen vierzig Prozent beziehungsweise ein Drittel an die Anwälte – insgesamt gut 1,8 Millionen Dollar. Die schnelle Einigung war für alle, die den Fall aufmerksam verfolgten, der Beweis, dass an den Gerüchten über ein Polizeivideo etwas dran war. Medien, Menschenrechtsaktivisten und afroamerikanische Bürgervertreter forderten die Stadt lautstark zur Veröffentlichung auf. Der Syndikus der Stadt Stephen Patton wies die Forderung mit dem Hinweis auf ein laufendes Ermittlungsverfahren zurück, versprach aber, das Video zu »gegebener Zeit« zu veröffentlichen.

Damit gab sich der für die *Chicago Tribune* schreibende Journalist Brandon Smith nicht zufrieden. Er berief sich auf das Gesetz zur Informationsfreiheit und beantragte im Mai beim CPD die Sichtung aller Videos, die in Zusammenhang mit dem Fall McDonald standen. Außerdem verlangte er von den Anwälten der McDonalds, ihm die Kopie des Videos auszuhändigen, das sie von der Polizei erhalten hatten. Die Kanzlei, die rechtlich nicht zur Geheimhaltung verpflichtet war, hielt sich an ihre mündliche Zusage, das Video nicht vor einer Anklageerhebung herauszugeben, und lehnte ab. Das Chicago Police Department hielt Smith monatelang hin und erteilte ihm am 4. August eine endgültige Absage. Am nächsten Tag verklagten Smith und die *Chicago Tribune* die Stadt Chicago auf Herausgabe des Videos. Es kam zur Verhandlung, und die Anwälte beider Parteien legten dem vorsitzenden Richter Franklin Valderama ihre Argumente dar. Valderama, der bereits in seiner dritten Amtszeit stand, galt allgemein als fair und unvoreingenommen. Während sich die Parteien vor Gericht stritten, wuchs bei Aktivisten, Stadtteilvertretern und zahlreichen Bürgern der Unmut gegen Staatsanwältin Alvarez, die über ein Jahr nach McDonalds Tod immer noch keine Anklage gegen Van Dyke erhoben hatte. Alvarez, die bereits in mehreren anderen prominenten Fällen von Polizeigewalt von einer Anklage abgesehen hatte, redete sich den Medien gegenüber weiter damit heraus, die Ermittlungen im Fall McDonald seien noch nicht abgeschlossen.

Am 19. November 2015 war es ungewöhnlich warm im eisigen Chicago. Das Thermometer stieg an diesem Donnerstag auf sieben Grad, und es schien fast den ganzen Tag lang die Sonne. Normalerweise versank die Stadt zu dieser Jahreszeit unter einer dicken Schneedecke, und die Chicagoer wagten sich nur dick eingepackt nach draußen. Medienvertreter, Polizisten und städtische Politiker standen an diesem Morgen nervös aus ihren Betten auf. Am Vormittag würde Richter Valderama darüber entscheiden, ob die Stadt das Dashcam-Video herausgeben musste. Bürgermeister Rahm Emanuel und der Stadtrat hatten alles unternommen, um das Video unter Verschluss zu halten, obwohl Emanuel seit Monaten wusste, was darauf zu sehen war. In einem privaten Gespräch hatte er die Tat als »abscheulich und unvorstellbar grausam« bezeichnet und hinzugefügt, dass »so etwas nie hätte passieren dürfen«. Aber er wusste auch, dass das Video seine Wiederwahl als Bürgermeister gefährdete. Außerdem würde es nach der Veröffentlichung außerordentlich schwierig werden, im Falle eines Strafprozesses eine unvoreingenommene Jury zusammenzustellen. Doch seine größte Sorge war vermutlich, dass es in der Stadt zu Ausschreitungen kommen würde, wenn die schockierende Wahrheit ans Licht kam. Am Tag vor dem entscheidenden Gerichtstermin hatte sich Emanuel für alle Eventualitäten gewappnet und war mit seinem Mitarbeiterstab noch einmal akribisch die vorbereiteten Pressemitteilungen durchgegangen. Als der Richter schließlich seine Entscheidung verkündete, erhielt Emanuel sofort eine E-Mail. »Wir haben verloren«, stand darin.

Valderama ordnete an, dass die Stadt das Video bis zum 24. November freigeben musste. Die Entscheidung sorgte überall in der Stadt für hitzige Reaktionen. Das CPD war in höchster Alarmbereitschaft und trommelte seine Leute zusammen. Officer in Zivil wurden aufgefordert, ihre Uniformen anzuziehen, um auf den Straßen für mehr sichtbare Polizeipräsenz zu sorgen. In Windeseile rüstete man sich für die zu erwartenden Demonstrationen. Emanuel nahm Kontakt zu Kirchenvertretern auf und bat sie, ihre Gemeinden zum Gewaltverzicht aufzurufen. Darunter war auch Reverend Michael Pfleger, der prominente Aktivist und Gewaltgegner von der St.-Sabina-Gemeinde. Emanuel wollte wissen, ob Pfleger nach der Videofreigabe die Stimme für den Frieden erheben würde. Oder würde er die Leute zum zivilen Ungehorsam aufrufen?

»Gewalt ist nie das richtige Mittel«, sagte Pfleger. »Natürlich werde ich an die Leute appellieren, sich friedlich zu verhalten. Ich bin ein Anhänger von Martin Luther King. Ich glaube fest an die Macht der Gewaltfreiheit. Ziviler Ungehorsam, ja. Aber ohne Gewalt. Wenn wir mit Gewalt reagieren, sind wir keinen Deut besser als die Täter, gegen die wir auf die Straße gehen.«

Auch Stadtteilaktivist Andrew Holmes sicherte Emanuel zu, eine Friedensbotschaft auszusenden, um Ausschreitungen zu verhindern. Die Stadt Chicago solle mit leuchtendem Beispiel vorangehen. Gleichwohl riefen Pfleger und andere die Bürger zum Protest auf. Am Sonntag vor dem Veröffentlichungstermin erinnerte Pfleger in seiner Predigt an den gewaltlosen Widerstand der Bürgerrechtsbewegung in den 1960ern und forderte seine Gemeinde auf, auf die Straße zu gehen.

»Wenn ihr wirklich ein Zeichen setzen wollt, am kommenden Freitag ist Black Friday. Der umsatzstärkste Tag für den Einzelhandel«, sagt er. »Geht am Black Friday nicht einkaufen, sondern leistet gewaltlosen Widerstand. Zieht friedlich über die Michigan Avenue [die Haupteinkaufsstraße von Chicago] und ruft: ›Es kann nicht bleiben, wie es ist, solange unsere Kinder sterben.‹«

Je näher die Frist für die Freigabe des Videos rückte, desto größer wurde die Anspannung. Selbst im Weißen Haus im fernen Washington war man beunruhigt. Am Wochenende vor der Veröffentlichung verlangte Präsident Obama vom Chicagoer Rathaus Aufklärung über den Fall. Emanuel war während Obamas erster Amtszeit Stabschef im Weißen Haus gewesen. In einer E-Mail schrieb Elias Alcantara vom Office for Intergovernmental Affairs: »Wir haben die Berichterstattung über Laquan McDonald aufmerksam verfolgt und brauchen aktuelle Informationen. Können Sie uns am Telefon kurz auf den neusten Stand bringen? Hoffe, noch heute Nachmittag von Ihnen zu hören.«

Emanuels Chefberater David Spielfogel schrieb zurück: »Melde mich, sobald ich mit den Meetings durch bin. Gegen drei Uhr Ihrer Zeit?« Derweil bereiteten Emanuels Berater die Rede vor, die der Bürgermeister bei der für Montag anberaumten Telefonkonferenz mit Kirchen- und Gemeindevertretern halten sollte.

Am Dienstag, den 24. November wurde Officer Van Dyke des Mordes angeklagt. Nur wenige Stunden später gab die Stadt das Dashcam-Video mit dem wahren Tathergang frei. Viele sahen in der unmittelbaren zeitlichen Abfolge ihren Verdacht bestätigt, dass Staatsanwältin Alvarez nur Anklage erhob, weil das belastende Bildmaterial sie dazu nötigte. Kurz nach der Freigabe erhielt ich einen Anruf von CNN. Man schickte mir das Video und bat mich, es in einer der nächsten Sendungen zu kommentieren. Ich hatte den Fall McDonald verfolgt, doch zu diesem Zeitpunkt kannte ich nur die Darstellung der Polizei. Ich war sprachlos, als ich die Bilder sah. Ich hatte geglaubt, nichts könnte mich mehr schockieren als das Video mit dem Polizisten aus North Charleston, der den flüchtigen Walter Scott nach einer Verkehrskontrolle mehrfach in den Rücken schießt und dann seinen Taser neben die Leiche legt. Als das Video durchgelaufen war, bebte ich vor Zorn. Für diese Tat gehörte nicht nur Van Dyke ins Gefängnis. Als Ausbilder beim ATF und anderen Polizeibehörden hatte ich jede Menge Kurse in angemessener Gewaltanwendung gegeben, und die Schüsse auf McDonald verstießen gegen alles, was ein Polizist über den Einsatz der Schusswaffe lernt. Genau das sagte ich auch im Interview mit CNN.

Das Video entlarvte alle Aussagen, mit denen die beteiligten Polizisten und ihre Vorgesetzten die Tat verschleiert hatten, als schamlose Lügen. McDonald war nicht auf die Officer zugegangen, als er erschossen wurde – er hatte sich von ihnen entfernt. Er fuchtelte weder aggressiv mit dem Messer herum, noch ging er mit erhobenem Messer auf Van Dyke zu. Van Dyke wich auch nicht zurück oder schoss aus Angst um sein Leben. Ebenso wenig versuchte der getroffene McDonald wieder aufzustehen, und er bedrohte Van Dyke auch jetzt nicht mit dem Messer. Nein, auf dem Video ist klar zu sehen, dass Van Dyke nur sechs Sekunden, nachdem er aus dem Wagen stieg, das Feuer auf McDonald eröffnete. Es zeigt, dass McDonald nach dem ersten Schuss sofort zusammenbrach. Und es zeigt, dass vom ersten und bis zum letzten Schuss aus Van Dykes Pistole nur sechzehn Sekunden vergingen. Dreizehn davon lag McDonald wehrlos am Boden.

Bürgermeister Emanuel gab eine Presseerklärung zu dem Video ab.

»Wir stellen hohe Ansprüche an unsere Polizisten«, sagte er. »Jason Van Dyke hat in diesem Fall nicht nur gegen alle Regeln verstoßen, die jeder Polizist befolgen muss, sondern auch gegen die moralischen Grundprinzipien unserer Gesellschaft. Officer Van Dyke wird sich für seine Tat vor Gericht verantworten. Und das ist richtig so.«

Nach allem, was im Vorweg an die Öffentlichkeit gedrungen war, wirkten Emanuels Worte wenig glaubwürdig. Am nächsten Tag gingen Bürger aus allen Teilen und Schichten der Gesellschaft auf die Straße: Schwarze, Weiße, Hispanics, Junge, Alte, Christen, Juden, Moslems, Buddhisten, Atheisten, Studenten, Schulabbrecher, Wissenschaftler, Hilfsarbeiter, Professoren, Bedienungen, Anwälte, Krankenpfleger, Hausmeister, Unternehmer und Verkäufer. Die Menschenmenge versammelte sich vor dem Rathaus und verlangte den Rücktritt von Bürgermeister und Staatsanwältin und die Entlassung des Polizeichefs. Auf der Michigan Avenue legte der Demonstrationszug den Verkehr lahm. Leute skandierten und reckten die Fäuste, eine sechsköpfige Frauengruppe hielt Plakate mit Leuchtbuchstaben hoch, die zusammen McDonalds Vornamen ergaben – L-A-Q-U-A-N. Auf anderen Plakaten war zu lesen: »Black Boys Matter«, »Feuert Rahm«, »Weg mit KKKiller Cops«, »16 Schüsse«, »Stoppt Polizeiterror« oder »Ich bin Laquan«. Auf der Randolph Street und an der Kreuzung Franklin Street und Wacker Drive blockierten Menschenketten den Verkehr. Die Demonstranten zogen bis zu einer Schnellstraße, wo sie verdutzte Autofahrer anhielten. Manche beschimpften lautstark einzelne Polizisten oder gaben ihrer Wut auf andere Weise Ausdruck.

Die Twitter-Accounts glühten:

Johnetta Elzie
Ich dachte, es kann nichts Schrecklicheres geben als die Bilder vom Mord an Walter Scott. Großer Irrtum.

Pej Vahdat
Ich bin so aufgebracht. RIP #LaquanMcDonald. Meine Gedanken und Gebete sind bei der Familie. Aber das ändert nichts. Das muss aufhören.

Lauren Houston
Wer die Augen weiter zumacht und die Polizeigewalt und die Morde nicht sieht, dem ist nicht mehr zu helfen.

Meira Gebel
Schockiert, betroffen und fassungslos über die News zum Tod von #LaquanMcDonald. Meine Solidarität gilt #Chicago und der Menschlichkeit ...

Andrea Zopp
Ich war 13 Jahre Staatsanwältin. Die Ermittlungen hätten sich nicht 13 Monate hinziehen dürfen. #LaquanMcDonald

Shaun King
Durchschnittliche Zeit, die 2015 nach dem Mord an einem Polizisten bis zur ersten Festnahme vergeht = 38 Stunden. #LaquanMcDonald = 400 Tage

Die Demonstrationen und Sitzblockaden zogen sich hin bis März 2016, und auch am zweiten Jahrestag der tödlichen Schüsse auf McDonald kam es vereinzelt zu Protesten. Die Stadt zog sofort erste politische Konsequenzen. Zuallererst feuerte Bürgermeister Emanuel Chicagos Polizeichef Garry McCarthy.

»Die Bevölkerung war unzufrieden, und einer musste den Kopf hinhalten«, kommentierte McCarthy später seine Entlassung.

Fünf Tage nach der Veröffentlichung des Videos kündigte die damalige Justizministerin Loretta Lynch an, eine umfassende Untersuchung des CPD einzuleiten. Nur zwei Tage später gründete Emanuel die Chicago Police Accountability Task Force. Die Sonderkommission sollte sich gezielt mit Mängeln in Polizeiarbeit und Ausbildung auseinandersetzen und konkrete Vorschläge für die Ahndung von polizeilichem Fehlverhalten unterbreiten. Am Tag darauf klagte eine Grand Jury Van Dyke des Mordes in sechs Punkten sowie der Verletzung der Dienstpflicht an. Emanuels Zustimmungswerte waren inzwischen auf unter zwanzig Prozent abgestürzt. Staatsanwältin Anita Alvarez wurde im März 2016 abgewählt.

Ende 2015 wuchs die Zuversicht, dass die Polizei und die Bürger von Chicago das Schlimmste überstanden hatten. Diese Hoffnung wurde enttäuscht. Ein Jahr später brach eine beispiellose Welle aus Mord und Gewalt über die Stadt herein, die das Verhältnis zwischen der Polizei und den afroamerikanischen und hispanischen Communitys irreparabel zu beschädigen drohte.

11. SCHADENSBEGRENZUNG

Nachdem Bürgermeister Rahm Emanuel den Forderungen der Demonstranten nachgegeben und Polizeichef McCarthy in die Wüste geschickt hatte, fragte sich Eddie Johnson wie alle Chicagoer Polizisten gespannt, wer wohl sein neuer Boss werden würde. Für Johnson, der schon seit siebenundzwanzig Jahren bei der zweitgrößten Polizeibehörde des Landes war, stand allerdings mehr auf dem Spiel als für die meisten seiner Kollegen. Als Chief of Patrol war er seit vier Jahren für die Streifenpolizei in allen zweiundzwanzig Polizeibezirken verantwortlich, und er musste damit rechnen, dass der neue Chef diesen wichtigen Posten mit jemandem aus seinen eigenen Reihen besetzen würde. Und so wartete Johnson nervös auf die Entscheidung.

Erste Instanz bei der Auswahl des neuen Polizeichefs war das Chicago Police Board, ein von Emanuel persönlich zusammengestelltes neunköpfiges Gremium. Aufgabe des Gremiums war, aus den neununddreißig Bewerbern, die aus allen Teilen des Landes kamen, die besten herauszufiltern. Drei Monate lang führten sie Dutzende von Gesprächen und studierten dicke Stapel Bewerbungsunterlagen, in denen die Kandidaten ihre besondere Qualifikation und ihre Visionen für das CPD darlegten. Jeder Kandidat wurde sorgfältig auf seine Fachkompetenz und seine charakterliche Eignung für die Position geprüft. Johnsons persönlicher Favorit, Interims-Chef John J. Escalante, der gerne Chicagos erster hispanischer Polizeipräsident werden wollte, flog bereits in der ersten Runde raus. Eines stand fest: Wer immer das Rennen machen würde, auf sie oder ihn wartete eine schwierige Aufgabe. Die Zahl der Morde und Gewaltverbrechen war in mehreren Stadtvierteln explosionsartig gestiegen. Durch die Vertuschungsversuche im Fall McDonald und die Zurückhaltung des Videos hatte sich das Misstrauen der Chicagoer gegenüber der Polizei enorm verschärft. Viele Officer mieden deshalb den Kontakt zur Bevölkerung oder verweigerten sogar den Dienst.

Die Wahl des richtigen Polizeipräsidenten ist in Großstädten besonders schwierig. Im Grunde läuft es immer auf dieselbe Frage hinaus: Will man, dass alles beim Alten bleibt, oder soll sich etwas verändern? Manche wünschen sich einen Polizeichef, der in der Stadt verwurzelt ist, die Belange der einzelnen Bevölkerungsgruppen kennt und das bewährte System mehr oder weniger unverändert am Laufen hält. Andere wünschen sich einen Erneuerer von außen, der sich gegenüber niemandem im Department loyal verhalten muss und seine Officer mit Reformen dazu zwingt, sich gegenüber allen Teilen der Bevölkerung fair und korrekt zu verhalten. Welche Fraktion sich auch durchsetzt, die Wahl wird nicht in allen Wählerkreisen auf Zustimmung stoßen.

Afroamerikaner und Latinos wollen einen Polizeichef, der dafür sorgt, dass sie von den Officern besser behandelt werden, und der Verständnis hat für die Probleme der ärmeren Bevölkerungsschichten. Er soll sich dafür einsetzen, das seit Urzeiten von Misstrauen und Feindseligkeit geprägte Verhältnis zwischen ihren Communitys und der Polizei zu verbessern. Die Weißen, die sich über zu wenig Fairness, Respekt und Höflichkeit seitens der Polizei nie beklagen konnten, wünschen sich vor allem weniger Kriminalität und mehr Sicherheit. Sie wollen eine Polizei, die permanent erreichbar ist, schnell reagiert und sie vor Unannehmlichkeiten und Gefahren schützt. Unternehmer und Wirtschaftsverbände wünschen sich jemanden, der die Interessen der Stadt vertritt und begreift, dass die Kriminalität dringend gesenkt werden muss, damit Chicago auch in Zukunft ein attraktiver Wirtschaftsstandort bleibt.

Im März 2016 lud das Chicago Police Board zu einer Pressekonferenz in die Harold Washington Library, benannt nach Chicagos erstem afroamerikanischen Bürgermeister. Journalisten, Politiker, Stadtteilaktivisten, Professoren, Unternehmer, Lobbyisten und neugierige Bürger warteten gebannt auf die Bekanntgabe der drei Finalisten. Die neun Gremiumsmitglieder saßen auf dem Podium an einem langen Tisch. Die Vorsitzende und ehemalige Bundesanwältin Lori Lightfoot erläuterte in ihrer Ansprache, nach welchen Kriterien die Auswahl erfolgt war.

»Veränderungen müssen von innen heraus erfolgen«, sagte sie. »Der nächste Superintendent muss mit Führungsstärke beweisen, dass er die Rechenschaftspflicht von Polizisten nicht nur begrüßt, sondern aktiv einfordert. Auf wen die Wahl auch fällt, polizeiliches Fehlverhalten muss im Chicago Police Department künftig konsequent geahndet werden.« Das Gremium hob hervor, dass alle drei Kandidaten – zwei Afroamerikaner und eine Weiße – über viel Erfahrung im Umgang mit Fällen von Polizeigewalt verfügten und bestens gerüstet seien, nicht nur die Kriminalität zu bekämpfen, sondern auch das Vertrauen der Bürger in die Polizei wiederherzustellen.

Die Kandidatenriege war beeindruckend.

Eugene Williams, Deputy Chief und seit sechsunddreißig Jahren beim CPD, war bereits 2011 in der Endrunde gewesen. Er leitete die Abteilung, die für die Ausbildungsüberwachung und die Einhaltung der Rechenschaftspflicht zuständig war. Williams hatte sich beim CPD von ganz unten hochgearbeitet. Er hatte als Streifenpolizist angefangen, war Detective beim Morddezernat und Ermittler in der Abteilung für Drogen- und Bandenkriminalität gewesen und hatte in den vergangenen fünfzehn Jahren verschiedene Führungspositionen bekleidet. Während seiner Zeit als Revierchef in Austin, dem Bezirk mit hoher Kriminalität, in dem Laquan McDonald gewohnt hatte, war dort sechs Monate lang nicht ein Mord passiert. Williams galt als Lieblingskandidat vieler afroamerikanischer Kirchenleute. Bereits im Vorweg hatte er sich als Erneuerer präsentiert und darauf hingewiesen, er sei maßgeblich daran beteiligt gewesen, dass Verstöße gegen die Dashcam-Vorschriften neuerdings streng geahndet würden. Officer hätten ihre Dashcams und Mikrofone jahrelang einfach ausgeschaltet und zum Teil sogar mutwillig beschädigt, ohne mit Konsequenzen rechnen zu müssen. Am Fall McDonald könne man sehen, wohin das geführt habe: »Da wir solche Vergehen nie ernsthaft bestraft haben, gab es in vielen Fällen, in denen Officer beschuldigt wurden, grundlos auf Menschen geschossen zu haben, weder Bild- noch Audiomaterial.«

Anne Kirkpatrick war bis 2012 Polizeichefin von Spokane im Bundesstaat Washington gewesen und hatte reelle Chancen, die erste Frau an der Spitze des Departments zu werden. Zum Zeitpunkt ihrer Bewerbung war Kirkpatrick Kursleitern an der Fortbildungsakademie für Führungskräfte des FBI in Seattle. Die in Tennessee geborene Kirkpatrick hatte 1982 bei der Polizei in Memphis angefangen. Nach drei Jahren im Streifendienst hatte sie in Seattle Jura studiert und war nach dem Examen 1989 zur Polizei von Richmond bei Seattle gegangen. Nach Stationen als Polizeichefin in zwei kleineren Gemeinden wurde sie 2006 Polizeichefin von Spokane, der zweitgrößten Stadt im Bundesstaat Washington. Ihr Amtsantritt fiel mitten in eine heftige Kontroverse über einen Fall von Polizeigewalt. Mehrere Polizisten wurden beschuldigt, einige Monate zuvor den Hausmeister Otto Zehm getötet zu haben. Die Polizisten, die Zehm für einen Dieb hielten, prügelten in einem Laden mit Schlagstöcken auf ihn ein und ließen den Schwerverletzten dann an Händen und Füßen gefesselt mehr als eine Viertelstunde am Boden liegen. Schließlich drückten sie ihm eine nicht angeschlossene Sauerstoffmaske aufs Gesicht, um ihn am Spucken zu hindern. Drei Minuten später war Otto Zehm tot. Die Officer hatten zunächst behauptet, der psychisch kranke Zehm sei auf sie losgegangen, aber das Überwachungsvideo, das erst Monate später veröffentlicht wurde, zeigte, dass sich das Opfer wie im Fall McDonald zum Tatzeitpunkt von den Polizisten wegbewegt hatte.

Der bekannteste Endrundenkandidat war vermutlich Cedric Alexander, Leiter der Abteilung für öffentliche Sicherheit bei der Polizei von DeKalb County in der Metropolregion Atlanta. Alexander trat oft bei CNN und anderen Nachrichtensendern auf, um Auskunft über das gespannte Verhältnis zwischen der Polizei und den afroamerikanischen Communitys zu geben. Für viele war er der ideale Kandidat für den Posten. Er verfügte über fast vierzig Jahre Berufserfahrung, hatte für drei verschiedene Polizeibehörden gearbeitet und war Mitglied von Präsident Obamas Sonderkommission zur Polizeiarbeit im 21. Jahrhundert gewesen. Als Präsident der National Organization of Black Law Enforcement Executives (NOBLE) hatte er an den Demonstrationen gegen Polizeigewalt in Baltimore und Ferguson teilgenommen. Er hatte an der University of Rochester klinische Psychologie gelehrt und als Polizeichef von Rochester Ausbildungsprogramme entwickelt, in denen Polizisten lernen, wie man mit psychisch kranken Menschen umgeht. Außerdem hatte er als Experte für innere Sicherheit für den Bundesstaat New York und die Transportsicherheitsbehörde in Dallas gearbeitet. Doch Alexanders Amtszeit als Sicherheitschef von DeKalb wurde von vier Fällen überschattet, in denen Polizisten aus fragwürdigen Motiven zur Schusswaffe gegriffen hatten. Unter anderem hatte 2014 ein weißer Officer einen nackten, unbewaffneten Schwarzen erschossen.

Ich kannte alle drei Finalisten persönlich. Mit Eugene Williams hatte ich viele Jahre lang in verschiedenen NOBLE-Ausschüssen gesessen. Wenn ich etwas über Chicago wissen wollte, rief ich zuerst Gene an. Mit Anne Kirkpatrick hatte ich öfter zu tun gehabt, als sie Polizeichefin in Redmond und ich die Nummer zwei beim ATF in Seattle war. Wir begegneten uns oft, wenn ich das ATF bei Meetings vom Verband der Polizeichefs vertrat.

Alexander und ich arbeiteten beide für NOBLE und für CNN. Wir waren mehr als ein Dutzend Mal gemeinsam zu Fällen von tödlicher Polizeigewalt in Baltimore, Ferguson, Tulsa, Minneapolis und anderen Städten interviewt worden. Ich kannte sogar den abgesetzten Bürgermeister McCarthy, der in meiner Zeit als Leiter des ATF-Regionalbüros New Jersey Polizeichef vom Newark Police Department gewesen war.

Der Bürgermeister unterzog die Auswahl des Gremiums einer eingehenden Prüfung und traf sich mit allen drei Kandidaten. Alexander äußerte nach dem Gespräch mit Emanuel gegenüber Freunden, er habe den Job so gut wie sicher. Zwei Wochen, nachdem das Police Board die Endrundenkandidaten bekannt gegeben hatte, berief Emanuel eine Pressekonferenz ein, um der Öffentlichkeit den neuen Polizeipräsidenten von Chicago zu präsentieren. Zum Erstaunen aller Anwesenden stand keiner der empfohlenen Kandidaten auf dem Podium. Emanuel hatte sie alle abgelehnt. Seine Wahl war auf Eddie Johnson gefallen, der sich nicht einmal für die Stelle beworben hatte.

»Eddie Johnson hat alles, was unsere Stadt braucht«, erklärte Emanuel der verblüfften Presse. »Meiner Ansicht nach verfügt er über die Autorität, die Persönlichkeit und die nötige Führungsstärke, um uns aus dieser kritischen Phase herauszuführen. Eddie Johnson ist der rechte Mann zur rechten Zeit.«

Die drei Finalisten fühlten sich mit Sicherheit vor den Kopf gestoßen. Ich habe mich selbst mehrmals für einen Führungsposten beworben. Das ist ein aufwändiger, anstrengender Prozess. Man muss schriftlich seine Qualifikation darlegen, die nötigen Unterlagen zusammenstellen und stundenlange Gespräche mit hochrangigen Behördenmitarbeitern über sich ergehen lassen. Dass Emanuel den Posten schließlich an jemanden vergab, dem all das erspart geblieben war, muss für alle Bewerber nicht nur eine herbe Enttäuschung, sondern auch ziemlich kränkend gewesen sein.

Die Entscheidung für Johnson wurde von vielen als Zugeständnis an die afroamerikanischen und hispanischen Mitglieder im Stadtrat gewertet. Diese zeigten sich besorgt, dass ein Außenstehender zu lange brauchen würde, um die Strukturen im Department und die besonderen Probleme einer multikulturellen Millionenstadt wie Chicago zu verstehen. Andere befürchteten, die schlechte Stimmung unter den einfachen Officern würde durch die Ernennung eines Externen noch weiter in den Keller sinken. George Cardenas und andere aus der afroamerikanisch-hispanischen Stadtratsfraktion begrüßten Johnsons Ernennung.

»Alle, mit denen ich gesprochen habe, halten Eddie Johnson für den richtigen Mann.«

Emanuel glaubte fest daran, dass es Johnson gelingen würde, die Stimmung im Department zu heben und im entschlossenen Kampf gegen die hohe Kriminalität das Vertrauen der Bürger zurückzugewinnen. Kritiker wandten ein, auch Williams könne diese Aufgabe erfüllen, und der habe sich immerhin regulär beworben. Aber der Bürgermeister ließ sich nicht umstimmen. Er pries Johnson als durch und durch integren Polizisten. Als Beispiel nannte er ein Führungskräfte-Meeting, auf dem Johnson verkündet hatte, er werde in Zukunft eine Bodycam tragen und erwarte dasselbe von allen hochrangigen Officern. Emanuels Entscheidung warf jedoch das gesamte Auswahlverfahren über den Haufen: Da Johnson sich nicht für den Posten beworben hatte, konnte er laut Statuten nur zum Interimschef ernannt werden. Das Police Board musste das gesamte Verfahren neu aufrollen, diesmal mit Johnson als bevorzugtem Kandidaten. Zwei Wochen später, am 13. April 2016, wurde Johnsons Ernennung vom Stadtrat einstimmig genehmigt.

In unserem Gespräch lernte ich Johnson als achtsamen, überlegten Menschen mit starker Persönlichkeit und einer glasklaren Vorstellung von seinen Zielen kennen. Sein erstes Amtsjahr, 2016, verlief turbulent. Erstens musste er sich einer Nierentransplantation unterziehen, zweitens wurde Chicago von einer beispiellosen Gewaltwelle überrollt. Die Zahl der Morde stieg im Vergleich zum Vorjahr um vierzig Prozent – der höchste Stand seit über zwanzig Jahren. Allein im Mai ereigneten sich sechsundsechzig Morde. Dazu kamen 318 Schießereien mit 397 Verletzten. Fast die Hälfte der Getöteten und Verletzten waren minderjährig. Und fast alle waren schwarz. Viele wurden das Opfer von unreifen, hemmungslos herumballernden Gangmitgliedern, die sich wegen kleinster Beleidigungen in den sozialen Medien an ihren Rivalen rächen wollten. Jemand fühlte sich auf Snapchat gedisst, ein anderer ärgerte sich über ein Facebook-Posting, eine Gang forderte eine andere Gang in einem Instagram-Video zum Revierkampf heraus.

Nach Statistiken des kriminaltechnischen Labors der University of Chicago sind zwanzig Prozent aller Jugendlichen, die bei einer Schießerei verletzt oder getötet werden, Zufallsopfer. Für Johnson spitzte sich die Lage bedrohlich zu, als Nykea Aldridge, die Cousine des NBA-Superstars Dwyane Wade, in der South Side erschossen wurde. Aldridge war auf dem Weg zu einer Schule, in der sie eines ihrer vier Kinder anmelden wollte, als sie in eine Schießerei geriet. Die Täter, zwei Brüder und beide Gangmitglieder, eröffneten das Feuer auf einen Mann, von dem sie sich bedroht fühlten. Der Mann konnte unverletzt entkommen, doch Aldridge, die ihre drei Wochen alte Tochter im Kinderwagen vor sich herschob, wurde von vier Kugeln in Kopf und Arm getroffen. Sie starb eine Dreiviertelstunde später im Krankenhaus. Da Aldridge mit einem berühmten Sohn der Stadt verwandt war, bekam der Fall natürlich weitaus mehr mediale Aufmerksamkeit als die zig hundert anderen Opfer von Gewaltverbrechen in diesem Jahr.

Polizeichef Johnson wusste, dass vor allem polizeibekannte Gangmitglieder für den massiven Anstieg der Gewaltkriminalität verantwortlich waren. Da die Leute aus ihrem sozialen Umfeld – Geistliche, Kirchenmitglieder, Eltern, Stadtteilaktivisten, Freunde, Nachbarn, Sozialarbeiter – der Polizei aber nicht dabei halfen, die Täter zu schnappen, fuhren sie mit dem Terror ungehindert fort. Johnson war stinksauer.

»Ich bin es leid, jedes Wochenende über die Morde zu sprechen, die sich auf unseren Straßen ereignen«, sagte er auf einer Pressekonferenz. »Und was mich am meisten ärgert: Ich habe Ihnen unendlich oft erklärt, dass etwa tausendvierhundert Personen dafür verantwortlich sind, dass die Gewaltkriminalität in unserer Stadt kontinuierlich zunimmt. Jeder weiß das. Wir können inzwischen ziemlich gut voraussagen, wer zum Opfer von Waffengewalt wird und wer zur Waffe greift. Die Täter entscheiden sich für dieses Leben, und sie führen es fort, weil wir ihnen immer wieder zeigen, dass sie nichts zu befürchten haben.

Sie werden so lange weiterschießen, bis sie merken, dass wir es ernst meinen. Ich will gar nicht damit anfangen, dass dieses Problem nicht allein von der Polizei gelöst werden kann ... Ich fühle mit den Familien Aldridge und Wade«, sagte er mit finsterer Miene zu den Reportern. »Aber ich fühle auch mit all den anderen Familien in Chicago, die bei sinnlosen Schießereien einen Angehörigen verloren haben. Die Straßen gehören den Bürgern dieser Stadt, und nicht den Gangs.«

Mit den Opferzahlen stieg auch der Druck auf Johnson, endlich das Ruder herumzureißen. Darüber hinaus hatten die tödlichen Schüsse auf Laquan McDonald und die anschließende Vertuschung die schmerzhaften Wunden wieder aufgerissen, die jahrzehntelange Polizeigewalt in den afroamerikanischen und hispanischen Vierteln hinterlassen hatte.

»Der Tod von Laquan McDonald hat in der gesamten Bevölkerung viel Vertrauen zerstört«, sagte Johnson in unserem Gespräch. »Die Menschen hatten den Eindruck, Polizisten können sich alles erlauben. Die Bewohner der schwarzen Viertel fühlten sich darin bestätigt, dass die Polizei sie nicht mit dem verdienten Respekt behandelt. In den weißen Vierteln war man schockiert über die brutale Tat, und auch dort wuchs das Misstrauen gegenüber der Polizei, aber der Vertrauensverlust war längst nicht so groß wie in der afroamerikanischen Bevölkerung. Viele Schwarze waren wirklich tief getroffen.«

Johnson kann das gut nachvollziehen. Als schwarzer Junge in der Hochhaussiedlung Cabrini-Green in Chicagos North Side lernte er die Polizei von der anderen Seite kennen. Johnson lebte bis zu seinem zehnten Lebensjahr in Cabrini-Green, dann zog er mit seinen Eltern in ein besseres Viertel in der South Side. Ab 1995 wurde die heruntergekommene Siedlung nach und nach geräumt, 2011 wurden die letzten Häuser abgerissen. Zeitweise hatten in den 3600 Wohnungen 15 000 Menschen gelebt. Cabrini-Green galt als die verrufenste Sozialbausiedlung in den USA. Durch Armut, Verwahrlosung und Hoffnungslosigkeit entstand ein gesetzloser Raum aus Drogenhandel, Prostitution, Raubüberfällen, Diebstahl und Gewalt. Johnson erinnert sich noch gut daran, dass er sich auf dem Weg zur Schule oft an Erwachsenen vorbeischieben musste, die mitten im Treppenhaus einen Drogendeal abwickelten. Die Polizei war Dauergast in der Siedlung. »Es gab Officer, von denen wusste man, dass man sich besser von ihnen fernhielt. Ich selbst bin nie schlecht behandelt worden, aber ich weiß, dass viele anderes erlebt haben«, sagte er.

Um das verlorene Vertrauen in den afroamerikanischen Vierteln zurückzugewinnen, arbeitet Johnson gezielt darauf hin, der Polizei ein positives Image zu verleihen. »Dazu müssen wir in Bereichen aktiv werden, die nichts mit herkömmlicher Polizeiarbeit zu tun haben. Das gilt besonders für Kinder und Jugendliche. Wenn sie sehen, dass die Polizei nicht nur Leute festnimmt und hart durchgreift, ändert sich auch ihre Wahrnehmung.«

Im Stadtteil Englewood hat diese Strategie schnell Erfolg gezeigt. »Vergangenes Halloween [2017] kamen fünfhundert Kinder, um sich das Spukhaus anzusehen, das wir in der Wache aufgebaut hatten. So etwas hat es in meiner ganzen Karriere noch nicht gegeben, und ich bin seit neunundzwanzig Jahren

Polizist. Das zeigt mir, dass wir dabei sind, Misstrauen abzubauen, nicht nur bei den Kindern, sondern auch bei ihren Eltern.«

Außerdem ging die Zahl der Morde im Viertel deutlich zurück, unter anderem, weil die Polizei mehr Unterstützung von den Anwohnern erhielt.

★ ★ ★

Johnsons zweite strategische Maßnahme ist die Veränderung der im Department herrschenden Polizeikultur. Er spricht von einem »echten Kraftakt«.

Wer den Bericht des Justizministeriums gelesen hat, weiß sofort, was Johnson meint. Nach der Veröffentlichung des McDonald-Videos leitete das Justizministerium eine umfassende Untersuchung des Chicago Police Departments ein. Der Abschlussbericht zeichnete ein wenig schmeichelhaftes Bild. Im Department wimmele es von schlecht ausgebildeten, verantwortungslosen Polizisten, die sich in Wildwestmanier über die Vorschriften hinwegsetzten und niemandem gegenüber rechenschaftspflichtig seien.

Beschimpfungen und gewalttätige Übergriffe seien an der Tagesordnung, vor allem gegenüber Afroamerikanern und Latinos. Die Officer würden ihre Macht missbrauchen, um die Anwohner, darunter auch Kinder, einzuschüchtern. Sie würden auf den Straßen ihre persönliche Vorstellung von Strafjustiz durchsetzen, indem sie willkürlich Menschen verprügelten oder Taser gebrauchen. Als Beispiel wurde der Fall einer festgenommenen Tatverdächtigen angeführt. Als die Frau in Handschellen auf dem Boden lag, befahl ein Officer seinem Kollegen: »Verpass dem Miststück zehn Stromstöße.« Darüber hinaus zählte der Bericht sämtliche Fälle auf, in denen Officer, die eine verdächtige Person erschossen hatten, ungeschoren davongekommen waren.

Rassismus sei unter Chicagos Polizisten weit verbreitet, urteilte die Untersuchungskommission. Bürgermeister Emanuel leugnete die Vorwürfe nicht. »Niemand bestreitet, dass es bei uns Rassismus gibt«, sagte er. »Entscheidend ist, was wir dagegen unternehmen.«

Im Department, fuhr der Bericht fort, herrsche ein Schweigekodex, der von Bürgermeister und Polizeigewerkschaft geduldet werde. Polizeiliches Fehlverhalten werde von Vorgesetzten und anderen Officern gedeckt, und selbst bei aktenkundigen Fällen würden die Täter meistens ungestraft davonkommen. Als Beleg wurden zahlreiche Fälle angeführt, in denen Polizisten es nicht nur versäumt hatten, das Fehlverhalten von Kollegen zu melden, sondern sogar ungeniert logen, obwohl sie wussten, dass Videoaufzeichnungen oder andere Beweismittel existierten, die ihre unter Eid abgegebenen Aussagen widerlegten. Darüber hinaus würden Officer routinemäßig behaupten, sie hätten Angst um ihr Leben gehabt, um den unangemessenen und gesetzeswidrigen Einsatz von Gewalt zu rechtfertigen.

Des Weiteren konstatierte der Bericht erhebliche Unterschiede im Umgang mit Beschwerden gegen einzelne Officer. Während Weiße mehrheitlich positive Erfahrungen machten, wurden die Beschwerden von Schwarzen und Latinos häufig gar nicht erst bearbeitet. Die statistische Auswertung ergab, dass die Wahrscheinlichkeit, dass das Department Maßnahmen gegen den beschuldigten Officer einleitete, bei weißen Beschwerdeführern drei- beziehungsweise sechsmal so hoch war wie bei Afroamerikanern oder Latinos.

Die Aus- und Fortbildung wurden im Bericht als miserabel bewertet. Untersucht wurden Lehrpläne, technische Ausrüstung, Unterrichtsmaterialien und Übungsprogramme. Die Ermittler kamen zu dem Schluss: »Das Chicago Police Department und die Stadt Chicago sind seit Jahren nicht mehr in der Lage, ihre Officer qualifiziert auszubilden. Das schadet nicht nur den Polizisten, sondern auch den Bürgern. Officer aller Dienstgrade, von Anfängern bis zum Polizeichef, sind der Auffassung, dass es zu wenig und zu schlechte Schulungen gibt.«

Nach Lektüre des Berichts kann ich mich diesem Urteil nur anschließen. Schlechtere Ausbildungsbedingungen kann man sich kaum vorstellen.

So wurde etwa zum Thema »Einsatz der Schusswaffe« ein völlig überholtes, fünfunddreißig Jahre altes Video gezeigt, obwohl die Vorschriften zum angemessenen Schusswaffengebrauch seitdem durch Beschlüsse des Obersten Gerichtshofs mehrmals geändert wurden. Ein Lehrer an der Polizeischule brachte es so auf den Punkt: »Je mieser die Ausbildung, desto höher die Zahl der Zivilklagen.« Ein Officer vom CPD sagte: »Viele Kollegen werden eines Tages sterben, weil sie nichts gelernt haben.«

Wenn die angehenden Polizisten die Grundausbildung abgeschlossen haben, wird ihnen ein Field Training Officer (FTO) zugeteilt, der ihnen in den ersten Monaten im aktiven Polizeidienst zur Seite stehen soll. Ein Abteilungsleiter bezeichnete das Programm als »Schuss in den Ofen«, ein zweiter nannte es schlichtweg »grauenhaft« und ein dritter meinte, die FTOs seien »Sesselfurzer«, die ihren Schützlingen kaum etwas beibrächten. Die Ausstattung der 1976 eröffneten Polizeischule ist so alt und marode, dass es fahrlässig ist, dort Polizisten auszubilden.

Johnson möchte sein Department in vielen Bereichen umkrempeln. Auf seiner Agenda stehen neue Vorschriften zur Gewaltanwendung, mehr praktische Übungen zum Schusswaffengebrauch, Deeskalationstraining sowie jährliche psychologische Tests und Gesundheitschecks für die Officer. Außerdem plant er ein Programm, Straftätern Arbeitsplätze zu vermitteln, um sie von der Straße wegzuholen.

»Einer unserer Schwerpunkte ist ganz klar, deutlich mehr in Schulungen und Fortbildung zu investieren«, sagte Johnson im Gespräch. »Unsere Officer lechzen danach, etwas zu lernen. Wir absolvieren unsere Ausbildung, und das meiste vergessen wir mit der Zeit. Im nächsten Jahr wird es für jeden Officer jährlich sechzehn Stunden Fortbildung geben. 2021 werden es vierzig Stunden sein. Wir wollen unsere Leute permanent auf dem neusten Stand halten. Dazu gibt es Pflichtschulungen zum angemessenen Einsatz von Gewalt. Außerdem haben wir uns viel zu wenig um die psychischen Belange unserer Officer gekümmert. In diesem Bereich haben wir einiges vor, unter anderem wollen wir jährliche oder halbjährliche psychologische Screenings einführen. Wir müssen dafür sorgen, dass sie ihren Ballast loswerden können, das sind wir ihnen schuldig. Es muss selbstverständlich sein, dass unsere Officer therapeutische Hilfe in Anspruch nehmen.«

Johnson fügte hinzu: »Wir werden ab sofort unverzüglich handeln, wenn Officer gegen die Vorschriften verstoßen. Das ist ein echtes Novum in der Geschichte der Chicagoer Polizei. Früher hat es Wochen, ja manchmal Monate gedauert, bis wir uns mit solchen Vorfällen beschäftigt haben. Wenn meine Leute mir heute Anhaltspunkte liefern, dass sich jemand nicht an die Regeln gehalten hat, werde ich innerhalb von achtundvierzig Stunden reagieren.

Wenn sich herausstellt, dass der Fehler auf Ausbildungsdefizite zurückzuführen ist, muss der betreffende Officer zur Nachschulung. Handelt es sich um grobes Fehlverhalten, ergreifen wir die entsprechenden Maßnahmen. Meine Botschaft an die Officer lautet: Entweder ihr ändert euch, oder ihr müsst euch einen neuen Job suchen.«

12. WEGE IN DIE ZUKUNFT

Jeder neue Polizeichef kündigt einschneidende Veränderungen im Department an. Leider bleibt es vor allem in großen Polizeibehörden oft beim guten Willen. Chicagos Bürger bekamen schnell Gelegenheit herauszufinden, ob der neue Superintendent seine kühnen Versprechungen zur Ahndung von Polizeigewalt tatsächlich einlösen würde. Nur vier Monate nach seinem Amtsantritt wurde Johnson zum ersten Mal auf die Probe gestellt. Im Juli 2016 lieferte sich der achtzehnjährige Paul O'Neal in einem gestohlenen Jaguar eine wilde Verfolgungsjagd mit der Polizei. Am Ende wurde der schwarze Jugendliche in einem Wohnviertel erschossen. Johnson reagierte auf den Vorfall wie keiner seiner Vorgänger. Innerhalb von achtundvierzig Stunden nach O'Neals Tod suspendierte er drei der beteiligten Officer vom Dienst. Vor allem aber gab er innerhalb von acht Tagen die Aufzeichnungen der Dash- und Bodycams frei. So etwas hatte es bis dahin nicht gegeben. Viele konnten es kaum glauben, hatte die Polizei doch nicht nur im Fall Laquan McDonald versucht, belastendes Videomaterial zurückzuhalten. Medien und Öffentlichkeit lobten die Polizei für ihr schnelles Handeln. Im Department aber stieß Johnsons Entscheidung nicht auf ungeteilte Zustimmung. Einige Officer murrten hinter verschlossenen Türen, Johnson würde ihre Kollegen hängen lassen, und kritisierten, die Veröffentlichung des Bildmaterials führe zu einer Vorverurteilung der beteiligten Officer, bevor die Faktenlage endgültig geklärt sei.

»Ich musste meinen Leuten klarmachen, dass wir mit der Freigabe des Videos niemanden beschuldigen«, sagte Johnson in unserem Gespräch. »Die Bilder verändern sich nicht, egal, wann wir sie veröffentlichen. Es ist aber wichtig, Transparenz zu zeigen.«

Das Department musste sich nach der Veröffentlichung heftige Kritik gefallen lassen. Ein paar Tage später wurde Johnson auf einer Pressekonferenz von aufgebrachten Demonstranten ausgebuht. Die Empörung war groß, und das war absolut verständlich. Auf dem Videozusammenschnitt ist zu sehen, wie ein Officer zu Fuß hinter dem davonrasenden Jaguar herläuft und mehrere Schüsse abgibt, ohne darauf zu achten, ob sich unbeteiligte Personen in der Nähe aufhalten. Auch andere Officer schossen auf den Wagen, obwohl die Vorschriften des CPD ausdrücklich untersagen, auf ein flüchtiges Fahrzeug zu schießen, wenn der Fahrer keine Bedrohung für das Leben der Polizisten oder anderer darstellt. Dabei kann viel zu viel schiefgehen. Die Officer hätten versehentlich Passanten oder unschuldige Beifahrer treffen können. Und wäre der Fahrer getroffen worden, hätte er möglicherweise die Kontrolle über das Steuer verloren und Unbeteiligte verletzt oder sogar getötet. Niemand soll durch Polizeikugeln sterben, nur weil er ein Auto gestohlen hat.

Während der Verfolgungsjagd hatte O'Neal zwei Streifenwagen gerammt. Dann war er aus dem Fahrzeug gesprungen und hinter ein Haus in einen Garten geflüchtet. Zwei Officer nahmen die Verfolgung auf, und einer kletterte über den Gartenzaun. Eine schlechte Entscheidung. Wäre der Flüchtige bewaffnet gewesen, wäre ihm der Officer in dem umzäunten Garten schutzlos ausgeliefert gewesen. Richtig wäre gewesen, auf Verstärkung zu warten, denn O'Neal saß in der Falle und konnte nirgendwo hin. Ja, Autodiebstahl ist eine Straftat, aber weder Polizist noch Dieb sollen deswegen ihr Leben verlieren.

Auf dem Video sind Schüsse zu hören. Vom Tathergang existiert jedoch kein Bildmaterial, weil die Bodycam des Schützen entgegen den Vorschriften ausgeschaltet war. Laut Vize-Polizeichef Eugene Williams war das bei weitem kein Einzelfall. Der Videozusammenschnitt zeigt, dass nur einer der Officer, die O'Neal zu Fuß verfolgten, seine Bodycam eingeschaltet hatte. Als sie bei ihrem Kollegen am Tatort eintrafen, lag der sterbende O'Neal in Handschellen mit dem Gesicht nach unten auf dem Boden. In seinem Rücken steckte eine Kugel. Einer der Officer sagte: »Er hat auf uns geschossen, oder?« Das hatte er nicht. O'Neal trug keine Waffe bei sich, und auch am Tatort wurde keine gefunden. Der Gerichtsmediziner entschied auf ein Tötungsdelikt.

Fünf Monate später wurde Johnson erneut auf die Probe gestellt. Am 2. Januar 2017 geriet der Polizist Lowell Houser, der an diesem Tag nicht im Dienst war, in Streit mit seinem Nachbarn Jose Nieves. Nieves (38) und Houser (57) waren schon häufiger aneinandergeraten. Nach Angaben von Nieves' Familie hatte Houser, der seit achtundzwanzig Jahren beim CPD war, schon einmal gedroht, Nieves zu erschießen. Nieves hatte Houser daraufhin bei der Polizei angezeigt. Diesmal wollte Nieves ein Sofa in seine Wohnung schaffen, was aus irgendeinem Grund Housers Zorn erregte. Es kam zur Auseinandersetzung, in deren Verlauf Houser die Dienstwaffe zog und mehrere Schüsse auf seinen Nachbarn abfeuerte. Nieves starb. Johnson, der eigentlich Urlaub hatte, machte sich in Jeans, Hoodie und Skimütze sofort auf den Weg. Das Jahr hätte kaum schlechter beginnen können. Am Tatort wurde er von einer Schar Reporter empfangen, die den Polizeifunk abgehört hatten. Johnson verweigerte die Stellungnahme. Er müsse sich erst Klarheit über den Fall verschaffen, sagte er. Das gelang ihm ziemlich schnell. Nicht einmal achtundvierzig Stunden später wurde Houser vom Dienst suspendiert.

Knapp drei Wochen später wurde Houser wegen Mordes angeklagt. Das war eine echte Kehrtwende für das CPD, dessen Officer bis dato für den tödlichen Einsatz der Schusswaffe nur selten vor Gericht gelandet waren. Fast immer hatte die Stadt die Schützen von jedem Fehlverhalten freigesprochen, selbst wenn die Beweislage eindeutig gegen sie sprach. Vielleicht ändert sich doch etwas, dachten manche zuversichtlich.

Michael Pfleger hat da seine Zweifel, und das nicht ohne Grund.

»Ich halte Eddie für einen großartigen Cop, und das weiß er auch«, sagte Pfleger, als wir in einem abgeschiedenen Raum in der St.-Sabina-Kirche saßen. »Er ist einer von den Guten, aber das färbt nicht auf die Officer auf der Straße ab. Ich bekomme ja mit, wie sie mit den Schwarzen umspringen. Sie beschimpfen sie, nennen sie Motherfucker. Ein neues Denken ist schön und gut, aber das muss bis ganz nach unten zu den Sergeants und den Streifenpolizisten vordringen. Wenn ich einen Cop so mit einem Schwarzen reden hören, stelle ich ihn zur Rede und sage: ›Ab jetzt wird er jedem Cop dieselben negativen Gefühle entgegenbringen wie Ihnen. Und Sie sind schuld daran.‹

Es muss einen grundlegenden Wandel geben. Ich unterhalte mich ständig mit Polizisten. Bei denen läuft das so: Ein schwarzer Cop fährt Streife mit einem weißen Cop, der schon lange dabei ist. Der Weiße sagt zum Schwarzen: ›So wird das hier draußen gemacht.‹ Der Schwarze erwidert, dass es auch andere Methoden gibt. Darauf der Weiße: ›Wenn du bei uns was werden willst, halte dich daran.‹ Und dann sieht man sich das Laquan-McDonald-Video an. Als herauskam, was wirklich mit McDonald passiert war, kochte ich vor Wut. Das Video hat der Welt bewiesen, dass es genauso ist, wie People of Color seit Jahren behaupten. Ich war wütend, dass niemand, der bei der Polizei oder bei der Stadt etwas zu sagen hat, den Mut aufbrachte, das Richtige zu tun. Rassismus ist bei der Polizei von Chicago allgegenwärtig, und solange Polizisten für ihre rassistischen Handlungen nicht hinter Gittern landen, wird sich das auch nie ändern. Solange das nicht geschieht, haben wir meiner Ansicht nach keine Chance, dass wir die Einstellung der schwarzen Community ändern.«

Pfleger sagte das mit tiefem Bedauern, denn eigentlich glaubt er fest daran, dass Veränderung möglich ist. Deshalb bringt er in seiner Kirche regelmäßig Gangmitglieder und Polizisten zusammen, damit beide Seiten lernen, dass die anderen auch nur

Menschen mit Stärken und Schwächen, Hoffnungen, Zweifeln und Familien sind.

»Wir laden zwölf Jungs aus vier verschiedenen Gangs ein, holen zwölf Polizisten dazu, und dann spielen sie zusammen Basketball. Anschließend gehen wir runter in den Keller, schließen die Tür und hören einander zu. Wir machen zum Beispiel Rollenspiele, einer ist der Cop und der andere der Schwarze an der Straßenecke. Dabei tauschen wir mehrmals die Rollen. Das ist für beide Gruppen ausgesprochen aufschlussreich. Ich will Veränderung sehen. Zwischen den beiden Gruppen soll Vertrauen entstehen. Das würde eine Menge Gutes bewirken, aber bis dahin ist es noch ein weiter Weg. Die Jungs sperren sich. Sie werden von der Polizei mies behandelt. Also misstrauen sie den Cops, und Leuten, denen man nicht traut, erzählt man nun mal nichts Persönliches. Sie sagen: ›Wenn ich euch vertraue und euch helfe, lasst ihr auf der Straße meinen Namen fallen, und als Nächstes hagelt es Kugeln durch mein Fenster‹. Und sie haben recht, das kommt tatsächlich vor. Ich finde auch, dass beide Seiten aufeinander zugehen müssen, aber die Polizei muss die größeren Schritte machen.«

Der blonde, blauäugige Pfleger, ein Aktivist im Geist der 1960er, ist ein echtes Unikum. Zeit seines Erwachsenenlebens setzt sich der Neunundsechzigjährige für die Belange von Afroamerikanern ein. Er wuchs in einem traditionell weißen Viertel nur zehn Gehminuten von seiner Kirche auf. Mit der harten Realität kam er erstmals mit fünfzehn in Berührung, als er in den Sommerferien ehrenamtlich in einem Indianerreservat in Oklahoma arbeitete.

»An einem irre heißen Tag zogen wir zu zehnt oder so los, um Eis zu kaufen. Der Verkäufer sagte: ›Du kannst reinkommen, du bist weiß. Die da müssen draußen bleiben.‹ Ich rief meine Mutter an und sagte: ›Wie kann das sein? Wir sind in Amerika.‹ Sie sagte nur: ›Willkommen in Amerika.‹

Im August 1966 hörte er, dass ein gewisser Martin Luther

King nach Chicago kommen würde. Pfleger hatte schon von ihm gelesen und wollte den Mann unbedingt sehen, der für so viel Aufruhr sorgte. Also fuhren er und ein Freund mit dem Rad zum Marquette Park. King wollte in Chicago für besseren Wohnraum für Afroamerikaner demonstrieren. Die Demonstranten wurden von den weißen Anwohnern des Viertels beschimpft und mit Steinen beworfen. King wurde getroffen und ging in die Knie. Dieses Erlebnis hat Pflegers Leben verändert.

»Ich hatte noch nie so viel Wut, so viel Gewalt gesehen«, sagte Pfleger. »Weiße brüllten in Scharen rassistische Beleidigungen, warfen mit Flaschen und Steinen und versuchten, Streifenwagen umzukippen. Es waren Eltern und Geschwister von Freunden dabei, Leute aus meiner Kirche, aus meiner Schule. Doch King ließ sich nicht aus der Ruhe bringen. Er sagte: ›Brüder und Schwestern, wir müssen zusammen leben.‹ Auf dem Nachhauseweg dachte ich: ›Dieser Mann hat irgendetwas an sich. Entweder ist er verrückt, oder er verfügt über eine besondere Kraft, und über die will ich mehr erfahren.‹«

Pfleger schloss die Schule ab und ging aufs College, weil »ich wusste, wie viel Wert King auf eine gute Ausbildung legte.« Sein Plan war, nach dem Theologiestudium mit King zusammenzuarbeiten.

»Dann wurde King erschossen, und für mich brach eine Welt zusammen«, sagte er.

Er zog zu einer schwarzen Familie in eine Sozialbausiedlung in der West Side und engagierte sich bei den Black Panthern, eine schwarze Widerstandsbewegung, die für die Freiheit und Selbstbestimmung von Afroamerikanern kämpfte. Die Black Panther riefen zahlreiche soziale Projekte ins Leben, zum Beispiel das kostenlose Schulfrühstück, von dem noch heute viele Kinder in Amerika profitieren. Die Bewegung wurde von Edgar J. Hoover und dem FBI überwacht. »Niemand setzte sich damals so für die Community ein wie die Black Panther. Nicht einmal die Kirchen.«

1991, mit einunddreißig, wurde Pfleger Pfarrer in der katholischen St.-Sabina-Gemeinde. Seitdem kämpft er an allen Fronten gegen soziale Missstände. Das viele Leid ist nicht spurlos an ihm vorübergegangen.

»Nichts ist schlimmer, als ein Kind in einem Sarg zu sehen«, sagte er. »Das hat nichts mit Gottes Willen zu tun. Das ist das Böse schlechthin. Das macht mich wütend und lässt mich innerlich verzweifeln.«

Während unseres Gesprächs klopfte es an die Tür. Es sei wichtig, sagte der Mitarbeiter, und Pfleger verschwand. »Entschuldigen Sie«, sagte er, als er eine Viertelstunde später zurückkam. »Vor ein paar Tagen hat jemand eine Waffe in der Kirche abgegeben, und eben war ein Polizist da, um sie abzuholen. Wir haben hier ein Rückgabeprogramm. Gebt eure Waffe ab, wir stellen keine Fragen und übergeben sie der Polizei.«

Während Polizeichef Johnson viel Zeit darauf verwendet, schwarze Männer festzunehmen, bemüht sich Pfleger, sie vor dem Tod, Drogen und dem Strafvollzug zu retten. Er arbeitet täglich mit den »Brüdern«, jungen schwarzen Männern, die von der Gesellschaft weggeworfen und vom Leben ausgeschlossen wurden. Viele sind vorbestraft. Fast alle haben schon irgendetwas angestellt. Pfleger und seine Helfer versuchen ihnen die Chancen zu bieten, die für die meisten von uns selbstverständlich sind. Viele erleben das erste Mal, dass jemand auf ihrer Seite steht. Pfleger glaubt zwar an Erlösung, aber die gibt es bei ihm nicht umsonst. Seit einigen Jahren zahlt seine Kirche Prämien für Hinweise, die zur Ergreifung eines gesuchten Mörders führen.

»Wir haben pro Kopf eine Belohnung von fünftausend Dollar ausgesetzt«, sagte er. »Ich hasse das Gefängnissystem, aber wer einen anderen Menschen erschießt, darf nicht mit McDonalds'-Tüte zu Hause vor der Glotze sitzen.« Bis jetzt hat die Kirche fast hundertfünfzigtausend Dollar an Prämien ausgezahlt.

Auch Pfleger schreibt die Schuld für die unkontrollierte,

sinnlose Gewalt in Städten wie Chicago, Memphis, Baltimore und Detroit unserer Gesellschaft zu, die People of Color aus Gier und Rassismus im Stich gelassen hat. »Wir haben ganze Viertel verkommen lassen, und dann haben wir die Polizei hingeschickt, um für Ordnung zu sorgen. Die Anwohner sollten schön in ihren Vierteln bleiben und die Klappe halten. Alle diese Viertel haben etwas gemeinsam – die Arbeitslosigkeit liegt im zweistelligen Bereich, die Schulen sind schlecht, es gibt immer mehr leer stehende Häuser mit vernagelten Fenstern. Wer aus dem Gefängnis kommt, findet keinen Job. Es wird viel zu wenig in diese Viertel investiert, und die Leute kommen viel zu leicht an Waffen.

Sehen Sie sich nur die krassen Unterschiede in allen wichtigen Lebensbereichen an: Arbeitslosigkeit, Bildung, Jobs, soziale Dienstleistungen. Die Hautfarbe zählt immer zu den Hauptfaktoren. Ich habe kürzlich in einem wohlhabenden weißen Vorort im Nordwesten von Chicago einen Vortrag gehalten. Eine Frau aus dem Publikum fragte mich: ›Was muss die Gesellschaft Ihrer Meinung nach tun, damit sich etwas ändert?‹ Ich sagte: ›Darüber sprechen wir später.‹ Nach der Veranstaltung ging ich auf sie zu und erzählte ihr, dass in der vergangenen Woche zwölf schwarze Jugendliche erschossen worden seien. ›Wenn zwölf Weiße innerhalb einer Woche erschossen werden, würde sich sofort etwas ändern.‹«

Hat Pfleger recht? Dreht sich tatsächlich alles um die Hautfarbe? Sind wir am Ende wieder bei der Debatte, die wir seit vier Jahren offen, im Grunde aber schon seit dreihundert Jahren führen: Schwarze Leben zählen nicht?

Ja, meint Pfleger, und Ex-Bildungsminister Arne Duncan teilt diese Ansicht. Duncan ist nach Chicago zurückgekehrt, um mit Pfleger den schwächsten Mitgliedern unserer Gesellschaft und damit uns allen zu helfen.

»Hätte nur die Hälfte der 762 Menschen, die im vergangenen Jahr in Chicago getötet wurden, dieselbe Hautfarbe wie ich und nicht die des Polizeichefs, würde man etwas gegen die vielen Morde unternehmen«, sagte Duncan bei unserem Treffen. »Niemand kann behaupten, dass die Leben von schwarzen Menschen genauso viel zählen wie die von Weißen, wenn man sich ansieht, wer in Chicago das Opfer von Gewalt wird. Wären die Opfer weiß, würde das sofort aufhören.«

Das ist eine Mahnung an uns alle. Wenn uns der Gedanke, dass alle Leben zählen, nicht genug Anlass ist, die Hauptursachen von Gewaltkriminalität zu bekämpfen, sollten wir wenigstens handeln, weil uns unsere eigenen Leben etwas wert sind.

»Gewalt ist mobil«, sagt Pfleger. »Ich raten allen, sich zu engagieren, bevor sie an die eigene Wohnungstür klopft. Mit Gewalt ist es wie mit Drogen. Sie kommt zu Ihnen. Sie will Ihnen Ihre Kinder wegnehmen.«

Philip Banks

Ehemaliger Polizeichef, New York Police Department

Ob schwarze Leben zählen? Nein. Für mich schon, aber absolut gesehen, sind sie nichts wert. Nennen Sie mir eine staatliche Einrichtung oder Behörde, für die schwarze Leben in irgendeiner Form zählen. Sie zählen nicht für die Polizei. Nicht im Bildungswesen. Nicht in der Gesundheitsversorgung. Die Leute scheren sich nicht um schwarze Leben. Und die Politik auch nicht. Als die Crackepidemie in den schwarzen Vierteln zuschlug, fiel uns nichts Besseres ein, als massenhaft Leute ins Gefängnis zu stecken. Viele schwarze Communitys sind dadurch kaputtgegangen. Jetzt haben wir die Opioidepidemie. Heute lernen Polizisten, wie man bei einer Überdosis ein Gegenmittel verabreicht. Würde die Opioidepidemie in der schwarzen Community grassieren, würde man Polizisten nicht in der Behandlung von Süchtigen schulen, und hätte Crack in der weißen Bevölkerung gewütet, hätte man nie die Gesetze zum Drogenbesitz verschärft. Die Wahrheit sieht doch so aus: Eine Gesellschaft, die einer bestimmten Bevölkerungsgruppe so viel Leid zufügt, kann nicht erwarten, dass diese Gruppe dasselbe leistet wie alle anderen.

Ich bin in Brooklyn und in Queens aufgewachsen, aber zu Hause fühle ich mich in Queens. Mein Vater war Polizist, aber das ließ er uns Kindern gegenüber nie groß raushängen. Ich dachte nie: »O Gott, dein Vater ist Cop, lass dir bloß nichts zuschulden kommen.« Bildung war für ihn das A und O. Ich kann mich nicht erinnern, dass mein Vater mich je geschlagen hätte, außer ich hatte ich mich in der Schule nicht genug angestrengt. Und wenn er uns schlug, dann gab es richtig Dresche. Nach dem Studium hatte ich mehrere Vorstellungsgespräche. Bei den meisten Firmen war das Einstiegsgehalt niedriger als bei städtischen Unternehmen und Behörden. Also bewarb ich mich als Busfahrer und bei der Polizei. Mein Plan war, später noch einen Master in Finanzwirtschaft zu machen. Ich landete bei der Polizei und fand die Arbeit hochinteressant. Also blieb ich.

Es macht mir Freude, wenn ich anderen Menschen helfen kann. Fragen Sie mich nicht, warum, das ist einfach so. Schon mit zweiundzwanzig, dreiundzwanzig konnte ich jeden Tag eine Menge Gutes tun. Als junger Streifenpolizist ist man näher dran an den ganz alltäglichen Problemen der Menschen als in den meisten anderen Berufen und auch als die Officer in den hohen Diensträngen. Das hat mich fasziniert. Und darum stand für mich der Dienst am Menschen in meiner gesamten Polizeilaufbahn immer an erster Stelle. Das können ganz banale Dinge sein. Sagen wir, eine Frau kommt auf die Wache, weil sie Ärger mit ihrem Vermieter hat. Sie wendet sich hilfesuchend an die Polizei. Mir die Zeit zu nehmen, mir ihr Problem anzuhören und eine Lösung zu finden, hat etwas ungeheuer Befriedigendes.

Viele Polizisten verstehen nicht, dass jedes Problem ein Polizeiproblem ist, wenn die Leute in bestimmten Vierteln wohnen. Ob es nun darum geht, dass der Müll nicht abgeholt wird oder dass sich jemand wegen Lärmbelästigung beschwert, die Polizei muss immer für die Menschen da sein. In reichen Wohngegenden ist das nicht nötig, aber in den anderen Vierteln ist die Polizei für alles und jeden zuständig. Und weil viele das nicht begreifen, ist es der Polizei bislang nicht gelungen, das Vertrauen der Minderheiten zu gewinnen. Das Selbstbild der Polizei deckt sich nicht mit den Erwartungen der Community.

Jede Polizeibehörde behauptet von sich, dass sie über klar definierte Ziele und Erfolgsparameter verfügt. In der Regel wird der Erfolg daran gemessen, wie viele Leute festgenommen werden und um wie viel Prozent die Kriminalität gesunken ist. Das ist der einzige Maßstab, die goldene Richtschnur. Niemand kommt auf den Gedanken, dass das zu wenig ist oder nicht stimmt. Das Verhältnis der Polizei zur Bevölkerung bleibt außen vor, dabei ist es das Allerwichtigste. Wie gut kennt die Polizei die Community, und wie gut kennt die Community die Polizei? Während die Polizei ihren Erfolg an der Zahl der Festnahmen und geahndeten Delikte misst, bedeutet erfolgreiche Polizeiarbeit für die Leute aus den Communitys, dass sie anständig behandelt werden. Die beiden Gruppen bewerten Erfolg also nach ganz unterschiedlichen Kriterien, und das führt zu Streit. Das wollen die meisten Führungskräfte bei der Polizei nicht einsehen. Und darum gelingt es ihnen nicht, die Gräben zu überwinden. Man redet aneinander vorbei.

Dazu kommt, dass in Polizeibehörden viel zu viel vertuscht wird.

Wenn du auf dem Footballfeld versagst, fliegst du aus dem Team. Wenn du bei der Polizei versagst, wirst du in eine andere Abteilung versetzt. Du giltst als Problem, aber ehe du deinen Job verlierst, musst du dir schon eine Menge zuschulden kommen lassen. Zwei Ballverluste reichen nicht, es müssen schon vierhundertvierzig sein. Oder du musst jemanden erschießen. Sieht man sich an, aus welchen Gründen Officer entlassen werden, stellt man fest, dass die Schwelle ausgesprochen hoch liegt. Die Departments ignorieren die Warnzeichen, dass ein Officer zur Belastung werden könnte. All die kleinen Regelverstöße werden einfach übersehen. Sie begreifen nicht, dass sie den Menschen dienen sollen, der Dienstleistungsgedanke hat sich bei der Polizei nie durchgesetzt. Die meisten Departments sehen es als ihre Aufgabe an, Verbrecher zu verhaften, sie sind schließlich eine Strafverfolgungsbehörde. Wenn dein Unternehmen eine Monopolstellung hat, wirst du schnell überheblich. So ist es auch bei der Polizei. Darum wird ein Officer, der überhaupt nicht für den Polizeidienst geeignet ist, im Department bleiben, solange er nicht gegen die Grundprinzipien der Strafverfolgung verstößt.

Wenn man den Kunden, also der Community, dient und sie zufriedenstellt, sinkt auch die Kriminalität. Doch viele Polizeichefs glauben immer noch, Festnahmen seien der einzige Schlüssel zum Erfolg. Nehmen wir ein Beispiel: Ein Polizist erwischt drei

Jugendliche bei einer Straftat und nimmt sie fest. Ein anderer Polizist würde sie nach Hause bringen und ihnen im Beisein ihrer Eltern ins Gewissen reden. Vielleicht hält er sie damit vor weiteren Straftaten ab und bewahrt sie vor einer Gefängniskarriere. Nach heutigen Maßstäben wird der erste Cop befördert, weil er die drei aus dem Verkehr gezogen hat. Der zweite riskiert eine Rüge, weil die Polizei ihre Erfolge an der Zahl der Festnahmen misst. Die Frage lautet also: Was müssen wir tun, um nicht nur die Kriminalität zu bekämpfen, sondern auch die Community zu beschützen?

Damit die Polizei gute Arbeit leisten kann, müssen alle in der Community ihren Beitrag leisten: Anwohner, andere staatliche Behörden, die Kirchen, gemeinnützige Einrichtungen. Leider wissen die meisten Leute gar nicht, worin dieser Beitrag besteht. Nur wenn sie ihre Pflichten kennen, können sie darüber nachdenken, ob sie diese auch erfüllen. Dann, und nur dann, können sie die Gegenseite, sprich die Polizei, mit Fug und Recht kritisieren. Wer Kritik üben will, muss sich zuerst selbst fragen: ›Was habe ich getan oder nicht getan, um die Situation zu verbessern?‹ Vielleicht irre ich mich, aber ich habe das Gefühl, im Moment suchen wir die Schuld für die Spannungen zwischen den schwarzen und hispanischen Communitys und der Polizei zu einseitig auf Seiten der Gesetzeshüter. Sicher, die Polizei trägt die Hauptverantwortung, aber eben nicht die ganze. Bei jedem Problem wird heute automatisch nach der Polizei geschrien. Die Polizei muss für alles in die Bresche springen, was in der Gesellschaft schiefläuft. Wenn es an Jobs, Wohnraum und guten Schulen fehlt, betrifft das vor allem die Armen. Es handelt sich also zunächst einmal um ein Armutsproblem. Wenn aber alle Institutionen in der Gesellschaft darauf ausgelegt sind, dass ganze Bevölkerungsgruppen arm bleiben, haben wir es mit Rassismus zu tun. Wenn man keine Hoffnung, keine Perspektive hat, sagt man: »Scheiß drauf«, und irgendwann treiben einen die genannten Probleme direkt oder indirekt in die Straffälligkeit.

Es mag ungerecht sein, der Polizei alles aufzubürden, aber damit müssen wir nun mal leben. Trotzdem muss auch die Community mehr tun. Ich finde zum Beispiel, dass die führenden Stimmen in der afroamerikanischen Community nicht entschieden genug gegen diesen unsäglichen »Snitches get Stitches«-Kodex vorgehen. Es darf nicht sein, dass Leute, die mit der Polizei zusammenarbeiten, als Spitzel beschimpft und bedroht werden. Letzten Endes haben darunter alle zu leiden. Unterm Strich muss jeder mehr Verantwortung übernehmen. Wenn die Leute dazu nicht bereit sind, dürfen sie sich auch nicht wundern, wenn die Polizei hart durchgreift und sich nur noch darum kümmert, die Kriminalität zu bekämpfen. Die Polizeibehörden müssen heute jede Menge Aufgaben erfüllen, die eigentlich nicht in ihren Zuständigkeitsbereich fallen. Polizisten sind keine Psychiater. Warum also müssen sie sich um die vielen psychisch kranken Menschen auf den Straßen kümmern? Wir sind Polizisten, keine Streetworker. Warum sind wir dafür zuständig, ein positives Verhältnis zu den Jugendlichen aufzubauen? Wir sind auch keine Mediziner, trotzdem werden wir inzwischen darin geschult, Opioidsüchtige zu retten, die eine Überdosis genommen haben. Wer von der Polizei erwartet, dass sie all diese zusätzlichen Aufgaben übernimmt, muss auch bereit sein, sich selbst zu bewegen.

Die Kirchen haben zum Beispiel Mitarbeiter, die sich um Finanzen, Gesundheitsfragen, Bildung und so weiter kümmern. Warum gibt es niemanden, der für die Kommunikation mit der Polizei zuständig ist? Diese Person muss möglichst viel über Polizeiarbeit lernen. Sie muss die Officer kennen, die für das Viertel zuständig sind, und gute Verbindungen zu ihrer Wache unterhalten. Sie sollte regelmäßig einen Polizisten in die Kirche einladen, der sich die Sorgen und Nöte der Leute anhört und sie darüber aufklärt, warum die Kriminalität in ihrem Viertel besonders hoch ist. Außerdem sollte diese Person die Gemeindemitglieder darüber informieren, was ein Polizist darf und was nicht. Wenn man den Leuten zum Beispiel erklärt, dass ein einmal ausgestellter

Strafzettel nicht zurückgenommen werden darf, verstehen sie, dass der Officer sie nicht schikanieren will; er kann nichts dagegen tun. Die Kirche wiederum muss wissen, gegen welchen Officer im Bezirk die meisten Beschwerden vorliegen, und dafür sorgen, dass seine Vorgesetzten ihn zur Räson rufen.

Das Gleiche gilt für die Schulen. Wenn man Polizisten und Schüler zusammenbringt, setzt man viel in Bewegung. Jede Schule sollte einen Officer als Ansprechpartner haben. Ein-, zweimal im Monat wird eine große Versammlung einberufen, und der Officer spricht mit den Schülern. Die Kinder bauen ihr Misstrauen ab, und die Polizisten bekommen einen emotionalen Bezug zu den Schülern und sehen sie in einem anderen Licht. Auch die Schulleiter müssen besser mit der Polizei zusammenarbeiten. In meiner Zeit als Leiter der Streifenpolizei hatten wir ein Riesenproblem mit den Schulschlusszeiten. Die Kinder kamen alle gleichzeitig aus dem Unterricht, und ich hatte nicht genug Personal, um alle Schulen zu bewachen. Hätte ich mich mit der Schulbehörde auf gestaffelte Schulschlusszeiten verständigen können, hätte ich meine Officer in alle Schulen schicken können. Wir müssen uns also auch mit den Schulkoordinatoren vernetzen. Die enge Zusammenarbeit mit den Schulen ist extrem wichtig, denn aus bloßen Schülerdummheiten werden schnell kleinere Straftaten.

Das folgende Beispiel zeigt noch mal, wovon ich rede. Wir hatten immer wieder Probleme mit einer ganz bestimmten Buslinie. Wenn der Bus zur letzten Schule auf der Route kam, war er schon so überfüllt, dass er einfach weiterfuhr. Die Schüler mussten also jeden Tag fünf, sechs Busse abwarten, und wenn endlich einer hielt, quetschten sie sich unter wildem Gedränge hinein. Natürlich herrscht in Bussen voller Schüler ein Heidenlärm. Es ist eng und stickig, die Kids sind mitten in der Pubertät, und auf Erwachsene mag es so wirken, als würden sie Randale machen. Aber das ist Unsinn. Es sind einfach Kinder. Doch eine Passagierin beschwerte sich, die Polizei würde ihre Pflichten vernachlässigen. Und da sind wir wieder beim alten Thema: Die Polizei ist für alles verantwortlich. Eigentlich müssen die öffentlichen Verkehrsbetriebe und die Schulen solche Dinge regeln, doch am Ende bleibt es immer an der Polizei hängen. Also haben wir uns mit der Stadt und den Verkehrsbetrieben in Verbindung gesetzt und dafür gesorgt, dass die Schule jeden Tag von drei, vier leeren Bussen angefahren wird, und damit war das Problem aus der Welt geschafft. Hätten wir nicht eingegriffen, wäre aus der Sache vielleicht ein echtes Polizeiproblem geworden. Genau das meine ich.

Ich glaube, es gibt Missverständnisse zwischen den Communitys und der Polizei, mit denen wir uns gezielt auseinandersetzen müssen. Viele Alleinerziehende haben es schwer. Es ist ungeheuer belastend, alleine ein Kind großzuziehen, vor allem für Leute mit niedrigem Einkommen. Irgendwann resignieren sie und versinken in Hoffnungslosigkeit. Und dann treiben sich ihre Kinder auf der Straße herum. Nehmen wir an, eine alleinerziehende Mutter erwischt ihren Sohn mit Drogen. Sie hat Angst um ihn. Was, wenn er mit einer Gang rumhängt oder von einer Gang unter Druck gesetzt wird? Sie weiß nicht, was sie machen soll. Sie sollte die Polizei um Hilfe bitten, aber das tut sie nicht, weil sie glaubt, dass wir ihren Sohn ins Gefängnis werfen. Doch wir können den Leuten helfen. Vielleicht können wir das Problem nicht alleine lösen, aber wir können zur Lösung beitragen.

Eines der großen Probleme in Polizeibehörden ist, dass sie oft ihre unerfahrensten Mitarbeiter auf die Menschen loslassen. Die meisten der Officer, die in die Viertel gehen, sind gerade mal ein, zwei Jahre im Dienst. Bei uns in New York City gibt es zum Beispiel keine spezielle Ausbildung für die Streifenpolizisten, die täglich mit der Bevölkerung in Kontakt kommen. Jede Polizeibehörde steht vor der schwierigen Aufgabe, aus Berufsanfängern möglichst schnell erfahrene Officer zu machen. Die Ausbildung bei der Polizei muss dringend verbessert werden. Aber das genügt nicht. Wie stellen wir zum Beispiel fest, ob ein Officer verstanden hat, worum es bei der Polizeiarbeit geht. Kaum ein Department überprüft, ob das erlernte Wissen noch abrufbar ist und ob die Officer sich im Dienst regeltreu verhalten. Das heißt, wir haben keine Ahnung, wie viel von dem, was wir den Officern beibringen, hängenbleibt und ob sie das Gelernte korrekt anwenden. Wenn ein Officer Mist baut, liegt das also nicht unbedingt an Mängeln in der Ausbildung. Vielleicht braucht er dringend eine Nachschulung. Trotzdem verzichten wir darauf, unsere Officer regelmäßig zu überprüfen, aus Angst, dass das Ergebnis mies ausfällt. Aber das geht so nicht weiter. Wir müssen dafür sorgen, dass die Officer gute Arbeit leisten, und herausfinden, wer auf welchem Gebiet Nachholbedarf hat.

13. WENN DIE GESELLSCHAFT VERSAGT

Der Funkspruch kam gegen neunzehn Uhr. Die Zentrale meldete einen 10-96, das ist der Zahlencode für »psychisch kranke Person«. Zu Beginn meiner Karriere als Officer in Arlington, Virginia wurde ich häufiger zu solchen Einsätzen geschickt. Dieser ist mir besonders in Erinnerung geblieben. Es war ein drückend schwüler Sommerabend 1986. Mein Partner und ich fuhren sofort zur Glebe Road Ecke Walter Reed Drive. Offenbar hatte ein Nachbar die Polizei verständigt. Einsätze, bei denen es um psychisch Kranke geht, sind immer heikel. Man weiß nie, was einen erwartet, und oft besteht nicht nur Gefahr für den Betroffenen, sondern auch für die Cops. Manchmal aber – so traurig es auch ist – bringen sie ein bisschen Heiterkeit in unseren aufreibenden Arbeitsalltag. Dieser Fall gehörte zum Glück zur zweiten Kategorie.

Die Person, um die es ging, stand auf dem Gehweg, ein ungepflegter, unrasierter Mann Mitte fünfzig mit grau melierten Haaren, bekleidet nur mit Bademantel, Socken und Hausschuhen. Auf seinem Kopf thronte ein Brett, quadratisch und etwas größer als ein Doktorhut, das mit mehreren Lagen Alufolie umwickelt war. Damit das Brett nicht herunterfiel, hatte er sich aus der Folie eine Art Kopfverband gebastelt. Kurz darauf erfuhren wir, dass er diese Konstruktion ersonnen hatte, um sich vor den tödlichen Sonnenstrahlen zu schützen. Wir stiegen aus und gingen zu ihm hinüber.

»Guten Abend, Sir«, sagte ich. »Worum geht es denn?«

»Die Sonnenfinsternis, gleich kommt die Sonnenfinsternis«, stieß er hervor. »Ich muss bereit sein.«

Mein Partner und ich tauschten einen kurzen Blick.

»Gestern gab es auch eine«, sagte er. »Waren Sie bereit?«

Vielleicht hatte der Mann seine Medikamente abgesetzt. Oder er hatte eine psychotische Episode. Wir waren Polizisten. Für solche Fälle waren wir nicht ausgebildet. Wir unterhielten uns ein bisschen mit ihm und beobachteten sein Verhalten. Er zeigte uns bereitwillig seinen Ausweis. Er hatte eine Wohnung. Und er wirkte weder gewalttätig noch selbstmordgefährdet. Hätte er sich selbst ernsthafte Verletzungen zugefügt, hätten wir ihn ins Krankenhaus gefahren. Hätte er eine Straftat begangen, hätten wir ihn ins Gefängnis gebracht, auch dann, wenn wir der Meinung gewesen wären, er habe in geistiger Verwirrung gehandelt, denn als Polizisten durften wir ihn nicht in die Psychiatrie bringen. Da der Mann jedoch offensichtlich weder eine Gefahr für sich noch für andere darstellte, wünschten wir ihm einen schönen Abend und gingen zurück zum Wagen. Verrückt sein ist nicht verboten.

Als ich ein junger Cop war, waren Obdachlose und psychisch kranke Menschen ein eher seltenes Phänomen. Heute sind sie ein fester Bestandteil des Straßenbilds. In der Skid Row, einem Viertel in Downtown Los Angeles, leben auf einem Quadratkilometer zwischen fünf- und achttausend Menschen ohne Wohnung. Die Zahl der Obdachlosen in New York ist höher als die Gesamtbevölkerung in fünfundneunzig Prozent aller amerikanischen Städte. Und nirgends im Land ist die Obdachlosenrate so hoch wie in unserer Hauptstadt. Insgesamt lebt einer von fünfhundert Amerikanern auf der Straße. Ein Großteil von ihnen ist psychisch krank.

Juristisch gesehen ist es nicht strafbar, obdachlos oder psychisch krank zu sein. Trotzdem fällt es heutzutage den Strafverfolgungsbehörden zu, sich um die Betroffenen zu kümmern. Wenn Leute bei der Polizei anrufen, weil ein Angehöriger einen psychotischen Schub hat, oder Anwohner einen Obdachlosen in ihrem Viertel melden, verständigen die Mitarbeiter in der Notrufzentrale nicht den psychiatrischen Notdienst oder die

Obdachlosenhilfe. Sie schicken Männer und Frauen mit Waffen, Handschellen und Schlagstöcken los.

Newport, Rhode Island ist ein hervorragendes Beispiel dafür, dass die Polizei in unserem Land als Ersatz für sozialpsychiatrische Notdienste herhalten muss. Das Städtchen mit den prächtigen Sommerpalästen und riesigen Yachten quillt vor Reichtum förmlich über. Dennoch machen psychisch kranke oder verhaltensauffällige Menschen vierzig Prozent aller Polizeieinsätze aus. So wurde die Polizei innerhalb von siebzehn Monaten einundsechzig Mal zu derselben Frau geschickt, obwohl die einzigen Übeltäter die Dämonen in ihrem Kopf waren.

Inzwischen ist es so weit, dass Krankenhäuser Obdachlose einfach auf die Straße setzen, weil sie für die Behandlung von unversicherten Patienten kaum Geld bekommen. Außerdem fehlt es vielen Krankenhäusern an den nötigen Fachärzten, um Obdachlose mit psychischen Problemen zu versorgen. Gerüchte über die so genannte »Patientenentsorgung« gab es schon seit Jahren, bis sie 2007 durch die Aufnahmen einer Überwachungskamera bestätigt wurden. Darauf war zu sehen, wie die dreiundsechzigjährige Carol Anne Reyes nur mit einer Windel und einem Krankenhausnachthemd bekleidet orientierungslos durch die Straßen der Skid Row in Downtown Los Angeles irrte. Die obdachlose, demenzkranke Frau war zuvor wegen extrem hohen Blutdrucks und anderer Beschwerden ins Kaiser Permanente Hospital eingeliefert worden. Anstatt sie zu behandeln, setzte man Reyes in ein Taxi in die zwanzig Meilen entfernte Skid Row. Die Klinikleitung war ganz offensichtlich der Meinung, die Polizei solle sich um die verwirrte Frau kümmern.

Ähnliche Vorfälle wurden auch in Las Vegas und Washington gemeldet. Der jüngste Fall ereignete sich Anfang 2018 in Baltimore, als das Lehrkrankenhaus der University of Maryland eine psychisch kranke Achtzehnjährige bei minus sieben Grad in Unterwäsche und Krankenhausnachthemd auf der Straße aussetzte. Ein zufällig vorbeikommender Psychotherapeut nahm den Vorfall mit der Handykamera auf und rief die Polizei. Die Zentrale schickte eine Streife los.

Weil man die Verantwortung, sich um diese Menschen zu kümmern, der Polizei zugeschoben hat, sind Amerikas Gefängnisse voll mit psychisch kranken und obdachlosen Häftlingen.

Das Cook County Jail in Chicago ist ein besonders abschreckendes Beispiel. Es handelt sich um das größte Gefängnis des Landes. Dreißig Prozent der Insassen sind laut ärztlicher Diagnose schwer psychisch krank. Somit ist das Cook County Jail der größte Dienstleister im Bereich psychiatrische Versorgung in den Vereinigten Staaten. Die Vollzugsmitarbeiter versorgen die Häftlinge nicht nur mit Essen, sondern teilen auch jeden Tag Tausende von Tabletten gegen Angstzustände, Antidepressiva und Antipsychotika aus. Anstaltsärzte führen Sprechstunden durch und verschreiben Medikamente. Wer in Chicago arm ist und dringend psychologische Hilfe braucht, sagt Polizeichef Eddie Johnson, muss sich einsperren lassen, weil die Hälfte der psychiatrischen Kliniken in der Stadt mittlerweile geschlossen ist.

Und weil es Amerika nicht gelingt, Obdachlose und psychisch Kranke angemessen zu versorgen, muss sich die Polizei tagtäglich dieser Menschen annehmen, obwohl die Officer dafür gar nicht qualifiziert sind. Polizisten sind keine ausgebildeten Mediziner. Vierzig Stunden Kriseninterventionstraining – und die gibt es nur in wenigen Departments – genügen nicht, um zwischen einer bipolaren Störung und einer Schizophrenie zu unterscheiden.

Wir sind für den Umgang mit Menschen in akuten psychischen Krisen nicht ausgebildet. Leider verstehen die meisten Cops nicht, was es bedeutet, wenn ein psychisch Kranker sagt: »Fassen Sie mich nicht an.« Also halten sie sich nicht daran, weil wir in der Ausbildung lernen, dass wir einfache körperliche Gewalt ausüben müssen, wenn sich jemand unseren Anweisungen widersetzt. Aber wie soll jemand Anweisungen befolgen, der aufgrund seines Geisteszustands nicht mal in der Lage ist, ganz normale Fragen zu beantworten?

Viel zu oft nehmen solche Begegnungen einen dramatischen Ausgang. Manchmal wird der Cop getötet oder verletzt, meistens aber ist es der Bürger. Die Wahrscheinlichkeit, dass Schwarze von der Polizei erschossen werden, ist dreimal so hoch wie bei Menschen aller anderen Hautfarben; bei psychisch Kranken ist sie sechzehnmal so hoch. Laut einer viel zitierten Studie der Ruderman Family Foundation, einer privaten Stiftung zur Integration von Menschen mit Behinderung, leiden fast die Hälfte aller Menschen, die jedes Jahr durch die Polizei zu Tode kommen, unter Schizophrenie, einer bipolaren Störung oder einem Down-Syndrom. Viele der Erschossenen, so der Bericht, hätten akute psychiatrische oder medizinische Hilfe benötigt. Das heißt: Unsere Gesellschaft tötet psychisch Kranke und setzt die Polizei dazu ein.

Ein Dezemberabend 2011 in Baltimore, fünfundzwanzig Jahre nach meinem Einsatz in Arlington. Diesmal bekamen zwei Cops einen 10-96, obwohl die hilfesuchenden Personen die Polizei gar nicht gerufen hatten. Die Eltern des siebenunddreißigjährigen Franklin Williams waren in großer Sorge. Williams, der bei ihnen wohnte, war schizophren und hatte offenbar seine Medikamente nicht genommen, was nach Aussage von Medizinern auf nahezu die Hälfte aller psychisch kranken Patienten zutrifft. Jedenfalls verhielt sich Williams an diesem Sonntag, als hätte er eine seiner seltenen psychotischen Episoden. Er hatte den ganzen Tag fast ununterbrochen Wasser getrunken, mehrmals gebadet und eine Zigarette nach der anderen geraucht, was er gewöhnlich nur tat, wenn er Stimmen hörte. Er benahm sich sonderbar, aber er war nicht gewalttätig.

Als Williams' fünfundsechzigjährige Mutter nach Hause kam, stellte sie fest, dass er sie ausgesperrt hatte. Sie rief ihre Nichte an, die Krankenschwester war, und fragte sie um Rat. Die Nichte wählte den Notruf und bat darum, jemanden vorbeizuschicken, der Williams ins Krankenhaus fuhr. Die besorgte Mutter rechnete vermutlich mit Sanitätern, die im Umgang mit Schizophrenen geschult waren.

Stattdessen kamen Sergeant Don Slimmer und Officer Brian Rose. Eine Nachbarin ließ die beiden in ihren Garten, und von dort gelangten sie zum Haus der Williams'. Einer der Officer stieg durch ein offenes Fenster ein und öffnete seinem Kollegen die Hintertür. Sie sicherten das Erdgeschoss, dann gingen sie nach oben. Dort gelangten sie in einen kleinen Flur mit Zimmern zu beiden Seiten. In einem saß Williams zusammengesunken in einem Sessel. Die Officer richteten ihre Waffen auf ihn, und einer rief: »Polizei!« Williams schreckte aus dem Sessel auf. Beim Anblick des großen, schweren Mannes gerieten die Officer in Panik. Sie forderten ihn auf, stehen zu bleiben, und als Williams der Anweisung nicht Folge leistete, sondern auf sie zuging, schossen sie. Am Ende wurde Williams wie von seiner Familie gewünscht ins Krankenhaus gebracht. Er landete jedoch nicht in der Obhut eines Psychiaters, sondern im Schockraum der Notaufnahme, wo man ihn wiederbeleben musste. Elfmal hatten die Polizisten ihn getroffen, davon einmal in den Kopf. Wie durch ein Wunder gelang es den Ärzten, ihn in mehreren Operationen zu retten. Seit dem Vorfall ist er schwerbehindert.

Die Officer behaupteten anschließend, Williams sei mit einem Messer in der Hand hinaus auf den Flur getreten und habe versucht sie anzugreifen. Das war gelogen. Williams' zwölfjähriger Neffe hatte die Tat vom Flur aus unbemerkt beobachtet. Vor Gericht sagte er aus, sein Onkel sei weder bewaffnet gewesen noch auf die Polizisten losgegangen. Er sei vielmehr noch im Zimmer gewesen, als die Polizisten das Feuer eröffnet hätten. Williams' Anwalt Robert Joyce legte den Geschworenen dar, dass sich alles Blut im Zimmer befunden habe; sein Mandant sei also erst nach den Schüssen auf den Flur gezerrt worden.

Die Jury sprach der Familie 600 000 Dollar für Williams' Pflege zu. Der Betrag wurde später vom Gericht auf 200 000 Dollar reduziert. Die beiden Cops wurden wegen fahrlässiger Körperverletzung verurteilt. Das war richtig so, und dennoch trifft die Schuld uns alle – die Stadt, den Bundesstaat und ganz Amerika. Im Durchschnitt wird pro Tag ein psychisch kranker oder behinderter Mensch von der Polizei erschossen, weil unsere Gesetzeshüter Aufgaben übernehmen müssen, die sie nicht erfüllen können und auch nicht erfüllen sollten. Psychisch Kranke und Obdachlose sind das eklatanteste Beispiel dafür, dass Polizisten zu »Verbrechern« werden, wenn die Gesellschaft versagt.

* * *

Als man in St. Louis noch unter dem Schock von Ferguson und der tödlichen Schüsse auf Michael Brown stand, traf ich mich mit Adolphus Pruitt, um mich mit ihm über Cops, Kriminalität und die Armut in St. Louis zu unterhalten. Pruitt, Leiter der NAACP-Ortsgruppe St. Louis, ist ein interessanter Typ. In seinem ersten Leben als Bauunternehmer hat er so viel Geld verdient, dass er sich jetzt Vollzeit den massiven Problemen der Stadt und der afroamerikanischen Bevölkerung widmet. Während unseres Gesprächs schob er mir ein Blatt Papier zu.

»Hier, lesen Sie und sagen Sie mir, was Ihnen auffällt.«

Es handelte sich um die jährlich vom St. Louis Police Department herausgegebene Mordstatistik. Die Mordfälle waren nach den üblichen Kategorien aufgeschlüsselt: Hautfarbe und Alter des Opfers, Hautfarbe und Alter des Täters, Verteilung der Tötungsdelikte nach Stadtvierteln. Die Statistik enthielt jedoch noch weitere Angaben: Es war vermerkt, ob Opfer und Täter vor der Tat Drogen oder Alkohol konsumiert hatten, ob sie vorbestraft waren, einer Gang angehörten und so weiter. Absolut gesehen ereignen sich in St. Louis deutlich weniger Morde als in Chicago. 2016 waren es laut Statistik 188; in Chicago waren es im gleichen Jahr 762, also über viermal so viele. Bezogen auf die

Einwohnerzahl beider Städte ist die Tötungsrate in St. Louis jedoch mehr als doppelt so hoch. Ich überflog den Bericht ohne großes Erstaunen. Von den 188 Mordopfern waren 159 schwarz. Das sind neunzig Prozent, obwohl die Afroamerikaner nur fünfzig Prozent der Bevölkerung stellen.

»Ja«, sagte ich. »So sieht es in den meisten Großstädten mit einem hohen schwarzen Bevölkerungsanteil aus. Afroamerikaner werden unverhältnismäßig oft zum Opfer von Tötungsdelikten.«

Er lächelte.

»Nein, schauen Sie genauer hin«, sagte er. »Sie übersehen etwas.«

Ich konzentrierte mich wieder auf die Zahlen. Nur achtzehn Opfer waren Mitglied einer Gang gewesen, und nur drei Morde standen in direktem Zusammenhang mit Bandenkriminalität. Das konnte es nicht sein. In fast allen Fällen hatten Todesschütze und Opfer dieselbe Hautfarbe. Das war es auch nicht. Die meisten Opfer waren männlich. Auch nichts Neues. Dreiundvierzig Opfer und dreizehn Tatverdächtige waren zum Zeitpunkt der Tat auf Bewährung. Fünfzehn Morde waren die Folge häuslicher Auseinandersetzungen.

»Die meisten Opfer haben eine kriminelle Vergangenheit«, murmelte ich.

»Sie haben es immer noch nicht«, sagte Pruitt. »Werfen Sie einen Blick auf den Bildungsstand.«

Ich war verblüfft. Keines der Mordopfer hatte die Highschool abgeschlossen. Bei den Tätern sah es ähnlich aus. Von allen angegebenen Faktoren war mangelnde Bildung der Hauptindikator dafür, ob man in St. Louis erschossen wurde und oder zur Schusswaffe griff. Pruitt gab mir die Statistiken für die beiden Vorjahre. Die Zahlen waren nahezu identisch. Jahr für Jahr werden junge schwarze Männer ohne Schulabschluss und Qualifikation für den Arbeitsmarkt an den Rand der Gesellschaft gedrängt. In Ermangelung von Zukunftsperspektiven werden sie zu Räubern, Drogendealern und Mördern, mit verheerenden Folgen für die Stadt.

Der Zusammenhang zwischen niedrigem Bildungsstand und Kriminalität gilt überall in Amerika. Nach Angaben des Zentrums für Arbeitsmarktforschung an der Northwestern University liegt die Zahl der Häftlinge mit Highschoolabschluss bei unter drei Prozent. Umgekehrt sitzen sieben Prozent aller Weißen ohne Schulabschluss im Gefängnis. Bei afroamerikanischen Schulabbrechern sind es sogar fünfundzwanzig Prozent.

Man braucht wahrlich keinen Doktortitel, um zu dieser Erkenntnis zu gelangen. Man kann jeden x-beliebigen Lehrer fragen. Oft erkennen sie schon in der Grundschule, welche Schüler später vermutlich im Gefängnis landen oder erschossen werden. Viele dieser Kinder leben in instabilen häuslichen Verhältnissen und Vierteln mit hoher Kriminalität. Manche werden von einer Pflegefamilie zur nächsten geschickt, andere wachsen mit vielen Geschwistern in tiefster Armut bei einem alleinerziehenden Elternteil auf. Wieder andere haben weder Eltern noch eine andere Bezugsperson, die sich um sie kümmert. Fast alle sind traumatisiert und haben massive schulische Probleme.

Ich habe dieselben Erfahrungen gemacht. In meiner Freizeit arbeite ich ehrenamtlich als Mentor bei 100 Black Men of America, einer Organisation, die sich für die Bildung von afroamerikanischen Kindern und Jugendlichen einsetzt. Einmal in der Woche fahre ich nach Newark in die Chancellor Avenue School und treffe mich dort mit sechs Achtklässlern, die von der Schulleitung als »gefährdet« eingestuft wurden. Vier von ihnen haben keinen Vater mehr. Drei Väter wurden in Newark auf offener Straße erschossen, der Vater des vierten Jungen war ein paar Monate vor unserem Kennenlernen verstorben. Der Junge hatte ihn kaum gekannt, weil der Vater regelmäßig im Gefängnis gewesen war. Doch als ich ihn nach seinem größten Wunsch im Leben fragte, sagte er: »Ich wünsche mir, mein Dad wäre noch am Leben.«

Die sechs sind bei jeder Sitzung matt und unausgeschlafen, weil es bei ihnen zu Hause so laut und chaotisch zugeht, dass sie selten vor ein Uhr ins Bett kommen. Ein Junge leidet sichtbar unter ADHS. Folglich hat er ständig Ärger, weil er sich nicht konzentrieren kann und den Unterricht stört. Es sind keine schlechten Kinder, sie wachsen bloß unter schlechten Bedingungen auf.

Und wenn sie durchs Raster des Schulsystems fallen wie Millionen andere Kinder, werden sie zu einem Polizeiproblem, weil wir immer nach der Polizei rufen, wenn unsere Gesellschaft versagt.

Arne Duncan, ehemaliger Bildungsminister und Ex-Leiter der Chicagoer Schulbehörde, kann ein Lied davon singen. Ich lernte Duncan bei einer Veranstaltung kennen, auf der Chicagoer Unternehmer dazu aufgerufen wurden, als Beitrag zur Bekämpfung der rasant gestiegenen Gewaltkriminalität junge Leute ohne Schulabschluss einzustellen. Duncan, der inzwischen wieder in Chicago lebt, hat eine gemeinnützige Organisation gegründet, die schwarzen Jugendlichen, die durchs System gerutscht sind, den Einstieg ins Berufsleben ermöglicht. Dabei arbeitet er eng mit Polizeichef Eddie Johnson und Pfarrer Michael Pfleger zusammen.

Die Gesellschaft habe es jahrzehntelang versäumt, Familien und Kinder in schwierigen Lebensverhältnissen gezielt zu unterstützen, sagt Duncan. Die große Mehrheit der jungen Leute, die seine Organisation betreut, hätte es daher besonders schwer.

»Viele unserer Jugendlichen sind im Gangmilieu. Sie sind in dieser Welt großgeworden. Aber dieses Leben ist brutal und gefährlich. Die meisten wollen keine Angst mehr haben, dass sie erschossen werden oder in den Knast wandern. Es ist ein Riesenirrtum, dass alle, die im Drogenhandel tätig sind, unendlich reich werden. Wir haben herausgefunden, dass die Leute, die die Mordaufträge ausführen, rund achtzig Dollar pro Tag verdienen. Die meisten würden aus dem Geschäft aussteigen, wenn wir ihnen einen Job mit einem Stundenlohn zwischen zwölf und vierzehn Dollar anbieten. Es ist nicht einfach, etwas zu verändern, aber durch Verhaftungen werden wir das Problem ganz sicher nicht lösen.«

* * *

Wenn ich mir unser Polizeiwesen ansehe, hat sich doch eine Menge verändert. Schon lange regieren in unseren Polizeibehörden nicht mehr ausschließlich weiße Männer. Doch auch wenn heute viele Departments von Afroamerikanern und Afroamerikanerinnen, Latinos und Latinas geleitet werden, der Anteil von People of Color unter den Cops ist oft deutlich niedriger als in den Vierteln, für die sie zuständig sind. Dennoch ist die heutige Situation nicht zu vergleichen mit den Zeiten, als schwarze Polizisten bei den Dienstbesprechungen stehen mussten, weder Streifenwagen fahren noch Weiße festnehmen durften und sich weiße Cops ungestraft weigern konnten, mit »Niggern« zusammenzuarbeiten.

Ja, es hat sich viel verändert, und das ist positiv. Aber Veränderung heißt nicht automatisch Fortschritt. Wenn sich die Realität der letzten Jahre fortsetzt und weiterhin unverhältnismäßig viele schwarze Menschen durch Polizeikugeln sterben, haben wir keine Fortschritte gemacht. Wenn das Verhältnis zwischen den Communitys of Color und der Polizei auch künftig so vergiftet bleibt, haben wir keine Fortschritte gemacht. In diesem Zuge müssen wir uns auch damit auseinandersetzen, inwieweit afroamerikanische und Latino-Officer denselben rassistischen Vorurteilen unterliegen wie ihre weißen Kollegen. Ich persönlich halte das für eine wichtige Frage.

Die Missstände im Polizeiwesen sind nicht auf ein paar schlechte Cops zurückzuführen. Sie sind das Resultat von falschen Richtlinien und Methoden, die in vielen Departments als heilig gelten. Um diese Missstände zu beheben, müssen wir unser Verständnis von Polizeiarbeit gründlich überdenken und uns überlegen, welche Rolle die Polizei in unserer Gesellschaft spielen soll. Stehen Polizisten über den Normen der Gesellschaft oder sollen sie ihrem Leitspruch gerecht werden, den Menschen zu dienen und sie zu beschützen? Sollen sie die Scherben beseitigen, die wir hinterlassen, weil wir die Probleme in unserer Gesellschaft nicht angehen können oder wollen? Oder sollen sie mit uns eine pulsierende, solidarische Gemeinschaft schaffen, in der alle eine Zukunft haben? Die Entscheidung liegt bei uns.

Nachwort

Sechzig Meilen südlich von meinem Zuhause in New Jersey liegt Bordentown Township. 2016 kam es in den dem 11 000-Einwohner-Städtchen zu zwei bedeutsamen Ereignissen. Das eine gab mir Hoffnung, das andere versetzte mich in Schrecken. Das erste war die Verhaftung des langjährigen Polizeichefs Frank Nucera, Jr., der gerade erst von seinem Posten zurückgetreten war. Das FBI beschuldigte ihn eines Hassverbrechens sowie der Freiheitsberaubung; beide Taten hatten sich während seiner Amtszeit ereignet. Nucera ist, wie ich später erfuhr, ein bekennender Rassist. Einmal verdächtigte er einen Afroamerikaner aus dem Nachbarort, die Reifen eines Streifenwagens aufgeschlitzt zu haben. Er sagte zu einem Officer: »Ich hoffe, der Nigger kommt bald wieder und gibt mir einen Grund, ihn einzusperren. Ich hab genug von diesen Niggern. Die sind wie der IS. Das letzte Pack. Man sollte sie alle an die Wand stellen und niedermähen. Ich würde mich freiwillig zum Erschießungskommando melden.«

Aufgezeichnete Gespräche belegen, dass Nucera gegenüber seinen Leuten Schwarze regelmäßig als »Nigger«, »Nigs« und »Moulinyans« bezeichnete, eine rassistische Beleidigung für Schwarze, die vor allem bei Italoamerikanern gebräuchlich ist. Er schüchterte mit Vorliebe afroamerikanische Mitbürger ein, indem er bei Spielen des Highschool-Basketballteams Polizeihunde vor der Sporthalle postierte oder seine Polizisten mit den Hunden in die überwiegend von Schwarzen bewohnten Viertel schickte. Wenn seine Officer nicht hart genug durchgriffen, demonstrierte er ihnen, wie man es richtig macht. Als ein achtzehnjähriger Schwarzer und seine sechzehnjährige Freundin festgenommen wurden, weil sie den Pool eines Motels benutzt hatten, ohne dort Gast zu sein, packte Nucera den jungen Mann von hinten an den Haaren und schlug seinen Kopf gegen einen Metalltürrahmen. »Ich hab genug von denen, Mann«, sagte er nach dem Vorfall. »Ich sage euch was, irgendwann knalle ich einen von den Scheißtypen ab. Bei der Niggerschlampe [gemeint war die Tante des Mädchens] war ich kurz davor.«

In meiner langen Karriere habe ich Polizeichefs aus allen möglichen Bundesstaaten kennengelernt. Darunter waren unfähige und auch korrupte. Trotzdem war ich sprachlos, dass ein moralisch verkommener Kleingeist wie Nucera in der heutigen Zeit eine Polizeibehörde leiten darf. Man könnte es sich leicht machen und sagen, Nucera sei bloß eine Ausnahme, ein mieser Cop, der glücklicherweise aus dem Polizeidienst entfernt wurde. Aber sein Werdegang zeigt, dass rassistisches Verhalten von Bürgermeistern, Stadträten und Polizeikollegen gebilligt oder zumindest schweigend geduldet wird. Nucera war vierunddreißig Jahre lang beim Bordentown Police Department gewesen. Er wurde mehrfach befördert und stand am Ende ganz oben. Das heißt, alle im Department wussten, dass er ein Schwarzenhasser war, und er wurde für seinen Rassismus sogar belohnt. Sein Aufstieg zum Polizeichef stimmt traurig.

Bei aller Abscheu für Nucera stimmte mich diese Geschichte doch ein bisschen hoffnungsvoll: Vielleicht, dachte ich, ganz vielleicht sind wir jetzt so weit, unsere Departments von widerlichen Cops, regelwidrigem Polizeiverhalten und falschen Vorschriften zu befreien, die Menschenleben gefährden und ganz Amerika einen schlechten Dienst erweisen. Nucera wurde übrigens von einem seiner eigenen Leute zur Strecke gebracht. Ein weißer Officer aus dem Department war so erzürnt über seine rassistischen Hetztiraden, dass er das FBI informierte und sich bereit erklärte, seine Gespräche mit dem Polizeichef heimlich aufzuzeichnen. Die Tonaufnahmen führten zu Nuceras Festnahme.

Das mutige Eingreifen des Officers macht deutlich, dass sich einzelne Cops in die richtige Richtung bewegen. Noch sind die Schritte relativ klein, aber sie zeigen, dass bei der Polizei langsam ein Gesinnungswandel einsetzt: Wir erkennen an, dass wir in den afroamerikanischen Communitys von jeher als Besatzer und Unterdrücker auftreten, und das wollen wir ändern.

Präsident Obama hat den Dialog eröffnet, als er Polizeivertreter aus dem ganzen Land zusammenrief, um mit ihnen einen Leitfaden für die Polizeiarbeit im 21. Jahrhundert zu erstellen. Terrence Cunningham, der damalige Präsident der International Association of Chiefs of Police, appellierte 2016 an die 23 000 Verbandsmitglieder, dass sich dringend etwas ändern müsse.

»Als ausführende Organe nationaler, bundesstaatlicher und kommunaler Gesetze sind Polizisten viel zu lange für viel zu viele unserer Mitbürger das Gesicht der Unterdrückung gewesen«, sagte Cunningham auf der Jahrestagung des Verbandes in San Diego. »Im Auftrag von Staat und Gesellschaft hat die Polizei viele abscheuliche Aufgaben ausgeführt. Polizisten haben im Namen des Gesetzes Menschen diskriminiert und vielen unserer Landsleute die grundlegenden Bürgerrechte verweigert. All das ist Vergangenheit, doch dieses unrühmliche Kapitel in unserer Geschichte hat in vielen Communitys of Color ein tiefes, man könnte fast sagen, über Generationen weitervererbtes Misstrauen gegenüber der Polizei erzeugt. Wir müssen neue Wege beschreiten, um unsere Geschichte hinter uns zu lassen, und gemeinsam Lösungen entwickeln, wie wir unsere Minderheiten besser schützen können. Für uns, die Polizei und die IACP, heißt das zuallererst, dass wir uns zu unserer Verantwortung und zu den Taten der Vergangenheit bekennen und uns für das Unrecht und das Leid entschuldigen, das wir People of Color zugefügt haben.«

Das klingt beeindruckend, doch leider beweisen Cops wie Nucera, dass die Vergangenheit fortlebt. Auch lindern Cunninghams Worte nicht den Schmerz der Angehörigen von Walter Scott, Philando Castile, Alton Sterling, Tamir Rice, Laquan Mc-Donald, Eric Garner, Freddie Gray, Sandra Bland und der vielen anderen, die durch Polizeikugeln gestorben sind. Ebenso wenig helfen sie Fred Watson und seinen Kindern.

Dennoch ist es erfreulich, dass die Polizei die begangenen Missetaten an Afroamerikanern und Latinos einräumt und darauf aufmerksam macht, dass sich das Verhalten von Polizisten grundlegend ändern muss. Einige Departments fangen bereits damit an, ihre Officer danach zu bewerten, wie vielen Menschen sie geholfen haben, anstatt ihren Erfolg allein an der Zahl der Festnahmen oder der ausgestellten Strafzettel zu messen. Das ist eine positive Entwicklung, auch wenn sich in den meisten Departments erst etwas bewegt, wenn ein Officer systematisch seine Macht missbraucht hat und sie durch Anerkenntnisurteile des Justizministeriums zu Reformen gezwungen werden.

Ja, es gibt schlechte Polizisten, doch immer mehr Departments kommen dahinter, dass das wahre Problem in gravierenden Mängeln im System zu suchen ist: schlechte Ausbildung, falsche Beförderungs- und Belohnungspraktiken, mangelnde Kommunikation mit der Bevölkerung und eine krasse Diskrepanz zwischen dem Bild, das Streifenpolizisten von ihrer Arbeit haben, und den Erwartungen der Menschen in den einzelnen Communitys.

Immer wieder stoßen uns Protestbewegungen wie Black Lives Matter auf das jahrhundertealte Problem, dass schwarze Männer und Frauen, Jungen und Mädchen von der Polizei herabgesetzt, missachtet, schikaniert, eingesperrt oder einfach erschossen werden. Mit unerbittlicher Hartnäckigkeit bringen sie die Diskussion über Rassismus und Diskriminierung entscheidend voran.

Aber wenn schwarze Leben zählen, dann nicht nur die, die von der Polizei ausgelöscht werden, sondern alle. Wenn Michael Browns Leben gezählt hat, zählt auch das Leben des zehnjährigen Richard Jordan, der Football liebte und am 13. November 2017 in Memphis aus einem vorbeifahrenden Auto erschossen wurde. Es zählt das Leben der einjährigen Robin Keefer, die nur vier Tage vorher, auch in Memphis, beim Spielen in der elterlichen Wohnung von einer tödlichen Kugel getroffen wurde, und das Leben ihrer zweijährigen Schwester Laylah Washington, die fünf Monate vor Robins Tod ebenfalls Opfer eines Drive-by-Shootings geworden war.

Die meisten Cops kann nach Jahren im Polizeidienst nicht mehr viel erschüttern. Trotzdem war mir eines immer bewusst: Eines Tages würde etwas passieren – ein Mord oder irgendein anderes entsetzliches Verbrechen –, das mir tief unter die Haut gehen und mich nicht mehr loslassen würde. Dieses Ereignis würde mein Leben verändern.

Es geschah am 5. August 2006, etwa ein Jahr vor meinem Umzug nach Newark. Terrance Aeriel (18) und seine Schwester Natasha (19) hatten sich an diesem warmen Sommerabend mit ihren Freunden Dashon Harvey und Iofemi Hightower (beide 20) auf dem Sportplatz der Mount Vernon Elementary School getroffen, einer Grundschule in einem Mittelschichtvorort von Newark. Sie unterhielten sich und hörten Musik, als gegen halb zwölf eine Gruppe Männer auf sie zukam. Und dann geschah das Entsetzliche. Die Männer schossen Natasha Aeriel in den Kopf und ließen sie neben einer Tribüne liegen. Die anderen drei mussten sich in einer Reihe vor einer Mauer aufstellen. Die Männer befahlen ihnen, sich hinzuknien, dann schossen sie ihnen in den Hinterkopf. Natasha überlebte den Überfall als Einzige schwer verletzt.

Die bestialische Tat sorgte landesweit für Aufsehen. Die Täter wurden schließlich gefasst. Ich leitete zu diesem Zeitpunkt die ATF-Abteilung in Denver. Die Tat ging mir besonders nahe, weil mich die Opfer an meine Jugendzeit erinnerten. Die Aeriel-Geschwister und Harvey studierten an meiner alten Uni, der Delaware State University, und alle drei spielten in der Marching Band, die schon zu meiner Footballzeit die Halbzeitpausen gefüllt hatte. Harvey führte als Botschafter der Uni künftige Studenten über den Campus, und Hightower, die Vierte in der Gruppe, wollte dort im Herbst ihr Studium beginnen. Alle waren anständige junge Leute mit Hoffnungen und Zielen im Leben. Die Tat war so verdammt sinnlos. Ein Aufnahmeritual für eine Gang.

Kurz nachdem ich meine neue Stellung in New Jersey angetreten hatte, gab ich einigen meiner Vorgesetzten eine kurze Einführung in den gut ein Jahr zurückliegenden Fall. Dabei sahen wir uns auch die Aufnahmen vom Tatort an. Die toten Gesichter, die mich von den Fotos anstarrten, brachen mir das Herz.

Auch diese schwarzen Leben haben gezählt. Sie zählten für mich und ihre Angehörigen, für Freunde, Lehrer, Professoren und Nachbarn. Ihre Gesichter gingen mir nicht mehr aus dem Kopf. Sie verfolgten mich auf Schritt und Tritt. Und so gründete ich die Horace Foundation Endowment for Criminal Justice Studies an der Delaware State University, eine Stiftung, die Stipendien an Studenten der Strafrechtspflege aus dem Norden New Jerseys vergibt. Ich bin kein reicher Mann, und so werde ich häufig gefragt, was mich dazu veranlasst hat, einen Stipendienfonds ins Leben zu rufen. Ich antworte mit einer Songzeile meines Lieblingsmusikers:

Nobody can do everything, but everybody can do something.

Niemand kann alles tun, aber jeder kann etwas tun. Jeder kann etwas tun. Jeder.

Quellen

In der Recherchephase zu diesem Buch haben mein Co-Autor Ron Harris und ich fast hundert Polizisten, Politiker, Gemeindevertreter und Überlebende von Polizeigewalt interviewt. Zu unseren Gesprächspartnern gehörten Menschen aller Hautfarben, Geschlechter, Altersgruppen, Berufe und politischen Ausrichtungen. Wir haben uns mit Polizisten aller Dienstgrade unterhalten, vom Streifenpolizisten bis hin zum Detective oder Polizeichef. Ein Jahr lang sind wir kreuz und quer durch Amerika gefahren. Wir waren in Boston, Chicago, Los Angeles, New York City, St. Louis, Newark, Baltimore, Seattle, St. Peterburg und überall dazwischen, um uns ein umfassendes Bild von der Polizeiarbeit in Großstädten, der Peripherie und auf dem Land zu machen.

Manche Gesprächspartner haben wir ausgewählt, weil sie seit vielen Jahren engagiert im Polizeidienst stehen oder Experten auf dem Gebiet der Strafrechtsreform sind. Andere sind zu Wort gekommen, weil ihre Ansichten in krassem Widerspruch zu meiner Sichtweise als schwarzer Officer stehen – sie sind der Meinung, dass bei der Polizei alles in bester Ordnung ist. Um das Thema von allen Seiten zu beleuchten, musste ich offen für alle Blickrichtungen sein.

Der Großteil unserer Gesprächspartner war einverstanden, dass wir ihre Namen nennen. Einige wollten lieber anonym bleiben, in den meisten Fällen, weil sie noch im aktiven Polizeidienst stehen. Zu den vielen mutigen Menschen, die uns bereitwillig Rede und Antwort standen, gehören Captain Tony April, Detective Brian Mallory, Polizeichefin Kathleen O'Toole, Commander Crystal King-Smith, Polizeichef Chris Magnus und Polizeichef Philip Banks.

Die meisten Interviews wurden zwischen 2015 und 2017 geführt. Die befragten Polizisten kommen aus Departments im ganzen Land und sind in den unterschiedlichsten Bereichen tätig.

Des Weiteren sind intensive Recherchen in den Bereichen Gesundheitswesen, Psychologie, Soziologie und amerikanische Geschichte in das Buch eingeflossen. Mein Co-Autor und ich haben uns unter anderem mit Leitern von Wohnungsbau- und Stadtentwicklungsbehörden, Soziologen und anderen Sozialwissenschaftlern unterhalten.

Auf der Website des US-amerikanischen Gesundheitsministeriums fanden wir jede Menge Artikel und Statistiken über Baltimore, St. Louis und Washington, D. C. Des Weiteren haben wir uns durch Berge von Informationen über die Ausbildung von Polizisten und Vorschriften zum Einsatz von Gewalt gepflügt.

Das Thema polizeiliche Gewaltanwendung haben wir auch im historischen Kontext betrachtet. In diesem Rahmen haben wir unter anderen die verschiedenen Entscheidungen des Obersten Gerichtshofs zum tödlichen Schusswaffengebrauch bei der Polizei gelesen. Von unschätzbarem Wert waren die Publikationen vom Police Executive Research Forum und der Ergebnisbericht von Präsident Obamas Sonderkommission zur Polizeiarbeit im 21. Jahrhundert.

Um einen genauen Einblick in die Strafzettelpraktiken in Ferguson und die landesweite Opioidkrise zu erlangen, haben wir Unmengen von Archivmaterial gesichtet. Außerdem haben wir uns mit den Berichten diverser Gesundheitsbehörden befasst und Todesursachenstatistiken studiert, um die Zusammenhänge zwischen schlechter Gesundheitsversorgung und Kriminalität zu verstehen.

Die großartigen Artikel und Reportagen, die in der *Chicago Tribune*, im *New York Times Magazine*, in der *Washington Post* und im *Guardian* zum Thema Rassismus und Polizeigewalt erschienen sind, haben uns schließlich den richtigen Weg gewiesen. Die Liste der verwendeten Quellen ist bei weitem nicht vollständig, aber sie vermittelt einen Eindruck von den umfassenden Recherchen, die nötig waren, um *Schwarz Blau Blut* zu schreiben.

American Civil Liberties Union: »A Living Death. Life without Parole for Nonviolent Offenses«, 11/2013, https://www.aclu.org/sites/default/files/field_document/111813-lwop-complete-report.pdf

»Baltimore: A City Defined by Falling Bodies«, *Waikato Times* (Hamilton, New Zealand), 17.05.2017

Baltimore City Health Department: »Baltimore Life Expectancy, 2013«

Baltimore City Health Department: »Baltimore Life Expectancy, 2016«, https://health.baltimorecity.gov/news/news-coverage/2017-07-07-20-year-gap-life-expectancy-between-richer-poorer-areas-baltimore-cbs

»Black Cop Says He Was Ordered to Look at Klan Web Sites«, *Washington Examiner*, 25.03.2008, http://www.washingtonexaminer.com/black-cop-says-he-was-ordered-to-look-at-klan-web-sites/article/58827

»The Blue Ribbon Panel on Transparency, Accountability, and Fairness in Law Enforcement«, City of San Francisco, 07/2016, http://sfdistrictattorney.org/sites/default/files/Document/BRP_report.pdf

Bosman, Julie: »Journalist Who Told Laquan McDonald's Story Faces Fight Over Sources«, *New York Times*, 26.11.2017, https://www.nytimes.com/2017/11/26/us/chicago-police-shooting-journalist-laquan-mcdonald.html

Bosman, Julie; Smith, Mitch: »As Chicago Murder Rate Spikes, Many Fear Violence Has Become Normalized«, *New York Times*, 28.12.2016, https://www.nytimes.com/2016/12/28/us/chicago-murder-rate-gun-deaths.html

Bragg, Rick: »New Orleans Is Hopeful about Police Overhaul«, *New York Times*, 29.01.1995, http://www.nytimes.com/1995/01/29/us/new-orleans-is-hopeful-about-police-overhaul.html

Broadwater, Luke; Rector, Kevin: »Pugh Seeks Audit of Baltimore Police Overtime after Seven Officers Indicted«, *Baltimore Sun*, 03.03.2017, http://www.baltimoresun.com/news/maryland/baltimore-city/politics/bs-md-ci-police-ot-20170303-story.html

Capatosto, Kelly: »Two Lenses, One Goal: Understanding the Psychological and Structural Barriers People of Color Face in the Criminal Justice System«, Kirwan Institute for the Study of Race and Ethnicity, 11/2016, http://kirwaninstitute.osu.edu/my-product/two-lenses-one-goal/

Center for Policing Equity: »The Science of Justice: Race, Arrests and Police Use of Force«, 07/2016, http://policingequity.org/research/1687-2/

Crepeau, Megan: »Prosecutor in Alleged Cover-Up of Laquan McDonald Shooting Moves for New Judge«, *Chicago Tribune*, 13.07.2017, http://www.chicagotribune.com/news/local/breaking/ct-laquan-mcdonald-cops-judge-met-20170713-story.html.

Daly, Michael: »Inside Rahm Emanuel's Vote to Silence Laquan McDonald's Family«, *Daily Beast*, 02.12.2015, https://www.thedailybeast.com/inside-rahm-emanuels-vote-to-silence-laquan-mcdonalds-family

Davey, Monica: »Officers' Statements Differ from Video in Death of Laquan McDonald«, *New York Times*, 05.12.2015, https://www.nytimes.com/2015/12/06/us/officers-statements-differ-from-video-in-death-of-laquan-mcdonald.html

Davey, Monica; Smith, Mitch: »Anger Over Killing by Police Halts Shopping in Chicago«, *New York Times*, 27.11.2015 https://www.nytimes.com/2015/11/28/us/laquan-mcdonald-jamar-clark-protests.html.

»Chicago Protests Mostly Peaceful after Video of Police Shooting Is Released«, *New York Times*, 24.11.2015, https://www.nytimes.com/2015/11/25/us/chicago-officer-charged-in-death-of-black-teenager-official-says.html

deCourcy Hinds, Michael: »Frank Rizzo of Philadelphia Dies at 70«, *New York*

Times, 17. 07. 1991, http://www.nytimes.com/1991/07/17/obituaries/frank-rizzo -of-philadelphia-dies-at-70.html

»Disproportionate Minority Contact in the Juvenile Justice System«, *The Sentencing Project*, 05/2014, http://www.sentencingproject.org/publications/disproportio nate-minority-contact-in-the-juvenile-justice-system/

Final Report of the President's Task Force on 21st Century Policing, 05/2015, https:// ric-zai-inc.com/Publications/cops-p311-pub.pdf

Fortin, Jacey; Engel Bromwich, Jonah: »Cleveland Officer Who Killed Tamir Rice Is Fired for Lying on Application«, *New York Times*, 31. 05. 2017, https://www. nytimes.com/2017/05/30/us/cleveland-police-tamir-rice.html?mtrref=www. google.com&gwh=6331443FF7624A19A5740B33B6052B25&gwt=pay

Gainsborough, Jenni; Mauer, Marc: »Diminishing Returns: Crime and Incarceration in the 1990s«, The Sentencing Project, 09/2000, https://www.prisonpolicy.org/ scans/sp/DimRet.pdf

Guarino, Mark: »Chicago Killing Costs Prosecutor Job«, *Washington Post*, 16. 05. 2016, https://www.highbeam.com/doc/1P2-39414280.html

»Why a Dash-Cam Video of a Police Shooting Might Not Be a Smoking Gun«, *Washington Post*, 28. 12. 2015, https://www.washingtonpost.com/national/why-a -dash-cam-video-of-a-police-shooting-might-not-be-a-smoking-gun/2015/ 12/28/9e0f8cda-ad7e-11e5-9ab0-884d1cc4b33e_story.html?utm_term=.efab2c c1131a

Gutowski, Christy: »Laquan McDonald's Mother Opposes Release of Son's Juvenile Records«, *Chicago Tribune*, 28. 07. 2016, http://www.chicagotribune.com/ news/laquanmcdonald/ct-laquan-mcdonald-juvenile-court-fight-met-0729 -20160728-story.html

Gutowski, Christy; Gorner, Jeremy: »The Complicated, Short Life of Laquan McDonald«, *Chicago Tribune*, 11. 12. 2015, http://www.chicagotribune.com/news/local/ breaking/ct-laquan-mcdonald-trouble-met-20151211-story.html

Harvey, Thomas et al.: »ArchCity Defenders: Municipal Courts White Paper«, 11/2014, http://www.archcitydefenders.org/wp-content/uploads/2014/11/ArchCity -Defenders-Municipal-Courts-Whitepaper.pdf

Husain, Nausheen: »Laquan McDonald Timeline: The Shooting, the Video and the Fallout«, *Chicago Tribune*, 20. 10. 2017, http://www.chicagotribune.com/news/ laquanmcdonald/ct-graphics-laquan-mcdonald-officers-fired-timeline-html story.html

»Jury Awards Nearly $600K to Man Shot 11 Times by Police«, *The Daily Record* (Maryland), 16.03.2015

»Justice Department Cites Cleveland Police for Excessive Use of Force«, *The Christian Science Monitor*, 14. 12. 2014

Knickerbocker, Brad: »Justice Department Cites Cleveland Police for Excessive Use of Force«, *Christian Science Monitor*, 04.12.2014, https://www.csmonitor.com/ USA/Justice/2014/1204/Justice-Department-cites-Cleveland-police-for-exces sive-use-of-force

Kohler, Jeremy; Mann, Jennifer S.; Deer, Stephen: »Municipal Courts Are Well-Oiled Money Machine«, *St. Louis Post-Dispatch*, 15.03.2015, http://www.stltoday.com/ news/local/crime-and-courts/municipal-courts-are-well-oiled-money-ma chine/article_2f45bafb- 6e0d-5e9e-8fe1-0ab9a794fcdc.html

Krogstad, Jens Manuel: »Latino Confidence in Local Police Lower Than Among Whites«, *Pew Research Center*, 28.08.2014, http://www.pewresearch.org/fact -tank/2014/08/28/latino-confidence-in-local-police-lower-than-among -whites/

Laughland, Oliver: »Tamir Rice's Mother Calls for Apology from ›Disrespectful‹ Cleveland Police«, *The Guardian*, 03.03.2015, https://www.theguardian.com/ us-news/2015/mar/03/tamir-rice-mother-cleveland-apology

Laughland, Oliver; Swaine, Jon; McGraw, Daniel: »Cleveland Officer Who Fatally Shot Tamir Rice Will Not Face Criminal Charges«, *The Guardian*, 28.12.2015, https://www.theguardian.com/us-news/2015/dec/28/tamir-rice-shooting -no-charges-cleveland-officer-timothy-loehmann

Levin, Sam: »Tamir Rice: Cleveland Says Family Owes $500 for EMS after Fatal Police Shooting«, *The Guardian*, 10.02.2016, https://www.theguardian.com/ us-news/2016/feb/10/tamir-rice-shooting-cleveland-police-emergency-medi cal-expenses?CMP=Share_AndroidApp_Gmail

»The Lingering Damage of Ferguson's Racism«, Editorial, *New York Times*, 18.09.2017, https://www.nytimes.com/2017/09/19/opinion/editorials/ferguson-racism -fred-watson.html

Mann, Jennifer S.; Kohler, Jeremy; Deere, Stephen: »A Web of Lawyers Play Different Roles in Different Courts«, *St. Louis Post-Dispatch*, 29.03.2015, http://www. stltoday.com/news/local/crime-and-courts/a-web-of-lawyers-play-different -roles-in-different-courts/article_b61728d1-09b0-567f-9ff4-919cf4e34649.html

Marcus, Frances Frank: »Overhaul Is Planned for New Orleans Police«, *New York Times*, 16.01.1995, http://www.nytimes.com/1995/01/16/us/overhaul-is-plan ned-for-new-orleans-police.html

»New Curfew in Baltimore. Parents of Violators Face Tougher Penalties«, *Washington Post*, 28.07.1994

Oppel, Richard A., Jr: »Officer Who Killed Boy Had a Negative Firearms Review«, *New York Times*, 03.12.2014, https://www.nytimes.com/2014/12/04/us/ohio -officer-who-killed-boy-had-a-negative-firearms-review.html?mtrref=www. google.com&gwh=8689CEBB7F117E6D833B9DA789961BA2&gwt=pay&asset Type=nyt_now

»Police Gave Boy No Aid After Shooting in Cleveland«, *New York Times*, 08.01.2015, https://www.nytimes.com/2015/01/09/us/police-in-cleveland-boys-fatal -shooting-did-not-give-medical-aid.html?mtrref=www.google.com&gwh=3572 3BBE36407A44A10A9BA24889CAA9&gwt=pay

Police Executive Research Forum: »Advice from Police Chiefs and Community Leaders on Building Trust: ›Ask for Help, Work Together, and Show Respect.‹«, 03/2016, http://www.policeforum.org/assets/policecommunitytrust.pdf

»Defining Moments for Chiefs«, 02/2015, http://www.policeforum.org/assets/defi
ningmoments.pdf

»Guiding Principles on Use of Force«, 03/2016, http://www.policeforum.org/assets/
30%20guiding%20principles.pdf

»Integrating Communications, Assessment and Tactics: Training Guide for Defusing
Critical Incidents«, 10/2016, http://www.policeforum.org/assets/icattraining
guide.pdf

»Re-engineering Training on Police Use of Force«, 08/2015, http://www.police
forum.org/assets/reengineeringtraining1.pdf

»Probate Court OKs Settlement Amounts for Tamir Rice Family; 12-Year-Old's Mother to Get Largest Share of $3.69M Portion«, *Dayton Daily News*, 03.12.2016

Rector, Kevin: »Convictions Put Under Review«, *Baltimore Sun*, 24.03.2017, http://dig
italedition.baltimoresun.com/tribune/article_popover.aspx?guid=fada9107
-8d8e-4e52-938a-328555ef709c

Rosenwald, Michael S.; Fletcher, Michael A.: »Why Couldn't $130 Million Transform
One of Baltimore's Poorest Places?« *Washington Post*, 02.05.2015, https://www.
washingtonpost.com/local/why-couldnt-130-million-transform-one-of-balti
mores-poorest-places/2015/05/02/0467ab06-f034-11e4-a55f-38924fca94f9_sto
ry.html?utm_term=.0e0212e1f139

Stern, Laurence: »Rizzo's ›Reform‹«, *Washington Post*, 30.10.1978, https://www.
washingtonpost.com/archive/politics/1978/10/30/rizzos-reform/1e39bbe1-
225d-40a8-ae87-1dc02edfd357/?utm_term=.a00eafb55740

Stockwell, Jamie: »Baltimore Reeling from Shootings of Six Officers«, *Washington
Post*, 26.11.2002, https://www.washingtonpost.com/archive/local/2002/11/26/
baltimore-reeling-from-shootings-of-six-officers/b654cb7b-4007-4f38-9dab
-2e0e8c4abaf2/?utm_term=.aa2f356a96ed

Stolberg, Sheryl Gay: »Fragile Baltimore Struggles to Heal after Deadly Police En-
counter«, *New York Times*, 20.10.2015, https://www.nytimes.com/2015/10/21/
us/a-fragile-baltimore-struggles-to-heal-itself.html

Sun-Times Staff: »$1 Million Per Shot – How Laquan McDonald Settlement Unfol-
ded«, *Chicago Sun-Times*, 24.06.2016, https://chicago.suntimes.com/chicago
-politics/1-million-per-shot-how-laquan-mcdonald-settlement-unfolded-after
-that-initial-demand/

Sutin, Phil: »New Attractions Notwithstanding, Baltimore Struggles to Overcome
Murders, Bad Image«, *St. Louis Post-Dispatch*, 27.12.1998, https://www.news
papers.com/newspage/139696367/

Swaine, Jon: »Shot in the Chest by Cleveland Police – Then Handcuffed and Fined
$100«, *The Guardian*, 06.12.2014, https://www.theguardian.com/us-news/2014/
dec/06/cleveland-police-department-shot-black-man

Thomas, Pierre: »U.S. Launches Investigation of New Orleans Police Force«, *Washington Post*, 13.07.1996, https://www.washingtonpost.com/archive/politics/
1996/07/13/us-launches-investigation-of-new-orleans-police-force/ec998a1a
-e0d0-4f8f-a135-f30b51177688/?utm_term=.d2cedb51a0ba

»12 Shot, Injured at Baltimore Cookout in Drug Feud«, *Deseret Morning News* (Salt Lake City), 27.07.2009, https://www.deseretnews.com/article/705319416/12-shot-injured-at-Baltimore-cookout-in-drug-feud.html

US Department of Health and Human Services: »Results from the 2013 National Survey on Drug Use and Health: Summary of National Findings«, 11/2014, https://www.samhsa.gov/data/sites/default/files/NSDUHresultsPDFWHTML2013/Web/NSDUHresults2013.pdf

US Department of Justice Civil Rights Division: »Investigation of the Baltimore Police Department«, 10.08.2015, https://www.justice.gov/crt/file/883296/download

»Investigation of the Ferguson Police Department«, 04.03.2015, https://www.justice.gov/sites/default/files/crt/legacy/2015/03/04/ferguson_findings_3-4-15.pdf

»Investigation of the New Orleans Police Department«, March 16.03.2011, https://www.justice.gov/crt/file/883296/download

US Department of Justice Civil Rights Division and US Attorney's Office, Northern District of Illinois: »Investigation of the Chicago Police Department«, 13.01.2017, https://www.justice.gov/opa/file/925846/download

Valentine, Paul W.: »Calif. Man Picked to Head Baltimore Police«, *Washington Post*, 21.12.1993, https://www.washingtonpost.com/archive/local/1993/12/21/calif-man-picked-to-head-baltimore-police/27e550a6-21da-4c39-ab5b-7b907edee12b/?utm_term=.7a7044011222

»Voters' Views of Baltimore Crime a Likely Key to Gubernatorial Bid«, *Washington Post,* 29.12.2005

Williams, Timothy: »A Persistent Case in Ferguson Raises Doubts About Reform«, *New York Times*, 04.09.2017, https://www.nytimes.com/2017/09/04/us/ferguson-watson-brown.html

Williams, Timothy; Smith, Mitch: »Cleveland Officer Will Not Face Charges in Tamir Rice Shooting Death«, *New York Times*, 28.12.2015, https://www.nytimes.com/2015/12/29/us/tamir-rice-police-shooting-cleveland.html?mtrref=www.google.com&gwh=FF9E7FAAAC84ED7FDDA0F5A29EF14F54&gwt=pay

Baltimore Police Department Website, https://www.baltimorepolice.org/

Bureau of Justice Statistics, U.S. Department of Justice

FBI Uniform Crime Report

Gallup Polls

New Orleans Police Department, https://nola.gov/nopd/

Philadelphia Inquirer, http://www.philly.com/

St. Louis Police Department Website, http://www.slmpd.org/

Statistica Website

US Census

Inhalt